惠州学院学术出版专项资助

惠州市停车场的实际与规范

袁文峰　杨择郡　主编

中国矿业大学出版社
·徐州·

图书在版编目(CIP)数据

惠州市停车场的实际与规范 / 袁文峰，杨择郡主编
. —徐州 ：中国矿业大学出版社，2022.11
ISBN 978 - 7 - 5646 - 5647 - 8

Ⅰ. ①惠… Ⅱ. ①袁… ②杨… Ⅲ. ①停车场—管理
规范—惠州 Ⅳ. ①U491.7

中国版本图书馆 CIP 数据核字(2022)第 214845 号

书　　名　惠州市停车场的实际与规范
主　　编　袁文峰　杨择郡
责任编辑　张海平　徐　玮
出版发行　中国矿业大学出版社有限责任公司
　　　　　　(江苏省徐州市解放南路　邮编 221008)
营销热线　(0516)83885370　83884103
出版服务　(0516)83995789　83884920
网　　址　http://www.cumtp.com　**E-mail**:cumtpvip@cumtp.com
印　　刷　湖南省众鑫印务有限公司
开　　本　710 mm×1000 mm　1/16　**印张** 12.25　**字数** 240 千字
版次印次　2022 年 11 月第 1 版　2022 年 11 月第 1 次印刷
定　　价　71.00 元

序

为了城市更通畅更有序

1993 年，我大学毕业来到惠州，当年的惠州与汕头相比较，不论是市容市貌还是城市布局特别是交通规划，都要逊色得多。惠州老城区道路狭窄，大部分小区没有地下停车场。随着汽车保有量不断增加，更多的车辆选择路边停车。起初，惠州市政府将路边停车管理权委托给某个企业，管理还算基本有序可控。2015 年管理权到期，此时，部分媒体和部分市民提出，路边泊位属于公共资源，政府要放开路边停车，要让市民免费使用路边路权。一时间，本来就狭窄的街道被不少“僵尸车辆”长期霸占，不少商家利用家门口优势采取堆放花盆、石墩、单车等工具占据路边停车位，乱象丛生。

2016 年始，我作为惠州市政协常委，经过多次的实地调研和比较研究之后，连续三年在惠州“两会”上提交提案，呼吁恢复对路边停车泊位的管理和收费，以及按照立体思维建设智能立体停车场来缓解老旧小区和繁华地段的停车难题。提案在 2019 年被市政府采纳，当年 9 月 19 日，惠州市智慧共享停车系统项目首个全自动机械式立体停车楼——演达立交南停车楼正式动工建设，这标志着惠州智慧共享停车系统项目进入实施阶段。

惠州市智慧共享停车系统项目将先行搭建“惠州市智慧停车云平台”，对现有公共停车设施进行信息化升级改造和经营管理；再投资建设收费的智慧共享停车设施，包括地面停车场、公园广场地下停车库、自走式停车楼、智能机械立体停车楼、智慧机器人立体停车楼等，拟新增 8 万个停车供给；最后逐步升级改造分布在不同区域、不同单位停车场（含机关企事业单位、商场酒店、住宅小区等配套停车场）的停车位，实现全市区停车设施互联共享。

2021 年 3 月 5 日，惠州市发改局发布《关于惠州市惠城中心区道路临时泊位机动车停放服务收费有关问题的批复》，惠城中心区经市公安交警部门核定设置的 186 条路段共 9 837 个道路临时泊位，以及今后新增的收费道路临时泊位纳入收费范围。

这么大体量的小区停车库和立体停车场以及经市公安局划定的道路临时泊位，均可以对外服务。客观上要求如何确定标准来定义城市停车场，做好城市停车场规划、土地供应、建设、营运与管理，需要进行地方立法或出台地方规章来解决。广东卓凡律师事务所政府法律事务部一直服务并致力于地方立法研究，受惠州市交通局的委托，我们成立了以我为组长，以袁文峰、郑鸿昌、王颖宜、周德、王细珠律师为成员的《惠州市停车场建设与管理办法》立法起草小组。袁文峰教授是卓凡律师事务所兼职律师，负责整个办法起草的组织和统筹工作。书中各章节的负责成员分别为：第一章，王细珠编写；第二章，袁文峰编写；第三章，郑鸿昌编写；第四章，周德编写；附件五，王颖宜编辑。2021 年 8 月 30 日，惠州市政府第十二届第 179 次常务会议通过《惠州市停车场建设与管理办法》。

结合立法调研和起草感悟，我们坚持问题导向，依据行政法学理论特别是行政行为理论，提出惠州市停车场建设和管理的基本依据、制度优势和科学安排。本书的问世，可以说是起草小组对实务工作的一次整理，更是行政法理论上的一次探索。

广东省律师协会副会长、惠州学院兼职教授：杨择郡

2022 年 9 月 7 日

目　录

第一章 绪　论

惠州，广东省地级市，别称鹅城，下辖惠城区、惠阳区、惠东县、博罗县和龙门县，设有仲恺高新技术产业开发区和大亚湾经济技术开发区两个国家级开发区，地处粤港澳大湾区东岸，背靠罗浮山，南临大亚湾，境内东江蜿蜒100多千米，是珠江三角洲中心城市之一。惠州在隋唐时期已是“粤东重镇”，至今已有1 400多年历史，一直是东江流域政治、经济、军事、文化中心和商品集散地，在古代即有“岭南名郡”“粤东门户”之称。惠州市区处于粤东地区交通枢纽地带，有惠州—深圳、惠州—河源、惠州—广州高速公路连接外市；广（州）汕（头）公路、深（圳）汕（头）、潮（州）（东）莞、厦（门）深（圳）、广（州）河（源）高速公路以及广梅汕铁路、京九铁路均穿越惠州市境，市境各县（区）均通高速公路，惠州港通达国内外。①

为了调节停车资源供需关系，规范停车秩序，优化停车管理体制机制，提高停车设施建设现代化、停车管理智能化和信息化水平，经惠州市政府同意，《惠州市停车场建设与管理办法》（以下简称《办法》）正式被纳入惠州市政府2019年年度规章制定计划预备项目。2019年4月，《办法》的立法工作正式启动，包括立法调查研究、草案起草、立法论述辩证等。为切实做好立法工作，提高立法质量，惠州市交通运输局委托广东卓凡律师事务所组成调研组，对停车场建设与管理的政策法规与学术研究理论、国内其他同类城市的停车场建设与管理立法情况、惠州市停车场建设与管理的现状及突出问题、《办法》需明确的主要问题和解决办法等事项组织调研。广东卓凡律师事务所律师与惠州学院教师联合组成了起草小组，双方确定了立法工作的推进时间和步骤。

2019年3月，起草小组接到惠州市交通运输局的委托，具体承接《惠州市停车场建设与管理办法（草案）》的调研任务。为保证《办法》立规工作的顺利开展，惠州市交通运输局坚持在市政府的领导下，成立了规章起草工作领导小组，制定了调研起草工作方案，并按照方案有序推进《办法》的调研工作。起草小组高度注重此次调研活动，组织了精明强干、专业、整合力强的立法调研组，通过座谈、走访等多种形式深入扎实地开展立法调研活动。在立法调研活动中，工作组重视立法调研工作的合理性，通过实地走访、访谈询问、座谈会议、问卷调

① 张世开：《惠州年鉴2012》，中央文献出版社2012年版。

查、重点考察等调研方法，深入基层一线获取了充足的、主要的、实际的第一手信息和材料。我们坚持问题意识和问题导向，聚焦停车场建设与管理中的重点、难点、堵点问题，体制机制方面存在的显著问题和群众反映较多的热门问题，科学整理所掌握的调研信息材料，深入发掘惠州市内停车场建设与管理中存在的主要问题，论证分析其中的原因，提出行之有效的对策方法建议，完成《办法》调研报告的编撰。

一、广东省内外关于停车场建设与管理的情况

（一）广东省外停车场管理的情况

随着人民生活水平的不断提高，国内机动车拥有量随之快速增长，停车位的供需矛盾也日益突出。根据公安部交管局数据，截至 2019 年 6 月，全国汽车保有量为 2.5 亿辆，占机动车总量的 74.58%，其中私家车保有量为 1.98 亿辆。这些数据每年还保持上升的趋势，仅 2019 年上半年新注册汽车就有 1 242 万辆。全国汽车保有量超过 100 万辆的城市已达到 66 个，超过 300 万辆的城市有 11 个，其中北京、成都汽车保有量超过 500 万辆[①]。我国汽车保有量快速增长，解决停车难、乱停车等问题日益迫切，停车场的规划建设与管理成了各方关注的热点问题之一。

目前，相关生效法律有《中华人民共和国道路交通安全法》《中华人民共和国城乡规划法》《中华人民共和国土地管理法》等，部委出台的规范性文件有《停车场建设和管理暂行规定》、《住房城乡建设部关于加强城市停车设施管理的通知》（建城〔2015〕141 号）、《关于加强城市停车设施建设的指导意见》（发改基础〔2015〕1788 号）、《住房城乡建设部 国土资源部关于进一步完善城市停车场规划建设及用地政策的通知》（建城〔2016〕193 号）等。这些文件是在早期制定的，针对性不够，难以解决现实问题。为了加强辖区内停车场的规划建设与管理，我国较多省市制定了大量地方性法规、规章或规范性文件，这些文件都是根据我国相关法律法规，并结合当地的实际情况所制定的，更有针对性地对停车场的规划建设与管理做出了详细具体的规定。

由省级人大、常委会或人民政府制定出台的有《贵州省停车场管理办法》《湖南省停车场管理办法》《上海市停车场（库）管理办法》《北京市机动车公共停车场管理办法》《天津市机动车停车管理办法》等。由地级以上市人大、常委会或人民政府制定出台的政策规定更是不胜枚举。值得一提的是，汽车保有量越大的城市，对于停车场的规划建设与管理就越重视，大多数这类城市均制定有相应法规或规范性文件。汽车保有量超 100 万辆的城市均已制定出台相关法

① 王文：《上半年全国机动车和驾驶人数据出炉》，载《上海汽车报》2019 年 7 月 7 日第 10 版。

规或规范性文件。

显然，随着我国逐渐实现全面建设小康社会的奋斗目标，汽车势必成为国民普遍能够买得起的代步工具，人民生活水平的提高固然令人喜悦，但汽车保有量增加带来的停车难、乱停车等现象日益严重，对城市基础设施建设与管理提出更高的要求。

（二）广东省内停车场管理的情况

2008 年 7 月 14 日，《汕头市城市道路停车泊位管理规定》经汕头市人民政府第十二届第二十八次常务会议审议通过，该管理规定自 2008 年 9 月 1 日起施行。该管理规定依法合理确立停车泊位管理体制，明确相关部门职责，设置了不同的停车收费方式和标准，依法保护停车泊位管理者的合法权益。

2011 年 12 月 12 日，《珠海市停车场管理办法》经珠海市人民政府第七届第二百零五次常务会议审议通过，该办法自 2012 年 3 月 1 日起施行。据介绍，《珠海市停车场管理办法》将明确各政府部门在停车场管理方面的职责，并为治理停车场擅自改变功能、乱收费、乱占道等种种违规行为提供处罚依据。此外，该办法的一大亮点是鼓励企业和个人投资建设停车场。有关部门表示，在此基础上，将进一步出台鼓励社会投资建设停车场的具体政策，以采用多种模式建设停车场。①

2011 年 12 月 29 日，阳江市人民政府办公室制定并发布了《阳江市市区停车场库规划建设管理规定》，自发布之日起施行。

2014 年 3 月 31 日，佛山市人民政府办公室制定并发布了《佛山市停车场管理办法》（以下简称《管理办法》），自 2014 年 5 月 1 日起施行。该《管理办法》存在以下几个亮点：① 明确了停车场的定义与分类。《管理办法》在上位管理规定的基础上进一步细化，明确停车场的定义为“有管理者管理，供机动车停放的各种室内或室外场所”，强调停车场必须有管理者进行管理。同时，《管理办法》明确临时停车场的定义。将临时把“自有土地、建筑物退让空间”用于停放机动车辆的场所纳入临时停车场范畴。② 明确了政府及部门的职责。《管理办法》明确了由佛山市人民政府建立停车场建设和管理综合协调机构，统筹领导全市停车场建设和管理工作，明确了市级主要行政主管部门的职责分工。同时，各区停车场管理工作则由各区人民政府负责统筹协调，并明确各职能部门的职责分工。③ 明确了停车场智能化、信息化建设与管理。《管理办法》规定停车场管理单位需通过佛山市停车场信息管理系统上传停车场的基本情况和动态数据。

① 引自：《珠海首部停车场管理办法今起实施 首次明确各部门职责 鼓励企业和个人投资建停车场》，载《珠江晚报》2012 年 3 月 1 日。

市、区两级交通运输行政主管部门在智能化、信息化建设方面负责停车场信息管理系统的建设和维护工作。各行政主管部门应当整理和收集管理过程中所涉及的停车场信息，并进行共享。④ 明确了停车场投入使用的要求。《管理办法》要求停车场需要有管理制度、管理人员和符合要求的停车设施。停车场内要求对地面进行硬底化，有标志标线，通风、照明、排水等设备正常使用，安装监控设备和智能化、信息化系统等。经营性停车场还应明码标价，并办理商事登记手续。⑤ 明确路内停车泊位的管理。要重点加强路内停车管理和居住区停车管理。《管理办法》共设置了多条路内停车泊位管理的规定，包括明确路内停车泊位行政主管部门由各区人民政府确定，禁止任何单位和个人擅自设置障碍妨碍他人停车等。⑥ 明确建立行业信用体系。《管理办法》明确规定了停车场（位）管理者的职责要求和停放者的行为规范，并提出制定停车场管理者信用评价考核制度和建立停放者信用评价体系。⑦ 明确行业协会职责。《管理办法》明确了行业协会组织的作用和建立行业服务质量评价制度，制定行业自律规范，加强行业培训，对从业人员进行培训和考核。⑧ 明确住宅和物业管理区域的停车问题处理办法。《管理办法》指出，住宅和物业管理区域停车场的管理，国家、省和本市法律法规另有规定的，从其规定。⑨ 明确违反《管理办法》的法律责任。《管理办法》中列出了八条法律责任，其中有三条是《管理办法》创设的条款，主要解决违反停车场投入使用要求，不提交停车场基本信息，不按照管理要求管理的问题。

2015 年 5 月 12 日，《韶关市区城市道路车辆停放管理规定》经韶关市人民政府第十三届第五十六次常务会议通过，同年 6 月 9 日发布并施行。

2017 年 12 月 15 日，中山市发展和改革局、中山市住房和城乡建设局、中山市交通运输局联合制定了《中山市机动车停放服务收费管理实施细则》，该实施细则自 2018 年 2 月 1 日起施行。据了解，该实施细则对部分停车场的收费价格实行政府监管，部分停车场的收费实行市场调节价，做到不同情况分类处理。该实施细则还规定了免费停车的相关规定，并鼓励单位向社会开放停车场，为市民提供了便利。

2017 年 12 月 27 日，《广州市停车场条例》（以下简称《广州条例》）由广州市第十五届人民代表大会常务委员会第十一次会议通过，2018 年 3 月 30 日，经广东省第十三届人民代表大会常务委员会第二次会议批准，自 2018 年 10 月 1 日起施行。住宅建筑区划内的规划车位、车库租售须优先满足业主需要，不可“只售不租”，保护了业主的合法权益。该《广州条例》还规定价格部门应当制定住宅停车场议价规则，建设单位、停车场经营者应当按照议价规则进行协商议价，所在地的街道办事处、镇人民政府应当对协商过程进行指导和协调，充分保障停车场收费标准的稳定。《广州条例》对车主"停车乱"的行为也做了专门规定。车主如果不遵守规定的,停车场经营者予以劝阻,对不听劝阻的可以要求立即驶离停车场或者拒绝提供停车服务,并报告相关行政管理部门。市交通行政主管部门将会同各部门逐步建立停车场经营者和机动车停放者的信用记录,车主违规停车行为可能产生信用记录,并纳入全市公共信用信息管理系统。[①]

2018 年 2 月 28 日,《深圳市机动车道路临时停放管理办法》(以下简称《深圳办法》)经深圳市人民政府第六届第 111 次常务会议修订通过,该《深圳办法》自 2018 年 5 月 1 日起施行。同年 11 月 12 日,深圳市公安局交通警察局制定并发布了《深圳市经营性停车场设施管理办法》,自 2018 年 12 月 1 日起实施。《深圳市机动车道路临时停放管理办法》完善了停车费预先缴费方式,同时也增加了事后缴费方式,根据不同情况实行不同收费标准。另外,《深圳办法》取消了未足额缴纳停车费的处罚,通过限制未足额缴费使用人使用停车位的权限约束使用人,不再实施行政处罚,该规定获得市民的热烈支持。此外,《深圳办法》还明确规定成立深圳市道路交通管理中心作为道路停车管理单位,增加了交通运输部门委托执法的规定,增加了委托执法的法律依据。[②]

2019 年 4 月 8 日,《肇庆市停车场管理办法》经第十三届第 72 次肇庆市政府常务会议审议通过,该办法自 2019 年 6 月 1 日起施行。该办法统一了建设停车场项目的办理程序,鼓励企业或个人依法建设公共停车场,对不同时段、不同区域的停车制定了差别化的收费标准。

(三) 惠州市面临的停车问题和所做的工作

1. 惠州市停车现状与加强停车场建设的必要性

(1) 公路里程、汽车数量不断增加,停车场建设压力增加

根据《2017 年惠州国民经济和社会发展统计公报》的统计,2017 年年末惠州全市境内公路通车里程总长为 13 823 千米,其中等级公路为 13 805 千米,高速公路为 634 千米。通车里程公路密度为 122 千米/百平方千米;等级公路密度为 122 千米/百平方千米。年末全市民用汽车保有量为 104.09 万辆,同比增长 18.8%,其中私人汽车为 96.48 万辆,同比增长 17.6%。民用轿车保有量为 65.92 万辆,同比增长 17.7%,其中私人轿车为 63.29 万辆,同比增长 16.3%;当年新注册上牌轿车 11 万辆,下降26.7%。[③]

按照统计公报中显示的惠州常住人口 477.7 万人来计算,2017 年惠州平均

① 张露:《中心六区临时泊位暂停收费》,载《广州日报》2018 年 9 月 29 日。

② 引自:《路边临时停车超时不罚》,载《蛇口消息报》2018 年 4 月 27 日。

③ 引自:《2017 年惠州国民经济和社会发展统计公报》,载《惠州日报》2018 年 3 月 26 日。

不到5名常住人口就拥有一辆民用汽车。梳理惠州2008—2017年民用汽车保有量及增长情况后发现，市民用汽车保有量10年内增加了约4.8倍，从十万级飙升至百万级，年增长率均保持在10%以上。从珠三角各城市的民用汽车保有量统计数据来看，惠州是第5个民用汽车保有量突破百万的城市，2016年正式进入“百万车城俱乐部”。[①] 不过，从具体数量来看，广、深、佛、莞的汽车保有量都在200万辆以上，惠州相比还有较大距离，不到东莞、佛山的一半，但比中山稍多。

根据《2018年惠州国民经济和社会发展统计公报》的统计，2018年年末全市境内公路通车里程总长为14 001千米，其中等级公路为13 984千米，高速公路为728千米。通车里程公路密度为123千米/百平方千米；等级公路密度为123千米/百平方千米。年末全市民用汽车保有量为136.96万辆，增长2.1%，其中个人汽车为124.29万辆。民用轿车保有量为74.70万辆，增长13.3%，其中个人轿车69.68万辆，增长10.1%；当年新注册上牌轿车10.51万辆。[②]

虽然汽车增长率有所下降，但是绝对数增加不少，而且全市境内公路通车里程总长也在增长，方便了车辆的进出境。这些因素都给停车场的建设造成了不小的压力。

(2) 城区繁华地段停车场位紧张

据粗略统计，市区主要繁华地段停车场位的情况如下。

华贸天地车位数量：5 000个停车位；港惠新天地车位数量：地上地下停车位2 000多个；天虹车位数量：2 000个停车位；吉之岛车位数量：1 200个停车位，800个摩托车位；方直广场车位数量：前广场107个，负1层260个，合计367个停车位；隆生广场（东湖店）车位数量：1 100个停车位；君尚百货车位数量：400个车位；佳兆业车位数量：3 000个停车位（负4、负5层是住宅停车场，不直接通商场，但跟商场停车场相接）；美博城车位数量：98个停车位。西湖范围，丰山公园下面有几十个车位，惠州大桥下的江边路和元妙观附近的慈云路上有二三十个公共停车位，较为偏远的小隐公园处也有不少车位。如果是外地来车不熟悉路况，可以选择到周围的经营性停车场去，比如青少年宫内、丰渚园门口及荔浦风清处，也可停到江北的华贸天地商场内。另外，江北的体育中心和东江二路上还有不少公共停车位。西湖丽日购物广场不宜停车，原因有两个，一是该商场内车位紧张；二是若不消费，停车费较高。丰湖书院，此处因有居民居

① 余嘉敏、周欢：《惠州跻身“百万车城俱乐部”》，载《南方日报》2018年4月10日。

② 惠州市统计局、国家统计局惠州调查队：《2018年惠州国民经济和社会发展统计公报》，载《惠州日报》2019年4月1日。

住，停车位没有多少富余。惠州中心医院，院内停车位比较紧张，院外常见排队等候停车。红花湖景区目前共设有3个停车场，停车位约1 900个，与该停车场配套建筑参照了惠州当地的民居建筑特色，沿用了岭南地区的传统风格，功能齐全完备，配套完善。高榜山停车场位于新联路惠城区行政服务中心斜对面，停车场车位共有198个。①

以上是城区繁华地段停车场车位的情况，有些地方看似车位较多，但车流量也多，因此，总体上供不应求。

2. 惠州市政府制订相关规范性文件规范停车行为

最近几年，惠州的私家车辆数量飞速增长，停车需求逐渐增大，停车位供应不足问题日益突出，停车混乱、收费标准不统一的情况也逐渐浮现，解决停车难，整顿停车混乱、收费标准不统一等问题刻不容缓。2018年4月1日，惠州市人民政府在《惠州市机动车停放保管服务收费管理办法》(惠府〔2010〕54号)和《惠州市人民政府关于延长〈惠州市机动车停放保管服务收费管理办法〉有效期的通知》(惠府〔2015〕72号)的基础上，出台了《惠州市机动车停放服务收费管理办法》(下称《收费管理办法》)，明确了停车收费实行政府指导价或政府定价的5种情况和实行市场调节价的4种情况。相较于以前的停车管理，此次《收费管理办法》减少了政府定价管理的范围，将原来采用政府指导价管控的"商场、娱乐场所、宾馆酒店、写字楼、物流园区、专业市场等配套停车场，居民住宅区的停车场所以及设在城市郊区地段的露天停车场"的停车服务收费改为采用市场调节的方式(第七条)。《收费管理办法》规定："同一区域停车设施，应区分停车设施所在位置、停车时段、车辆类型等，按照路内明显高于路外、拥堵时段明显高于空闲时段的原则，制定差别化服务收费标准。适当扩大路内、路外停车设施之间的收费标准差距，引导更多使用路外停车设施。对交通场站等场所及周边配套停车设施服务，鼓励推行超过一定停放时间累进式加价的阶梯式收费"(第十二条)。《收费管理办法》强调，提供机动车停放服务的各类经营者，应当按照价格主管部门的规定实行明码标价，在停车设施入口处及缴费地点的醒目位置设置标价牌，标明停车设施经营单位、地址、定价主体、收费标准、计费方法、收费依据、服务内容、免费停放时限、投诉举报电话等，接受社会监督(第十五条)。此外，惠州将建立城市停车设施经营者、从业人员信用记录，纳入信用信息共享交换平台，并按规定及时在当地政府信用门户网站上予以公开，建立健全"黑名单"制度，对违法违规等严重失信行为实施协同监管和联合惩戒，逐步建立以诚

① 引自：《惠州停车攻略！西湖、华贸、港惠、植物园……早晚用的上！》，载"西子湖畔"微信公众号，2019年3月18日访问。

信为核心的监管机制(第十八条)。

2019 年 8 月 1 日,惠州市发展和改革局发布《关于惠州火车站停车场机动车停放服务收费有关问题的批复》,对正在改造建设中的惠州火车站停车场未来的收费标准进行了明确。其中规定,车辆停放 15 分钟以内(含 15 分钟)免费,超过 15 分钟至少收费 5 元。惠州市发展和改革局在批复中表示,为配合做好市政府加强火车站站场秩序整治和站场建设的部署要求,同意惠州惠璟贸易有限公司在惠州火车站停车场进行升级改造后,继续收取机动车停放服务费。①

2019 年 8 月 2 日,惠州市发展和改革局发布《关于惠州市植物园停车场机动车停放服务收费标准的批复》,鉴于市林业局已将惠州市植物园停车场委托市植物园物业管理中标企业——深圳市国艺园林建设有限公司负责管理,市发展和改革局根据相关规定对收费标准给予明确。根据批复,惠州市植物园停车场收费实行政府定价管理。具体来看,小型车、大型车、摩托车停车 30 分钟内免费,超过 30 分钟则分段收费。以小型车为例,第一时段(8 时至 22 时)超时停车收费为 5 元/辆,第二时段(22 时至次日 8 时)为 10 元/辆。

以上审批是根据《收费管理办法》第九条的规定进行的("我市机动车停放服务收费实行'统一政策,属地管理',市价格主管部门会同有关部门负责制定全市统一的机动车停放服务收费管理办法,各县、区价格主管部门会同有关部门依法在权限范围内制定辖区内的机动车停放服务收费具体标准"),可以说停车价格收费已经得到规范,但是在停车场建设和管理方面还需要完善,如新型停车场的建设,建设管理中的职能划分,停车场的技术使用和规范,共享停车位等问题。

二、调研目的和方法

(一)调研目的

1. 找出问题

期望通过展开体系化的、彻底的、全面的调查研究,在最大程度上收集惠州市停车场管理的整体情况和现状,并体系化地汇总与停车场管理工作相关的法律法规和政策,通过科学的方法进行全面研究和剖析,深入发掘停车场管理工作中需要立法解决的重点、难点、堵点问题,提出设计法规制度的具体对策,为《办法》草案的制定给予借鉴和参考。

2. 学习经验

期望通过与其他省市相关单位开展沟通交流活动,对同类型的城市停车情况进行实地参观,认真研究并吸纳其他城市对立法时机、立法亮点、立法难点的

① 冯丽均:《惠州火车站停车场 15 分钟内免费》,载 2019 年 8 月 7 日《惠州日报》第 A05 版。

对策和建议。争取在启动惠州市停车场管理立法过程中尽可能少走弯路，充分参考先进地区优秀立法经验，以达到提高立法效率和质量的目的。

3. 探讨研究解决问题的对策

结合国内外停车场建设与管理立法的经验和做法，解读国家上位法与参照其他省市立法情况，通过对惠州市停车场管理整体情况的回顾与分析，围绕惠州市停车场管理工作的现状，梳理停车场管理工作中需要立法解决的主要问题，并探讨研究解决问题的对策。

（二）调研方法

1. 资料收集

在收集资料过程中，主要运用了查找文献法、实地考察法、座谈法和问卷法等方法。

（1）查找文献法

借助了互联网、书籍、报纸、期刊等多种工具进行资料收集工作，并实地走访了实务部门，梳理惠州市停车场建设与管理以及使用过程中的基本情况。调研期间，我们多次赴惠州市交通运输局、惠州市内各县区政府职能部门等单位，针对惠州市内停车场供需关系的平衡、惠州市内停车场建设的规划、惠州市内停车场管理与发展的历史等情况展开资料收集工作，收集到了惠州市停车场建设与管理工作的相关情况，如行政职责的划分、停车场规划的实施情况、停车场相关法律法规、停车场建设管理的资金来源、公众参与等诸多文献资料。通过收集相关文献，获得了惠州市停车场建设与管理立法研究的基础材料。

（2）实地考察法

调研组成员多次深入惠州市各县区进行实地考察，观察惠州市范围内及周边人们的交通状况，对各地停车场的基础设施等进行实地体验式考察，也观察和收集人们对惠州市停车场建设与管理工作方面的实际诉求和行为策略。

（3）座谈法

通过与居住在惠州市的居民的座谈，了解惠州市停车场建设与管理的现状、存在的问题、人们的诉求等翔实的基本资料。到相关职能部门进行座谈，包括调研人员到具体的部门找相关的业务部门和人员进行座谈。

（4）问卷法

针对惠州市居民关注停车场建设与管理问题的侧重点，设计了《惠州市停车问题民意调查》问卷，还进行了网络电子问卷调查。网络电子问卷调查分两次进行，第一次调查问卷发起于 2019 年 5 月 27 日，截至 2019 年 6 月 20 日，为期 25 天，共回收 2 340 份问卷，其中有效问卷为 2 093 份；第二次调查问卷于 2019 年 11 月 6 日发布，截至 2019 年 11 月 20 日，在为期 15 天的民意调查中，共回收 2 008 份调查问卷，其中有效问卷为 2 008 份。两次网络电子问卷调查获得了广大市民对惠州市停车场建设与管理的认识、建议、改进办法等多方面的直接材料。

2. 资料的整理与分析

在资料的整理与分析中，主要运用了数据统计分析法、归纳法、演绎法、横向比较分析法等。

（1）数据统计分析法

为了将通过调查问卷收集到的信息更直观、更形象地展现出来，对已经回收的第一次 2 340 份调查问卷和第二次的 2 008 份调查问卷进行了系统的统计分析，并对不同的方面进行了分类比较，保证资料的输入客观、真实和有效，同时也保证统计分析的科学性和客观性。

（2）归纳法

在调查问卷中涉及的主观性选项、客观性选项中的他项选择，以及访谈市民、与惠州市各政府职能部门访谈等都留下了大量真实的原始数据，这些数据材料信息量过大，部分材料内容重复，也比较分散。为此，进行了大规模的整理，逐步总结、梳理，协调复杂材料中各个信息之间的逻辑关系，最终形成一个体系化的有机整体。

（3）演绎法

《惠州市停车场建设与管理办法》的立法是一个连续的、不断修正的过程，受到多种因素制约。人们对惠州市停车现状的观点和看法具有相关性，往往在分析调查某一个方面的情况时，其他方面也能得到大致的分析结论。与此同时，参考其他城市已有相关规定，体系化整理相关数据，在定性基础上做出量化判断，使用演绎法探索惠州市停车建设与管理的规律，增加调查研究和管理对策的科学性。

（4）横向比较分析法

通过对国内若干城市停车建设与管理的研究，包括建设前后对比和地域上的横向联系的比较研究，分析各个城市停车建设与管理的变化、转折、建成前后的关系，明确其变化形式，从而深入发掘出停车建设与管理中可能会出现的问题和矛盾，使立法工作具有一定的预估性和前瞻性。同时，对于国内省、市停车建设与管理的政策、管理机构等进行对比研究，寻求其多方面、多结构、多方法的影响要素，找准停车建设与管理的核心要点，避免重走其他兄弟城市相关立法的误区，增强惠州市停车建设与管理及其相关立法的问题针对性、本土性和特殊性。

（三）调研活动

2019 年 4 月，惠州市交通运输局委托广东卓凡律师事务所提供《惠州市停车场建设与管理办法》立法调研专项法律服务后，事务所立即成立了起草小组系统地开展《惠州市停车场建设与管理办法》立法调研活动，项目组组长为杨择郡，项目组组员分别为袁文峰、郑鸿昌、王颖宜、周德和王细珠。项目组于 2019 年 10 月至 2020 年 8 月之间，对惠州市停车场建设与管理方面，如惠州市各县区停车现状、停车场的规划建设以及土地供应、停车场的使用与管理过程等相关内容，进行了多次调研。

2019 年 10 月 30—31 日，项目组成员前往佛山市开展立法起草实地调研工作。本次调研主要采用两种形式：一是与佛山市交通运输局开展座谈会，二是实地考察佛山市具有代表性的两家停车场。座谈会中主要了解了佛山市的停车泊位现状、停车场规划建设、运营管理中遇到的问题、《佛山市停车场管理办法》施行前后的情况等内容，会议以问答形式进行，由立法调研项目组进行提问，佛山市相关职能部门进行详尽回答。实地考察中主要了解停车场的运营模式、收费标准、当前存在的问题等，停车场负责人提供了翔实的回答。

2019 年 11 月 27 日，项目组成员在广东卓凡律师事务所会议室召开内部工作会议，项目组组长杨择郡担任会议主持人。会议汇报了前期工作进展，反思前期工作不足之处，总结前期工作经验，并安排下一步立法计划，明确项目组内部分工情况。

2019 年 11 月 28 日，项目组在交通运输局交通运输大厦 6 楼 2 号会议室召开立法工作推进会议，会议汇报了立法工作进展，提出工作中存在的问题，明确了各单位在此次立法工作中的功能定位及对接人员，确定了立法工作下一步计划及时限，并对《惠州市停车场建设与管理办法》的内容进行方向性讨论。

2019 年 12 月 18 日上午，项目组前往惠城区人民政府开展立法起草调研工作。出席会议的有惠城区交通运输局、惠城区住房和城乡建设局、惠城区司法局、惠城区财政局、惠城区城乡管理和综合执法局、惠城区自然资源局、惠城区发展和改革局的领导和代表。会议对惠城区内停车泊位现状、停车场数量、收费标准以及停车场管理过程中存在的问题进行了调研。会议以问答形式进行，由项目组进行提问，惠城区人民政府相关职能部门进行详尽回答，并对《惠州市停车场建设与管理办法》的起草内容等角度提出各自的见解及建议。

2019 年 12 月 26 日，项目组组织惠州市市直部门在惠州市交通运输局会议室开展座谈会，出席会议的有惠州市发展和改革局、惠州市住房和城乡建设局、惠州市城乡管理和综合执法局、惠州市自然资源局、惠州市市场监督管理局、惠州市司法局、惠州市公安局交通警察支队、惠州市交通运输局的领导和代表。

座谈会上，各单位主要针对不同类型停车场的规划与建设、路边停车泊位的管理与使用、停车场信息平台的建设管理与使用、停车费的性质与构成、“黑名单”系统的录入合法性、现存停车乱象的治理办法、共享停车位的可行性等多方面问题进行了研究探讨。

2020 年 1 月 9 日上午，项目组前往惠阳区人民政府开展立法起草调研工作。出席会议的有惠阳区市场监督管理局、惠阳区交通运输局、惠阳区住房和城乡建设局、惠阳区司法局、惠阳区财政局、惠阳区城乡管理和综合执法局、惠阳区自然资源局、惠阳区发展和改革局的领导和代表。会议对惠阳区内停车泊位现状、停车场数量、收费标准以及停车场管理过程中存在的问题进行了调研。会议以问答形式进行，由项目组进行提问，惠阳区人民政府相关职能部门进行详尽回答，并对《惠州市停车场建设与管理办法》的起草内容提出各自的见解及建议。

2020 年 1 月 9 日下午，项目组前往惠州大亚湾经济技术开发区开展立法起草调研工作。出席会议的有惠州大亚湾经济技术开发区市场监督管理局、惠州大亚湾经济技术开发区交通运输局、惠州大亚湾经济技术开发区住房和城乡建设局、惠州大亚湾经济技术开发区司法局、惠州大亚湾经济技术开发区财政局、惠州大亚湾经济技术开发区城乡管理和综合执法局、惠州大亚湾经济技术开发区自然资源局、惠州大亚湾经济技术开发区发展和改革局的领导和代表。会议对惠州大亚湾经济技术开发区内停车泊位现状、停车场数量、收费标准以及停车场管理过程中存在的问题进行了调研。会议以问答形式进行，由项目组进行提问，惠州大亚湾经济技术开发区人民政府相关职能部门进行详尽回答，并对《惠州市停车场建设与管理办法》的起草内容提出各自的见解及建议。

2020 年 1 月 10 日上午，项目组前往惠州仲恺高新技术产业开发区人民政府开展立法起草调研工作。出席会议的有惠州仲恺高新技术产业开发区市场监督管理局、惠州仲恺高新技术产业开发区交通运输局、惠州仲恺高新技术产业开发区住房和城乡建设局、惠州仲恺高新技术产业开发区司法局、惠州仲恺高新技术产业开发区财政局、惠州仲恺高新技术产业开发区城乡管理和综合执法局、惠州仲恺高新技术产业开发区自然资源局、惠州仲恺高新技术产业开发区发展和改革局的领导和代表。会议对惠州仲恺高新技术产业开发区内停车泊位现状、停车场数量、收费标准以及停车场管理过程中存在的问题进行了调研。会议以问答形式进行，由项目组进行提问，惠州仲恺高新技术产业开发区人民政府相关职能部门进行详尽回答，并对《惠州市停车场建设与管理办法》的起草内容提出各自的见解及建议。

2020 年 1 月 10 日下午，项目组前往博罗县人民政府开展立法起草调研工作。出席会议的有博罗县市场监督管理局、博罗县交通运输局、博罗县住房和城乡建设局、博罗县司法局、博罗县财政局、博罗县城乡管理和综合执法局、博罗县自然资源局、博罗县发展和改革局的领导和代表。会议对博罗县内停车泊位现状、停车场数量、收费标准以及停车场管理过程中存在的问题进行了调研。会议以问答形式进行，由项目组进行提问，博罗县人民政府相关职能部门进行详尽回答，并对《惠州市停车场建设与管理办法》的起草内容提出各自的见解及建议。

2020 年 4 月 14 日下午，项目组前往惠州市公安局交通警察支队开展立法起草调研工作。项目组针对调研提纲中的问题一一与惠州市公安局交通警察支队的工作人员进行交流，听取工作人员对惠州市区内停车泊位及停车场管理保护工作中的意见和建议。

2020 年 4 月 27 日上午，项目组前往惠城区中心一公园停车场开展实地调研工作，察看了公园停车场的建筑规模及停车情况，对停车场的管理运营、收费标准、收入支出、建设规划等方面的实际情况进行了详细的询问，听取了停车场负责人的详尽介绍和宝贵建议。

2020 年 5 月 25 日上午，项目组前往惠东县人民政府开展立法起草调研工作。出席会议的有惠东县市场监督管理局、惠东县交通运输局、惠东县住房和城乡建设局、惠东县司法局、惠东县财政局、惠东县城乡管理和综合执法局、惠东县自然资源局、惠东县发展和改革局的领导和代表。会议对惠东县内停车泊位现状、停车场数量、收费标准以及停车场管理过程中存在的问题进行了调研。会议以问答形式进行，由项目组进行提问，惠东县人民政府相关职能部门进行详尽回答，并对《惠州市停车场建设与管理办法》的起草内容提出各自的见解及建议。

2020 年 7 月 16—17 日，项目组成员前往杭州市开展立法起草实地调研工作。本次调研主要采取两种形式：一是与杭州市各政府部门开展座谈会，二是实地考察杭州市具有代表性的三家停车场（杭州市艮秋立交桥下停车场、中北小学地下公共停车库及和平广场公共停车楼）。座谈会中主要了解了杭州市的停车泊位现状、停车场规划建设、运营管理中遇到的问题、《杭州市机动车停车场（库）建设和管理办法》施行前后的情况等内容，会议以问答形式进行，由立法调研项目组进行提问，杭州市相关职能部门进行详尽回答。实地考察中主要了解了停车场的运营模式、收费标准、目前存在的问题等事项，停车场负责人进行了翔实的回答。

三、调研重点和特色

（一）调研重点

调研以惠州市各县区范围内的停车场总体规划、建设、管理、土地供应以及停车泊位现状为基础调研。重点是对惠州市各县区范围内的车辆保有量、车辆泊位情况、停车场数量、收费标准、成本结构、停车场运营管理模式、停车场建设规划流程、土地供应相关优惠政策、"黑名单"系统的构建进行实地调研与分析。

本次调研的重点问题主要有:目前各县区辖区内车辆保有量为多少?各县区辖区内道路停车泊位的数量为多少?近三年各县区违停处罚案件的数量情况及有哪些高发区域?处理"僵尸车"主要遇到哪些问题?停车场建设和管理中是否应做及如何做交通影响评价?各县区辖区内停车场有偿停车的收费标准是什么?如何鼓励国企参与公共停车场建设?有哪些可行的停车场投资建设模式?停车费的成本及其结构如何?是否可以将使用者的"黑名单"录入市交通运输局建立的停车信息系统,并纳入发改部门搭建的全市统一的征信系统?是否应制定全市统一的智能停车技术标准,建立全市统一的停车信息系统?目前是如何应对私设泊位、乱占泊位、随意停放、收费不规范等停车问题的?目前停车场规划建设方面的程序和要求有哪些?关于停车场建设方面目前有哪些用地优惠政策?

(二)调研特色

惠州市交通运输局牵头调研项目组成立后,在深入开展立法调研工作中,总结出以下几个特色。

1. 对象广泛

本次调研具有广泛性,主要体现在所涉人群类别较广、人数较多。在组成调研项目组中,常务工作人员达 9 人,其他参与组员将近 20 人,派出参与调研 40 多人次,访谈机关干部、群众达 80 多人。问卷调查对象(包括网络调查对象)多达 2 000 多人,参与者来自各行各业,回收的调查问卷中涉及的人员有党政机关工作人员、事业单位工作人员、国企工作人员、民营企业从业人员、外企工作人员、个体户、自由职业者、居民、学校师生、退休人员等,几乎覆盖各行各业。

2. 问题导向

坚持问题意识和问题导向,调查研究、实地访谈和问卷调查均具有针对性。本次立法调研,聚焦广大群众最为关注的"停车难"问题,将主要矛盾突出出来,并针对各个矛盾问题一一进行访谈。在与各县区政府部门的座谈中,也向相关部门询问了相关问题,如:"目前是如何应对私设泊位、乱占泊位、随意停放、收费不规范等停车问题的?""处理'僵尸车'主要遇到哪些问题?""近三年各县区违停处罚案件的数量情况及高发区域有哪些?"。在制定调查问卷时,根据惠州市停车泊位现状的实际情况及存在的问题,多次修正了调查问卷的相关内容,将调查问卷的年龄分层、职业分类、最常见的停车泊位乱象、停车场收费标准等问题进行调查,同时对备选答案进行细分和拆解,广大群众比较注重的一些问题在面向不同群体的调查问卷中都有涉及。总之，坚持在调研中发现问题，又针对问题进行进一步的调研，或者根据调研发现的问题修正原来的调研方案和内容，最大限度地坚持了问题意识和问题导向，具有较强的针对性。

3．立足本土

为更好地保护和规范惠州市停车场的建设与管理，在调查问卷、部门座谈和实地访谈中，设计的问题都是针对惠州当地存在的实际问题，内容具体、翔实且具有鲜明的本土特色。例如在与各县区政府部门的座谈中，问及近三年各县区违停处罚案件的数量情况及有哪些高发区域？关于停车场建设方面惠州本地有哪些用地优惠政策？对医院、学校等停车位不足的区域如何设置短时免费的临停快走区域？是否可以将使用者的"黑名单"录入市交通运输局建立的停车信息系统，并纳入发改部门搭建的全市统一的征信系统？这些问题都涉及惠州市停车场建设与管理的有效问题，调研项目组的调研始终贯彻了调查研究的本土性，尽可能通过调查研究了解并解决惠州的停车实际问题。

4．上位法的补充

本次调研针对国家、广东省、惠州市已有的法律法规进行补充和细化，具有补充性。本次立法工作严格按照《中华人民共和国道路交通安全法》《中华人民共和国行政强制法》《中华人民共和国治安管理处罚法》《中华人民共和国行政处罚法》《中华人民共和国行政许可法》《中华人民共和国城乡规划法》《中华人民共和国建筑法》等有关法律、法规井然有序地开展，严格遵从上位法。目前，上位规范中已有《关于城市停车设施规划建设及管理的指导意见》《关于加强城市停车设施建设的指导意见》《广东省人民政府办公厅关于加强城市地下管线建设管理的实施意见》等文件，文件中对于部分停车建设和管理已有相对成熟且可执行性较强的具体规定，因此，本次立法针对此类问题只需进行强化执行，不作为调研的重点。与此同时，也发现了部分条款在上位法中有规定，但不明确，且惠州本地在此类条款中的问题也较为明显，因此本次立法调研中也针对此类条款所涉及的问题进行了相应的调查研究，并在后续立法起草工作中进一步细化规定。本次立法调研的重点主要是针对惠州本地问题比较突出且上位法又没有规定的情况，通过比对上位法和惠州本地的实际情况进行一定的补充和细化。

本次立法调研还走访调查了社会中的不同职业、不同群体以及利益相关人，充分反映了群众的真实意愿，具有显著的民主性。政府部门工作人员、立法工作者、立法专家、专业学者、停车场运营者、停车场建设者和社会普通公众等各行各业人士均参与本次立法调研工作的整套流程，使本次立法调研工作尽可能汇集人民群众的声音，充分发扬民主精神，体现本次立法调研工作的民主性。

四、本书的结构和思路

本书一共四章，即第一章绪论，第二章惠州市停车场建设与管理的基本现状，第三章惠州市停车场建设与管理过程中存在的主要问题及原因分析，第四章惠州市停车场建设与管理的制度设计。

第一章绪论部分介绍了此次调研活动的缘由、背景和经过，这有助于知晓惠州市停车场实际情况的背景，从侧面进行比较。同时，绪论部分也交代了调研重点，是我们在调研中组员着重了解的问题和情况。这些调研的方法和特色，是在吸收惠州市其他立法团队经验的基础上，结合此次调研的实际提出的。

第二章是惠州市停车场建设与管理的基本现状。本章内容结合了15次外出调研的结果。首先通过对调查问卷的统计分析，反映惠州市车辆及停放的基本情况，尤其是市人大代表、市政协委员的多次提案，对《惠州市停车场建设与管理办法》的出台起到了至关重要的作用。其次是惠州市停车场建设的基本情况。通过对惠州市停车场规划文本的介绍，让人们快速了解惠州市停车场建设的方向。除了继续介绍土地供应情况、停车场建设情况外，调研中最让大家印象深刻的是现实中存在的两类停车场：退让间距内的“真空地带”的停车场和小区规划内对社会开放的特殊用途的停车场。最后是惠州市停车场管理基本情况，从惠州市出台的主要管理文件、所做的主要管理工作和管理中遇到的问题等三个方面进行了介绍。

第三章是惠州市停车场建设与管理过程中存在的主要问题及原因分析。在分析前面章节的情况后，提出了存在未充分利用停车场、部分区域停车场供应不足、停车场缺乏经营维护等主要问题。这些主要问题产生的原因有违法停车现象普遍存在、增加停车场难度大、政府投资有限和投资模式单一、部门职责交叉、执法主体不清、执法难等。

第四章是惠州市停车场建设与管理的制度设计。一是介绍了现有的停车场建设与管理相关法律法规，在制度设计前需充分理解。二是明确停车场建设与停车场管理的相关概念，例如“停车场”“建设”“管理”。三是精确界定各部门职能。四是明确停车场建设与管理措施，包括鼓励社会力量参与建设和经营公共停车场，将交通影响评价充分纳入管理体系，通过“智慧科技手段”加强管理力度，充分发挥停车场行业协会的积极作用，明确公共停车场专项规划的编制与实施的具体办法，确定公共停车场的供地和用地方式，为公共停车场建设和经营管理提供政策保障，明确道路停车位的划设主体和管理方式并建立公众监督程序、各类停车场的使用及管理。五是明确法律责任，包括有关法律责任的立法衔接、未办理登记备案手续的责任、违反道路停车位管理的责任、违反价格法的责任、违反建设停车场规范的责任、擅自在业主共有部分设置停车场的责任、违反规划建设停车场的责任、道路停车位使用费的缴纳责任、守信激励与失信惩戒、未上传信息的责任、违反停车场整体性和用途的责任、行政部门管理人员的法律责任等。通过设定法律责任，增强《办法》的权威。

在实地调研和制度设计的过程中，调研组尽可能地考虑全面，唯恐“百密一疏”。虽然尽力而为，总有能力不济的感觉。比如，如何周全地对停车场进行分类，如何准确界定各部门职能等。这些看似简单的问题，在实际操作的时候，却让人有“不说清楚，一说糊涂”的感觉。另外，也尽力引入调研中发现的新事物，如共享停车位，共享停车信息，以期改善停车问题。

本书的一大特征是附件内容较多，包含了《惠州市停车场建设与管理办法》的三个版本，这是实地调研和制度设计的核心，方便大家对照阅读。相关论文是以《惠州市停车场建设与管理办法》为例探讨行政处罚设定中被处罚行为的性质，是理论和实践的尝试。最后附上工作过程中完成的原始材料：调查问卷和统计分析情况、调研记录和会议记录。

制度设计很难，展现实地调研和制度设计过程的目的，是希冀以后大家碰到类似问题可以有所参考，抑或少走甚至不走弯路。

第二章　惠州市停车场建设与管理的基本现状

停车场是为车辆服务的，在弄清惠州市停车场建设与管理的基本现状之前，需要了解本地区的车辆情况，然后按照先建设后管理的顺序，先介绍停车场的建设，再介绍停车场的管理现状。

一、惠州市车辆及停放基本情况

近几年惠州市的机动车尤其是私家车的数量增长迅猛。这给本就停车泊位不足的惠州地区中心区带来了巨大的压力。而公共停车场建设和管理的滞后又让这些区域停车难问题尤显突出，这不但严重影响了居民的工作和生活，也让这座文明都市遇到发展的瓶颈。

（一）公路里程、汽车数量不断增加

2020 年 1 月 9 日，刘吉市长在惠州市第十二届人民代表大会第七次会议上做《2020 年惠州市政府工作报告》时表示：2020 年惠州市加快构建开放型“丰”字交通主框架，改变传统的封闭环状交通结构，全面融入省“一核一带一区”区域发展。加快构建现代化立体综合交通网络，大力推动高铁、城轨、高速公路互联互通，打造若干个多种运输方式无缝衔接的综合枢纽。加快推进赣深高铁、广汕高铁惠州段建设，抓好赣深高铁惠州北站、仲恺站及配套建设，启动广汕高铁惠城南站、莞惠城际北延线建设。建成河惠莞高速惠州段、汕湛高速惠清段、惠河高速白石互通，加快建设韶惠高速惠龙段、深汕西高速改扩建工程、广惠高速长坑互通，启动环稔平半岛高速公路建设。加快千万级干线机场规划建设，推进惠州机场飞行区改造，全年旅客吞吐量突破 300 万人次。加强惠州港口资源统筹，完善“惠盐组合港”机制，强化深惠港口企业合作，提升港口建设运营水平，支持深圳建设全球海洋中心城市。加快构建“五横五纵”骨干快速路及五条联络线，可以预计，交通的发达将带来汽车数量的增加，给停车场的建设和管理带来更大的挑战。

从 2019 年底到 2020 年 1 月初，调研汽车数量情况如下。

惠州市市区（惠城区、仲恺区）机动车保有量为 151 万辆，其中小型车是 131 万辆。以仲恺区为联系地址登记的机动车辆为 87 089 辆，其中小型车为 84 624 辆，大货车为 2 465 辆，以上数据不包括摩托车数。

惠阳区登记车辆 17 万辆，摩托车有 3.6 万辆，驾驶员有 19 万人。

大亚湾区登记的车辆有 2.3 万多辆。

博罗县辖区内车辆保有量为 347 284 辆，其中摩托车有 140 839 辆，小型汽

车有 198 295 辆，大型汽车有 8 150 辆。

在不包括大亚湾区、惠东县和龙门县的情况下，惠州市共有 1 678 295 辆机动车，其中包含公务车辆。

（二）停车泊位的情况

仲恺辖区交警规划的道路停车位，小型车位是 2 870 个，摩托车位是 1 417 个。

惠阳区以前有 4 000 多个车位，2019 年撤销部分车位，目前有 3 500 多个。

大亚湾区澳头有 1 000 多个停车位，西区不到 2 000 个停车位，霞涌 300 多个停车位，加起来约 3 000 个停车位。除了小区内停车位解决了一部分停车需求外，路面停车场还是不足。

博罗县罗阳镇道路停车泊位的数量为 5 349 个。该县下属乡镇街道停车泊位的数量约为 6 000 个。

（三）停车场的情况

2015 年，惠州市政府放开停车收费以后，社会停车场不需要到发改部门进行备案。

惠阳区共有公共停车场 4 个。

大亚湾区内，政府定价停车场有 3 个，公共停车场有 13 个，共计约 1 200 个停车位，其中，在建约 400 个，已建成的 800 个。

博罗县经备案的停车场数量共 4 个，分别是人民医院停车场、博罗客运中心停车场、罗浮山景区停车场和农业示范场停车场，这 4 个停车场的停车费实行政府指导价。

（四）违停处罚案件的数量

惠州市区 2019 年 1—7 月有 20 多万宗违停处罚案件，每年有 30 万～40 万宗违停处罚案件，估计 2019 年数量会下降。

仲恺区近三年 3 个辖区查处的违停行为有 24 517 宗。高发区域集中在陈江甲子路、陈江大道、白云路、仲恺大道天益城、金湖路、惠环片区的和畅和惠风各路。以上违停均发生在市中心商业区、居民区和工厂区密集地。

惠阳区不包括现场查处的话，自 2019 年 4—12 月，共有 27 406 宗违停处罚案件。

大亚湾区主要是管辖主干道的违停行为，近三年主干道违停处罚案件的数量分别为：2017 年约 7 000 宗，2018 年不到 10 000 宗，2019 年约 13 000 宗。

博罗县近三年辖区内违停处罚案件的数量为 126 791 宗，高发区域有县城、龙溪街道办、石湾镇、园洲镇。

（五）调查问卷对停车情况的反映

(1) 西子湖畔网络有限公司于 2019 年 5 月 27 日第一次推出调查问卷，6

月 20 日回收调查问卷，历时 25 天，共回收 2 340 份问卷，其中有效问卷 2 093 份。参与本次问卷调查的男性占比 62%，女性占比 38%。年龄结构覆盖青年、中年、老年，其中 24～40 岁占比 76%；被调查群体中拥有 1～2 辆小汽车的占比 84%；被调查者的性别、年龄、资产的占比情况具有一定的代表意义。

被调查群体中 93%的人认为停车位难找是他们停车当中遇到的最棘手问题。公众认为，在桥东、桥西、龙丰、江北、河南岸都很难找到车位，其中桥东片区难停车的问题最严重。在停车问题中，令人最不满意的是停车位难找和乱收费现象，见表 2-1 和表 2-2。

表 2-1　经常遭遇停车难问题表

您在惠城区哪些区域经常遭遇停车难问题？（多选）	
A. 桥东	68%
B. 桥西	58%
C. 龙丰	47%
D. 江南	11%
E. 江北	54%
F. 河南岸	54%
G. 汝湖	5%
H. 小金口	8%
I. 水口	10%
J. 芦洲	0%
K. 三栋	4%
L. 马安	4%
M. 横沥	0%

表 2-2　在停车过程中的不满问题表

您在停车过程中对哪些问题不满？（多选）	
A. 停车位难找	93%
B. 乱收费现象	47%
C. 停车场管理服务差	38%
D. 停车地离目的地太远	56%
E. 停车安全没保障	30%
F. 停车引发的堵车	45%
G. 停车场设施老旧，智能化不足	34%
☆自填选项	1%

(2) 第二次民意调查问卷于 2019 年 11 月 6 日发布。在为期 15 天的民意调查中，共回收 2 008 份调查问卷，其中男性 1 270 人，女性 738 人，如图 2-1 所示。

图 2-1　被调查人员性别结构图

年龄结构为 23 岁及以下 188 人，24～30 岁 752 人，31～40 岁 773 人，41～60 岁 269 人，60 岁以上 26 人，如图 2-2 所示。

图 2-2　被调查人员年龄结构图

被调查人员来自各行各业，其中党政机关工作人员 179 人，事业单位工作人员 441 人，国企工作人员 335 人，民企工作人员 828 人，其他(包括个体户、自由职业人员、外企人员)225 人，如图 2-3 所示。

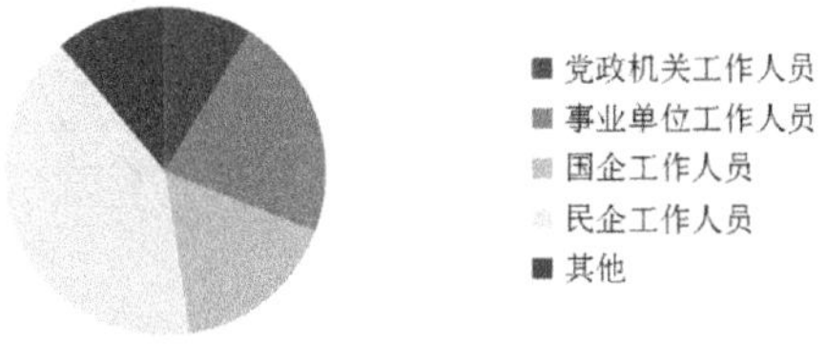

图 2-3　被调查人员职业结构图

被调查人员中来自惠城区人数最多，共有 1 181 人，占 58.8%；其余分别为惠阳区 206 人，占 10.3%；惠东县 134 人，占 6.7%；博罗县 83 人，占 4.1%；龙门县 30 人，占 1.5%；大亚湾经济技术开发区 69 人，占 3.4%；仲恺高新技术产业开发区 167 人，占 8.3%；惠州周边城市 138 人，占 6.9%，如图 2-4 所示。

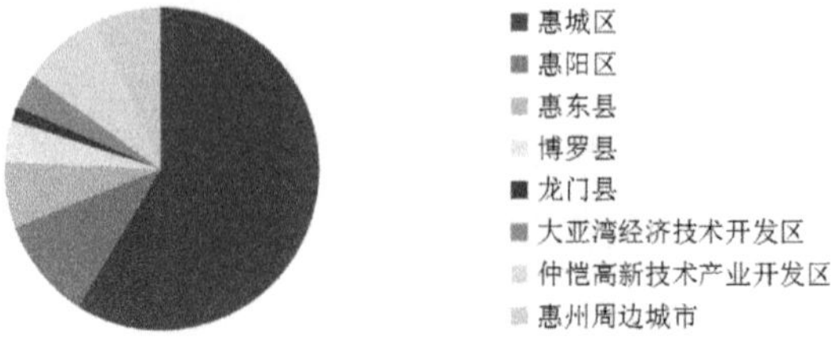

图 2-4　被调查人员地区结构图

被调查人员中大部分是有车一族，家庭拥有 1 辆车的人数最多，占所有被调查人员的 58%；拥有 2 辆车的人数占 29%；3 辆车以上占 8%；无车一族占 5%，如图 2-5 所示。

图 2-5　被调查人员拥有车辆情况图

每月支出停车费(含固定停车费和临时停车费)在 250～500 元范围内的最多，共 926 人，占 46.1%；其次是 250 元以下，共 678 人，占 33.7%；最后是 500 元以上，共 404 人，占 20.2%，如图 2-6 所示。

图 2-6　被调查人员每月支出停车费情况图

对于哪些停车不良的行为希望通过立法规范的问题(多选)，回答占用道路停车泊位，阻挠、妨碍道路停车泊位的使用共 1 683 人次，未按照泊位标线标示方向停放车辆共 1 320 人次，未按规定缴纳停车费共 987 人次，停车后未关闭机动车辆发动机共 650 人次，其他共 22 人次。在选项“其他”中填写的内容有：可以多规划路边收费停车位，3元一小时，20元一天；临时停车一两分钟的请不要影响通行；长期蹭免费公共车位的周边居民；乱停于车辆出入口；占用公共车位的商家；停人行道上；小区停车场乱停车现象也应纳入立法规划；商家占用门前停车位，如放雪糕车、电动车等一切不文明行为；占据绿化交通要道；不熄火；“僵尸车”；占用多个车位以及使用物品占用车位私用；停在斑马线、行人道出入口重罚，按照车身价加倍来罚；非机动车车辆占用机动车车辆停车位；抢车位，如：人站在车位上占位，等自家的车来；严管一些送货车随意占用通行车道卸货而不顾他人；惠城区就近商家违规占用相当严重；违停堵路等。

以上情况分类后如图 2-7 所示。

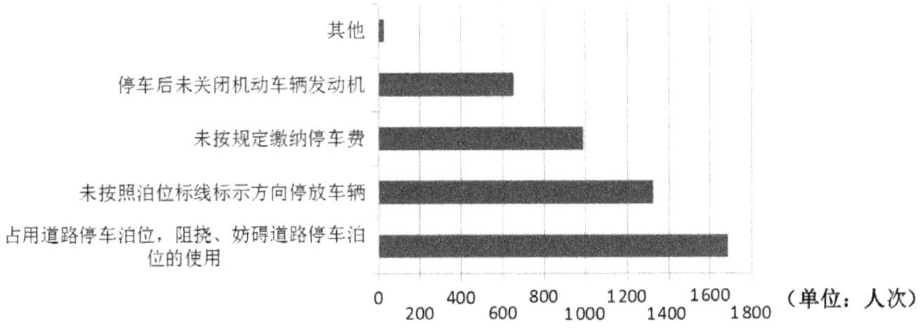

图 2-7 被调查人员希望规范停车不良行为的情况图

惠州正在步入高铁、有轨交通时代，在高铁、城轨、轻轨建设中，针对交通驳接问题（多选），选择预留足够量的停车场共 1 542 人次，发展公共交通共 1 372 人次，发展共享交通共 1 113 人次，如图 2-8 所示。

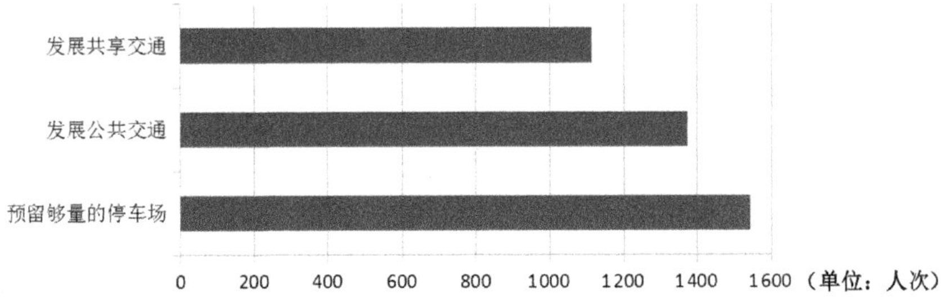

图 2-8 被调查人员希望解决的驳接问题情况图

两次网调的人数各有 2 000 多人，可以说具有一定的代表性。其中，第一次被调查群体中 93％的人认为停车位难找是他们停车当中遇到的最棘手问题。第二次被调查群体中回答占用道路停车泊位，阻挠、妨碍道路停车泊位的使用共 1 683 人次，希望预留足够量的停车场共 1 542 人次。

（六）市人大代表、市政协委员曾多次提案

惠州市十二届人大五次会议代表建议第 20190006 号提案《关于进一步改善停车难问题的建议》，惠州市政协十二届二次会议第 20180198 号提案《关于大力发展我市“共享停车位”的建议》、第 20190143 号提案《关于在我市建立智慧停车管理平台的建议》，惠州市政协十二届三次会议第 20190160 号提案《推进智慧共享停车系统建设，切实解决市区停车难问题》都提到了停车场的管理和建设和问题。

造成目前停车难的主要症结是缺乏基本车位和出行车位，缓解的办法是增加公共停车位、盘活现有资源。

二、惠州市停车场建设基本情况

停车场的建设不但缓解了中心区停车难的矛盾，而且不断优化了中心区交通结构，集约开发了用地和提升了城市品位。

（一）停车场规划①

根据《惠州市区综合交通规划（2018—2035）》，惠州市将重点布局停车场的 7 大区域如下。

(1) 城市中心区：惠州市未来形成多层次、网络的城市中心公共服务设施体系，城市组团中心、片区中心是交通集散重要区域，超出一般地区停车需求。

(2) 城市对外出入口：中心城区公路交通对外联系出入口主要包括东北、东、南、西南、西北、北等 6 个方向，布局公共停车场减少交通向城市内部、中心聚集。

(3) 公园景区：节假日、热点公园游客量较多，应适度考虑周边公共停车场的供给。旅游景点处应进一步完善旅游交通停车位等配套设施，同时开通旅游接驳专线缓解景区周边交通压力。

---

① 《惠州市综合交通运输体系“十三五”规划》（惠府函〔2016〕533 号）有两处提到停车场的问题：“积极配套莞惠城际轨道，在惠州境内 7 个站点周边设置配套公交首末站、中途站、出租车上下客区、社会停车场和自行车停靠点，实现莞惠轨道交通与城市公交的无缝接驳。”“充分利用国省道原废弃收费站，逐步建设成为含道路紧急救援设施、停车区、生活服务等功能的干线公路服务区，以提高道路服务能力，改善行车服务水平。”

(4) 学校、医院:学校接送学生车辆停放问题对正常道路通行产生较大影响;医院是人流集散重要区域,停车问题突出,应适当考虑周边区域公共停车场供给。

(5) 交通枢纽地区:综合城市对外交通枢纽和城市轨道交通“P+R”站点形成换乘停车场①。

(6) 现状停车紧张、改造潜力小的小区:缓解老旧小区、配建不足小区停车难的问题。

(7) 大型商圈:商圈是交通集散重要区域,尤其老商圈地区应该适当增加停车供给,增大商圈活力。

根据惠州交投路桥投资有限公司党委书记、董事长、总经理陈华新在惠州网“惠民在线”论坛上的介绍,惠州西湖周边停车难问题分两个方面解决:一是市自然资源局已公开征求意见,计划将市青少年宫建设为游客服务中心,其配套设施及地下停车库大概可以新增不少于 50 个绿化式大巴车位和 1 000 个小车车位。二是智慧共享停车系统上线后,将周边公共停车场纳入智慧共享停车系统,提高车位使用率和周转率。②

1.《惠州市城乡规划管理技术规定(2016 版)》

惠州市制定的《惠州市城乡规划管理技术规定(2016 版)》中,要求积极探索建设占地少、成本低、见效快的机械式与立体式停车场(库),以保障停车需求。同时,在控制性详细规划的编制中,严格落实《惠州市城乡规划管理技术规定》中配建停车位的相关要求。

《惠州市城乡规划管理技术规定(2016 版)》相关条文:

第五章　道路交通与市政公用设施

第一节　城市道路交通

第五十五条　机动车停车场(库)

(1) 城市机动车停车场(库)分为公共停车场(库)和配建停车场(库),设计标准按现行国家规范执行。

(2) 探索建设占地少、成本低、见效快的机械式与立体式停车场(库)。

(3) 主要项目配建停车场(库)的停车位指标宜符合下表的规定。

---

① Park and Ride,即换乘停车场。

② 刘豪伟:《惠州今年拟开建 10 处立体停车楼(库)推进智慧共享停车》,载惠州文明网 http://hz.wenming.cn/wmcs/201908/t20190823_6017382.htm,2022 年 5 月 6 日访问。

主要项目配建停车场(库)的停车位指标

建筑	分类	单位	标准
住宅	普通住宅	车位/100 m² 计容积率建筑面积	≥1.0
	套型建筑面积≤90 m² 住宅	车位/100 m² 计容积率建筑面积	≥0.7
	保障性住宅	车位/100 m² 计容积率建筑面积	≥0.5
工业	厂房	车位/100 m² 计容积率建筑面积	≥0.2
	仓库	车位/100 m² 计容积率建筑面积	≥1.0
商业	商业、餐饮、娱乐设施	车位/100 m² 计容积率建筑面积	≥1.0
	宾馆	车位/客房	≥0.4
办公	行政办公用房	车位/100 m² 计容积率建筑面积	≥1.0
	其他办公用房		≥1.0
游览	公园	车位/公顷游览面积	4.0～1.5
	风景名胜、旅游区		≥7.0
文体设施	大型体育场馆	车位/100 座	≥4.0
	小型体育场馆		≥4.0
	影剧院		≥4.0
	会议中心		≥5.0
	博物馆、图书馆	车位/100 m² 计容积率建筑面积	≥1.0
	展览馆		≥1.0
医院	所有医院	车位/计容积率建筑面积	≥1.0
教育	中学	校车车位/100 学生	≥0.6
	小学、幼儿园		≥0.8

注：客运码头、火车站、公交枢纽站、机场、医院、文娱中心、商场、酒店、大型居住区及交通严格管制路段等地区，应设置 2 个以上出租车候客专用停车位。

第五十七条　电动汽车充电基础设施

新建住宅配建停车位应 100％建设充电设施或预留建设安装条件，大型公共建筑物配建停车场、社会公共停车场建设充电设施或预留建设安装条件的车位比例不低于 20％，每 2 000 辆电动汽车至少配套建设一座公共充电站。

2.《惠州市区综合交通规划(2018—2035)》

为了响应国家战略，加强粤港澳大湾区融合发展，整合各层次交通体系，落实城市与交通协同发展，科学规划交通网络，统筹城市内外、客货、近远期交通发展，形成支撑城市可持续发展的综合交通体系，惠州市住房和城乡规划建设局组织编制了《惠州市区综合交通规划(2018—2035)》，交通规划是城市总体规划的重要组成部分，是指导城市综合交通发展的战略性规划。2018 年 7 月，惠州市住建局发布《惠州市区综合交通规划(2018—2035)(草案)》(以下简称《规划》)。根据《规划》，将规划路外公共停车场约 28 处，新增路内停车场约 21 处。将构建中心城区三级停车诱导系统和智能停车收费系统；构建智慧综合交通体系，建设综合交通运输管理体系，全方位提供交通信息服务、推进鹅城智慧交通系统建设。

《规划》第八十五条提出：停车发展目标形成配建停车为主体、公共停车为辅助、路内停车为补充的停车格局，引导居民选择合理的交通出行方式，调控机动车动态停车需求，维持城市动静态交通的平衡。

综合考虑用地性质与强度、交通设施供应水平、交通运行状况和交通出行特征等指标，将惠州市划分为三类停车管理区，一类区为停车严格限制区，二类区为停车适当放宽区，三类区为停车放宽区(第八十五条)，见表 2-3。

表 2-3　惠州市停车分区规划方案[①]

<table>
<tr><th rowspan="2"></th><th rowspan="2">范围</th><th colspan="4">对策</th></tr>
<tr><th>规划</th><th>建设</th><th>管理</th><th>收费</th></tr>
<tr><td>一类区</td><td>⊙北环大道—惠福大道—河惠莞高速—长深高速围合区域</td><td>严格控制车位供应标准，引导公交出行</td><td rowspan="3">鼓励社会资本建设公共停车场，规范路内泊位施划要求</td><td>从严</td><td>高</td></tr>
<tr><td>二类区</td><td>⊙广惠高速—惠大高速—惠福大道—北环大道围合区域
⊙S357—惠福大道延长线—河惠莞高速—惠南大道西侧主干路围合区域
⊙仲恺组团核心区
⊙南部惠达组团</td><td>适当压缩车位供应标准，引导公交出行</td><td>从严</td><td>中</td></tr>
<tr><td>三类区</td><td>⊙其他区域</td><td>适当提升车位供应标准</td><td>从严</td><td>低</td></tr>
</table>

《规划》对泊位比例进行了控制，提出公共停车场泊位比例控制在 10%，路内停车泊位比例控制在 5%。其中，公共停车场重点布局在城市中心区、城市对外出入口、公园景区、学校医院、交通枢纽地区、现状停车紧张小区、大型商圈等七大区域。规划路内停车泊位比例控制在 5%；明确车行道设置路内停车的道路宽度要求以及道路运行要求，人行道不得设置机动车泊位，建筑

① 引自《惠州市区综合交通规划(2018—2035)(草案)》。

退线空间停车统一由管理部门指导画线，取消违规画线车位（第八十九条）。位于麦地片区配建217个停车位的百萃园属于公园景区区域，是缓解市区“停车难”的样板工程。在百萃园公园下面建停车场的范例，可以考虑在惠州市区更大范围复制。①

3.《惠州市区（惠城中心区）公共停车场布点规划》（含停车改善示范方案）和《惠城中心区公共停车场近期建设（一期）控制性详细规划》

2015年6月13日，经惠州市人民政府批准，以惠府函〔2015〕223号文件的形式印发实施了《惠州市区（惠城中心区）公共停车场布点规划》（含停车改善示范方案）。该规划通过对城市停车现状调研，结合停车现状的特征，提出了实施分区域控制、分类差别化、建造模式多样化、收费差别化和一体管理、一体化发展等策略，并对惠州市公共社会停车场的用地规划、建设时序等做了规划。其中提出了以下主要实施内容：

（1）至2030年，惠城中心区范围内规划新增路外公共停车场179处，提供约2.94万个公共停车泊位。

（2）结合轨道车站、公交站点、客运枢纽站和主要对外通道等，主要在三环路边缘及外围地区共规划选点7个“P＋R”停车场。

（3）综合考虑停车现状调查、土地利用条件、项目实施可能性等因素，在停车矛盾较为突出的区域拟选取近期（至2017年）建设的路外公共停车场共30处，新增公共停车泊位约7 177个。

（4）结合市区的道路横断面状况，在机动车道上、非机动车道上和人行道上等有条件的地方增设路内公共停车泊位。

依据《惠州市区（惠城中心区）公共停车场布点规划》，惠州市自然资源局编制完成了《惠城中心区公共停车场近期建设（一期）控制性详细规划》。该规划于2019年6月9日获得惠州市人民政府原则性同意批复。该规划重点针对老旧小区、商业密集区、重要公共服务区、西湖旅游景区等区域。目标是“改善城市停车供给结构，形成公共停车与配建停车的合理比例，建设与城市发展相适应、与整体交通战略相协调的城市停车供给体系”。一期规划包括金山湖公园停车库、东坡公园停车库、南湖公园停车库、花边岭广场停车楼、东江公园停车库、滨江公园停车楼、旺岗停车楼、高榜山停车库、植物园停车楼、演达立交南停

① 介绍结合刘豪伟：《市区中心区规划新增49处停车场 主要集中于公园景区学校医院大型商圈等区域》，载《东江时报》2018年07月07日A03版；刘豪伟：《关注！惠州规划新增49处停车场，主要集中在这一带，其中这里新增5处！》，载东江时报微博 https://www.sohu.com/a/239702737_162958，2020年3月16日访问。

车楼、文成停车场等 13 个停车库(楼),总停车位共 10 120 个。惠州市交通投资集团已经启动其中 10 处停车库(楼)的建设工作。

4.《惠州市智慧共享停车系统项目投资建设实施方案》和《惠州市区既有公共停车场整合方案(初稿)》

2019 年 2 月 1 日,第十二届第 78 次市政府常务会议指出,建设智慧共享停车系统,是建设国内一流城市的重要举措,是深化惠州市停车设施管理体制机制改革、解决"停车难"问题的具体抓手。要按照"整体规划、分步实施"的原则,把握好时间节点和实施步骤,先行抓紧搭建智慧停车云平台,科学设定先行收费区域,有序推进智慧共享停车系统项目建设。2019 年 5 月 15 日,惠州市交通投资集团有限公司正式通过《惠州日报》、市政府门户网站、市交通局网站、市国资委网站、市交投集团网站、西子湖畔网站、东江传媒网等媒体向市民公布方案,广泛征求公众意见,时间为一个月。截至 6 月 20 日,共收到意见建议超过 100 条。同时,委托西子湖畔网站结合方案推出《惠州市区停车问题问卷调查》,共收回问卷样本数 2 340 份。综合市民反馈意见和问卷调查结果,广大市民对《惠州市智慧共享停车系统项目投资建设实施方案》持支持态度,并非常期待惠州智慧停车项目落地。在征求意见及修改的基础上,公司对《惠州市智慧共享停车系统项目投资建设实施方案》做了进一步的修改完善。

据报道,惠州市智慧共享停车系统项目涵盖路边临时泊位、路外停车场和智能停车楼等多种停车设施,可提供寻找车位、停车、离场缴费等一键式服务。根据智慧共享停车系统项目总体建设思路,先行升级改造 1.6 万个路内路外停车位,投资建设 10 处立体停车楼(库),新增约 5 400 个停车位;整体升级路边临时泊位,提高车位周转率;在停车集中且停车位紧张的区域,不影响交通的情况下新增临时车位,作为临时过渡。2020—2024 年,新建约 290 处停车设施,新增约 7.46 万个停车位,并按照自愿合作、互利共享原则,逐步接入其他社会停车场,实现市区停车位信息互联互通,市民可通过停车云平台了解市区内实时停车位信息。这个项目总共需要耗时 7～8 年时间,计划以市区为试点,项目成熟后将全面覆盖各县区。[①]

《惠州市智慧共享停车系统项目投资建设实施方案》总体工作思路具体如下:

① 刘豪伟:"今年我市将建智慧共享停车楼(库)10 座新增停车位 5 400 个 演达立交南停车楼计划国庆前启用",载《惠州日报》2020 年 1 月 19 日第 001 版。

（1）开展信息化改造升级，充分盘活现有停车资源。市交通投资集团有限公司筹措资金搭建停车云平台，先行升级改造 1.6 万个路边、路外停车位，通过停车云平台实现车场、车位、车主信息互联互通、共享应用，消除“信息孤岛”，提高车位利用率、周转率；同时投资建设 10 处立体停车楼示范点，新增约 5 200 个公共停车位，快速化解百姓上班、回家双向停车难、交通拥堵、交通秩序较差等重点民生问题。

（2）多渠道新增车位，加大惠州市停车有效供给。市交通投资集团有限公司筹措资金，通过多种模式新建 290 处各类停车设施，新增约 7.48 万个公共停车位；同时在停车集中和停车紧张的区域且不影响交通的情况下，新增路边停车位，作为过渡措施，最终还路于民。

（3）完成市区内全部停车场信息化升级。按照自愿合作、互利共享的原则，逐步升级改造分布在不同区域的停车位，实时信息统一接入平台管理，实现市区内停车位信息的互联互通，市民可通过停车云平台了解市区内实时停车位信息。

2019 年投资新建旺岗停车楼、市民服务中心停车库、东江公园停车库、滨江公园停车楼、演达立交南停车楼、金山湖公园停车库、银岗岭停车楼、演达东停车楼、沙梨园停车楼、丰山停车楼等 10 个立体停车楼项目，新增约 5 200 个停车位供给；2020—2024 年在江北、桥东、桥西、下角、麦地、河南岸等各区域投资建设望江滨江公园停车场、金山大桥底停车场、西枝江北桥头公园停车场等停车场 290 处（包括地面停车场、公园广场地下停车库、智能机械立体停车楼、智慧机器人立体停车楼等），新增约 7.48 万个停车位供给。

依托《惠州市区（惠城中心区）公共停车场布点规划》结合市区交通堵点和市场需求，利用闲置建筑或地面停车场改造为立体停车楼，在医院、商场、公园广场等车流集中的公共区域，分步有序投资建设立体公共停车楼或地下停车库，确保发挥实效。

在停车集中和停车紧张的区域且不影响交通的情况下，新增路边停车位，并通过装配视频监控、无感支付、信息传输等设备，进行数据互联集中，提高车位利用率、周转率。

上文提及制定的 2019 年实施计划，投资新建停车场 10 处，新增停车位约 5 200 个，详见表 2-4。

根据规划部门修订的《惠州市区（惠城中心区）公共停车场布点规划》并结合惠州市区停车现状调查情况，开展停车场项目建设计划，逐步在市区内投资建设停车场 290 处，新增停车位供给约 7.48 万个，见表 2-5。

表 2-4　2019 年计划投资新建的停车场表

序号	名称	地址	服务区域	用地性质	占地面积/m^2	车位数/个	备注
1	旺岗停车楼	新江路与新沥路交叉口西南角，白马商城东侧	江北三新望江片区	社会停车场用地	5 995	500	建设立体停车楼
2	市民服务中心停车库	惠城区文华二路	江北中心区	社会停车场用地	18 449	1 500	建设地下停车库
3	东江公园停车库	东江一路与惠州大桥交叉口	江北中心区	公园绿地	15 175	600	建设地下停车库
4	滨江公园停车楼	惠沙堤一路，滨江书城旁	下埔片区	商住地	1 788	500	建设立体停车楼
5	演达立交南停车楼	河南岸演达立交东南侧	河南岸片区	社会停车场用地	5 981	400	建设立体停车楼
6	金山湖停车库	惠城区环湖一路金山湖公园西门	河南岸片区	公园绿地	12 765	500	建设地下停车库
7	银岗岭停车楼	白泥三路与群芳路交叉口	河南岸片区	社会停车场用地	4 136	300	建设立体停车楼
8	演达东停车楼	河南岸汽车站南侧	河南岸片区	社会停车场用地	5 664	280	建设立体停车楼
9	沙梨园停车楼	演达三路与沙梨园五巷交叉口	河南岸片区	社会停车场用地	2 203	170	建设立体停车楼
10	丰山停车楼	丰山路 4 号	下角丰山片区	教育用地	2 640	450	建设立体停车楼

表 2-5　停车场项目建设计划表

年度	区域	停车场数	车位数	备注
2020 年	江北、桥东、桥西、下角、麦地、河南岸等重点区域	30 处	1.1 万个	望江滨江公园停车场、金山大桥底停车场、西枝江北桥头公园停车场、河南岸公园停车场等
2021 年	江北、桥东、桥西、下角、麦地、河南岸等重点区域	36 处	1.4 万个	望江沥沿线停车场、演达立交北停车场、古窑址停车场、古塘坳西停车场等

表 2-5(续)

年度	区域	停车场数	车位数	备注
2022 年	水口、马安、金山湖、南部新城、江北东西区、江南等新兴发展区域	55 处	1.3 万个	洛塘渠停车场、鹿江公园停车场、马安河停车场、河桥南停车场、一中北停车场等
2023 年	水口、马安、金山湖、南部新城、江北东西区、江南等新兴发展区域	76 处	1.8 万个	龙湖停车场、龙津北停车场、沙新西停车场、老树山西停车场、田寮北停车场等
2024 年	水口、马安、金山湖、南部新城、江北东西区、江南等新兴发展区域	93 处	1.88 万个	货运站南停车场、马安中心停车场、黄蜂岭停车场、奥林匹克西停车场、金三角西停车场等

5.《惠州市区既有公共停车场整合方案(初稿)》(续上)和《惠州智慧停车项目(既有公共停车设施信息化改造)工程方案》①

通过部门协同合作的方式,构建智慧停车管理平台。具体来说,有以下四个方面:

(1) 智慧共享停车系统建设

已完成全市停车资源调查和数据收集工作,创建了市区停车设施基础数据库;二是在征求意见及修改完善基础上,完成了《惠州市区既有公共停车场整合方案(初稿)》方案,提交市政府审批并实施,力争年内完成推进 1.6 万个公共停车位智能化管理任务;三是构筑智慧停车云平台,实行静态交通智能化管理,已完成《惠州智慧停车项目(既有公共停车设施信息化改造)工程方案》编制并报送市政务服务数据管理局审核等工作,拟运用云计算、物联网、大数据处理等先进技术手段,使各类停车场实现跨区域、多层级集中监控和管理,构建智慧停车管理平台。

(2) 停车场信息采集管理平台建设

为有针对性地对停车场进出车辆卡口图片进行分析与研判,并开展停车诱导等配套交通出行服务,市交警部门搭建了停车场信息采集管理平台,目前已

① 以下内容摘自、整合了惠州市交通运输局《对惠州市十二届人大五次会议代表建议第 20190006 号的答复》《对惠州市政协十二届三次会议第 20190160 号提案的答复》《对惠州市政协十二届三次会议第 20190143 号提案的答复》,分别见该局网站 https://jtj.huizhou.gov.cn/zwgk/jytaxxgk/content/post_2098955.html, https://jtj.huizhou.gov.cn/zwgk/jytaxxgk/content/post_2099366.html, https://jtj.huizhou.gov.cn/zwgk/jytaxxgk/content/post_2099305.html,2022 年 5 月 6 日访问;惠州市发展与改革局《对惠州市政协十二届二次会议第 20180198 号的答复》中的内容,见该局网站 http://jhj.huizhou.gov.cn/zwgk/jytaxxgk/content/post_11276.html,2022 年 5 月 6 日访问。

接入停车场数量43个。

为积极解决惠州市目前面临的交通拥堵问题，惠州市正在研究制定静态交通解决方案，基于云平台整合更多业务板块，构建城市静态交通服务体系，将城市交通监控平台、城市治安管控系统、智慧交通平台、其他公共服务平台统一接入静态交通一体化管理云平台，实现对路内停车、路外停车场、充电桩/充电站、城市诱导系统、立体车库进行统一管理。

通过"智慧停车共建共享项目"，搭建的停车云平台，借助大数据，拓展多元化的配套服务和业务模式，充分利用个人停车位、单位停车位等，建立停车信息数据库，实现车场、车位、车主信息互联互通、共享应用，消除"信息孤岛"，提高车位利用率、周转率，最大限度地实现停车资源高效利用。

① 推动惠州市路边停车位智能化建设。对城市路内泊位进行智能化改造，通过地磁或视频的方式实时采集泊位数据并接入到云平台，加强智能化管理和可视化监管，实现泊位的联网发布，调节城市泊位供需不平衡，提升泊位周转率，从而实现市民快速泊车、便捷支付、轻松出行，进一步降低环境污染，改善生活环境，提升市民的生活品质。通过归集静态交通大数据，科学手段分析和挖掘数据价值，优化管理决策，解决交通难题，助力智慧城市建设。

② 推动惠州市路外停车场智能化建设。以智能物联设备为基础，结合云平台，打造现代化智慧停车场，为政府提供停车场可视化监管、财务对账、车场联网和商业扩展等服务，为车主提供车牌识别、无卡停车和快速泊车寻车等体验。对停车场出入口改造，提升车辆通行速度与车主停车体验，采集车辆数据；对停车场内诱导系统建设，引导车主快速准确地找到空闲停车位，节省停车时间；对流线引导建设，通过标识引导，提升车辆停放的便利性和安全性。

③ 推动惠州市新能源充电桩智能化建设。为政府管理部门、新能源服务运营商、新能源汽车经营企业和充电桩业主等客户提供"智能充电桩＋云平台＋车主移动端"的完整解决方案。充电与停车两种行为息息相关，在停车泊位上增建充电桩，并直接接入云平台，实现车、桩、位的集中管理，提高资源的利用效率，提供"停车＋充电"一体化服务，推动新能源产业发展。

④ 推动惠州市智能诱导系统建设。构建城市四级停车诱导系统，实时发布停车位信息，为车主提供快捷停车诱导服务，将车辆从道路精确导流至停车场泊位，引导车辆合理停放，促进区域停车供需平衡。车主可同时通过城市诱导屏、手机客户端进行车位查找和导航。

⑤ 推动惠州市立体停车库智能化建设。提供各类型立体车库规划和建设方案，通过有限的地上或地下空间建设容车数量多的立体停车设备，增加停车位供给数量，实现全市停车资源统一管控，有效解决停车难。

(3) 交通诱导系统建设

目前市公安局交警部门已完成交通诱导系统二期建设项目，在市区共计新建 50 套 LED 全彩诱导屏设施和 48 套智能交通提示屏，进一步扩大覆盖面积，并在义乌商品城、红花湖、植物园等多处试行发布停车诱导信息，为市民提供更优质的交通出行服务。

随着上述工作的开展，各部门协同参与停车管理工作，统筹调配停车资源的管理模式已初步形成，停车位的智能化管理已取得初步成效。接下来，将与各部门将继续加强沟通协作，构建管理统一、功能多样、便捷高效的智慧停车平台，推动惠州市智慧交通发展。

(4) 互联网停车综合管理系统建设

惠州中心区的社会公共停车场，由公用、园林、交警等相关部门负责运行、维护和管理，初步建立统一的智能管理平台，逐步实现公共停车场智能化管理。由管理部门组织督促公共停车场经营者按照统一的技术规范向市交通行政主管部门实时、直接上传相关停车数据，做好开放、共享停车平台的基础数据备案工作，同时根据实际情况向社会实时公布经营性停车场的分布位置、使用状况、泊位数量、收费标准等信息数据。

(二) 土地供应情况

就惠阳区情况而言，惠阳区对标深圳，因土地资源紧缺，只能"往上要空间"，如行政中心已布点 700 个车位建设，还有其他的停车点。目前惠阳区公共停车场确实少，工、商闲置用地按现行政策不能办停车场。最好是推动第三方参与，从立法上体现、鼓励社会投资取地，依靠划拨效果不好，或是整合开发小地块避免闲置。总体上土地资源紧缺。

大亚湾区《划拨用地目录》里关于停车场的土地只有一类——公共交通车辆停车场，但是这个用地是给公交车的。无供地需求，如有则挂拍；之前多为绿地，也能报建。

(三) 停车场建设情况

2018 年 6 月 8 日，根据惠州市住房和城乡规划建设局的介绍，"一场三馆"(文化广场、图书馆、文化馆和青少年宫)项目规划了 800 个地下停车位，莲花山公园项目规划了 180 个停车位，这些场馆的停车位建成后可以部分缓解西湖、红花湖周边地区停车难问题。[①] 至 2021 年 1 月 28 日，龙门县城共有粮所一、二

① 惠州市住房和城乡规划建设局：《对惠州市十二届人大三次会议代表建议第 20180030 号的答复》，载惠州市住房和城乡规划建设局网站 http://zjj.huizhou.gov.cn/zwgk/jytaxxgk/content/post_18216.html，2022 年 5 月 6 日访问。

停车场和七星山、城北、东较广场共5个公共停车场。其中城北停车场车位共93个，东较广场停车场车位118个，粮所一、二停车场和七星山停车场车位182个。龙门县城投物业管理有限公司管理的以上五个停车场共能提供393个停车位。该公司负责人曾学明向记者介绍，该公司经过紧张施工，在其中的3个停车场的基础上新增了2个停车场。①

按照《惠州市级政府投资建设项目"十三五"规划》安排，惠州市计划在"十三五"期间实施惠州市植物园、荔浦风清公园、惠州市工人文化宫、象头山国家森林公园等大型公共工程配套建设停车场，并对金山湖公园停车场管理系统进行智能化建设。

2020年1月9日，市长刘吉在惠州市第十二届人民代表大会第七次会议上作《2020年惠州市政府工作报告》时表示，2019年，建成综合交通网络运行指挥中心，开工建设智慧共享停车楼(库)10座。2020年，计划推进"智慧停车"，建成智慧共享停车楼(库)10座，新增停车位5 400个；新开工停车楼(库)20座，新增停车位约8 000个；升级改造地面停车场40个、停车位约1.5万个，鼓励机关事业单位、企业、住宅小区共享停车资源，着力缓解停车难问题。优化"智慧交通"，发展智慧公交，中心城区公交分担率提高到46%以上，让群众出行更便捷。

2019年9月19日，作为惠州市智慧共享停车系统项目中的首个全自动机械式立体停车楼，演达立交南停车楼启动建设。该项目位于惠州市惠城区河南岸街道演达横二路西，共有1号楼和2号楼两座立体停车楼。该项目于当年国庆节前建成，启用后可提供约400个停车位。②

2019年9月，智慧共享停车系统项目各项工作正顺利推进。一是已完成全市停车资源调查和数据收集工作，创建了市区停车设施基础数据库；二是在征求意见及修改完善基础上，完成了《惠州市区既有公共停车场整合方案(初稿)》方案，提交市政府审批并实施；三是构筑智慧停车云平台，实行静态交通智能化管理，已完成了《惠州智慧停车项目(既有公共停车设施信息化改造)工程方案》编制并报送市政务服务数据管理局审核等工作，拟运用云计算、物联网、大数据处理等先进技术手段，实现各类停车场跨区域、多层级集中监控和管理，构建智慧停车管理平台。惠州市还将根据实际情况，研究建设停车诱导发布系统，依托"互联网+"和大数据技术，建设停车资源发布系统，推广停车位共享经济使

① 爱龙门：《好消息！惠州龙门县城新添2个停车场，共211个新停车位》，载腾讯网 https://xw.qq.com/cmsid/20210129A03LSM00，2022年5月6日访问。

② 刘豪伟：《今年我市将建智慧共享停车楼(库)10座新增停车位5 400个演达立交南停车楼计划国庆前启用》，载《惠州日报》2020年1月19日第001版。

用模式，充分盘活现有停车资源，实现停车资源的精细化管理。支撑移动终端互联网停车应用的开发与推广，鼓励出行前进行停车查询、预定车位，实现自动计费支付等功能，稳步推进智慧共享停车系统建设，切实解决市区停车难问题。①

（四）"真空地带"的停车场——退让间距与停车场建设

用地红线、建筑红线、道路红线、道路退让线等概念之间的关系：实际上只有三条红线，一个是道路红线，一个是用地红线，一个是建筑红线。道路退让线并没有专门的定义，是根据规划要求，在道路红线外一定范围能不能建设，这个范围边界一般称为道路退让线。从小区往外来说，分别是：建筑红线、用地红线、道路退让线、道路红线。道路退让线有可能在用地红线内。

（1）道路退让红线与建筑红线之间的区域属于"真空地带"，没有相关部门对此进行管理，实际中不少物业管理人员会用此区域划分停车位并进行收费，严格来说该区域属于公共区域，用于有偿停车的行为不具有合法性。新建小区不允许建围墙，建筑红线退让的区域会让大家免费停车，但当小区正式运营后，小区会设一些保安亭、拦车杆等设施来收费。小区物业设置围栏、收费等，无法按照《中华人民共和国建筑法》处理，也不属于《建设工程施工许可管理办法》规定的退让红线。

在博罗县调研时，了解到：在两个地块红线交界处，建筑退让间距的空间是可以设置为停车位的，只是有 10%的比例限制，在该建筑的规划方案中会明确。

据仲恺区介绍，市里从去年底开始，颁发不动产权证时就规定面积。现在不划用地红线，只划建筑红线，颁证时不标明。路边停车位规划时，由交警、交通局、公用事业办合议后，用地红线内的由小区规划，公共的部分由公共事业办公室规划。

（2）道路红线情况：城区某小区和东江大桥北有 30 多个停车位。一直处于模糊地带，不知道道路红线在哪里。

（五）特殊目的的停车场——小区规划内对社会开放的停车场

仲恺区天益城小区在建之初，规划告知书要求建 160 个社会停车位，为全市第一例附停车位建设的小区开发项目。160 个社会停车位建成后提供给社会停车使用。规划设计条件告知书是依据控规与惠标②的规定设立，并与开发商

---

① 惠州市交通运输局：《对惠州市政协十二届三次会议第 20190160 号提案的答复》，载惠州市交通运输局网站 https://jtj.huizhou.gov.cn/zwgk/jytaxxgk/content/post_2099366.html，2022 年 5 月 6 日访问。

② 惠州标准，指《惠州市城乡规划管理技术规定（2020）》中规定的标准。

协商同意，考虑实际合理性，即可在规划设计条件告知书中增加相当规定。在规划设计条件告知书有明确约定的情况下，待该建筑建成后，管理部门可以直接按照告知书中的规定进行验收，建成后这些停车场是一定要提供给社会使用的，收费标准一般实行政府指导价。

三、惠州市停车场管理基本情况

（一）出台的主要管理文件

《惠州市实施〈城市道路管理条例〉办法》（惠府办〔2014〕7号）涉及停车场的条文为第二十三条："城市道路范围内禁止下列行为：（一）擅自占用城市道路摆摊设点、设置停车场、堆物作业、设立工场、集市贸易……"惠州市有关停车场管理的文件主要有停放服务收费管理、房地产开发项目停车位租售管理、智慧共享停车系统项目管理和停车场车位具体的价格批复四类。

1. 从《惠州市机动车停放保管服务收费管理办法》到《惠州市机动车停放服务收费管理办法》

随着惠州市机动车数量高速增长，停车位的紧张渐渐成为一种突出的社会现象。为充分发挥价格杠杆对供需关系的调节作用，促进停车设施建设，提高停车资源配置效率，规范机动车停放服务收费行为，维护车主和停车设施经营者的合法权益，2018年4月1日，惠州市人民政府印发实施《惠州市机动车停放服务收费管理办法》（以下简称《管理办法》）。

《管理办法》明确规定，五类具有垄断经营和公益性特征的停车场实行政府指导价或政府定价：依法施划的道路人工或自动停车设施；城市公共交通枢纽站及换乘站配套停车设施；机场、车站、码头、旅游景点（仅限于门票价格实行政府定价管理的景区、景点）、口岸配套停车设施；党政机关、事业单位、非营利性医疗机构、公办学校以及政府投资建设的博物馆、图书馆、青少年宫、文化宫、体育馆等社会公共（公益）性单位配套停车设施；各级人民政府财政性资金、城市建设投资（交通投资）公司建设的室内专业停车设施。《管理办法》规定，除实行政府指导价、政府定价管理的停车设施外，其他依法设立的停车设施的机动车停放服务收费实行市场调节价管理。除此之外，由社会资本全额投资、由政府与社会资本合作建设的停车场以及住宅小区、商场、娱乐场所、宾馆酒店、写字楼、物流园区、专业市场等配套停车场，停车费都已放开定价，实行市场调节价管理，由经营者自主制定停车服务收费标准。

惠州市发展和改革局收费管理科负责人解读说，《管理办法》的主要内容可以概括为"六个明确＋一个加强"，即明确了价格主管部门的职责，明确了政府定价范围，明确了经营者行为，明确了定价原则，明确了具体计费办法，明确了

停车收费减免范围;加强了对停车收费违规行为的监管。具体内容如下:[①]

(1) 缩小了政府定价的范围,明确停车场应明码标价

广东省从2015年就出台相关政策,即《省发展改革委 省住房和城乡建设厅关于放开住宅小区、商业配套、露天停车场停车保管服务收费等有关问题的通知》(粤发改价格〔2015〕483号),上述停车场收费标准由停车场经营者根据车位的权属,以及管理成本、市场等情况自主确定。

与2010年6月1日起颁布实施的《惠州市机动车停放保管服务收费管理办法》相比,《管理办法》缩小了政府定价的范围,将原实行政府指导价管理的"商场、娱乐场所、宾馆酒店、写字楼、物流园区、专业市场等配套停车场,居民住宅区的停车场所以及设在城市郊区地段的露天停车场"的停车服务收费改为实行市场调节,同时,根据《中华人民共和国物权法》《物业管理条例》等法律法规,明确了放开价格后价格调整的程序等行为。

《管理办法》虽然放开了对多类停车场的限价,但也从政策上明确了经营者的行为和定价原则。《管理办法》规定,停车设施经营者应当依法取得经营资质。五类实行政府指导价、政府定价管理的停车场经营者收费时,应向当地价格主管部门申请核定收费标准,并根据停车设施的类型,提供停车设施的用地、规划等资料。

不管哪类停车场,都应按规定实行明码标价,在停车设施入口处及缴费地点的醒目位置设置标价牌,标明停车设施经营单位、地址、定价主体、收费标准、计费方法、收费依据、服务内容、免费停放时限、投诉举报电话等,接受社会监督。机动车进入停车设施时,停车设施应当明确标示或者记录机动车牌号和进入时间,机动车驶离停车设施凭该标示或记录交纳停放服务费,停车设施经营者应当依法提供税务部门监制的票据。

(2) 按区域位置车型时段实行差别收费

在定价原则方面,《管理办法》规定,各级价格主管部门制定或调整机动车停放服务收费标准,应当有利于贯彻执行政府交通管理政策和改善城市环境,综合考虑停车设施等级、地理位置、服务条件、供求关系、建设运营成本以及社会各方面承受能力等因素确定。在此基础上,积极推行不同区域、不同位置、不同车型、不同时段机动车停放服务差别收费,利用价格杠杆促进停车服务资源有效利用,缓解城市交通拥堵。实行政府定价和政府指导价管理的机动车停放服务设施,可按不同区域、不同类别、不同时段、路内路外等情况实施差别化停车收费。

---

① 游璇钰、龚立新:《我市出台办法规范机动车停放服务收费管理 商场小区停车费实行市场定价》,载《惠州日报》2018年4月8日第A01版。

在具体计费办法上,《管理办法》规定,机动车停放服务收费按不同车型、停放时间长短计费,具体计费办法由市、县(区)价格主管部门确定。其中,机动车停放服务收费按摩托车、小车、大车、超大型车四类车型区别计费。机动车停放服务收费可以按次、分钟、小时、天、月、年为单位计费,也可以根据车位的供求关系实行累进或递减计费。

(3) 鼓励对短时停车和新能源车停放给予优惠

值得一提的是,《管理办法》鼓励实行市场调节价管理的停车设施提供机动车免费停放或者设置免费停放时限。此外,《管理办法》还明确了免收停车费的三种情形:进入实行政府指导价、政府定价管理的停车设施(不含自动收费停车设施)停车不超过15分钟的,有条件的可适当延长免费时限,具体延长时限由当地价格主管部门根据实际确定;军警车辆、实施救助的医院救护车辆及市政工程抢修车辆;法律、法规、规章规定的其他应当免收机动车停放服务费的车辆。同时,鼓励对新能源汽车停放服务给予适当优惠。

(4)《管理办法》还明确,机动车辆因行政机关依法查封、扣押被拖曳至指定停车设施的,当事人不需支付停车费。

(5)《管理办法》明确严厉打击停车场收费违规行为。如果停车场不执行政府指导价、政府定价政策,违反明码标价有关规定,在标价之外收取未予标明的费用,实施价格欺诈行为,利用虚假的或者使人误解的标价方式或者价格手段,欺骗、诱导需求者与他人进行交易,以及其他违法违规价格行为的,将被依法查处。

2.《惠州市中心城区房地产开发项目停车位租售管理暂行办法》和《惠州市惠城区房地产开发项目停车位租售管理办法》

2015年12月,惠州市发布了《惠州市中心城区房地产开发项目停车位租售管理暂行办法》(以下简称《暂行办法》)。《暂行办法》实施以来,对惠城区房地产开发项目中停车位租售的管理、保护购房人的合法权益提供了制度保障。在《暂行办法》的基础上,《惠州市惠城区房地产开发项目停车位租售管理办法》(以下简称《办法》)进行了修订,修订后于2019年3月22日施行。《办法》的制定工作,遵循"优化资源配置、加强秩序管理、缓解突出矛盾"的思路。修订主要依据《中华人民共和国物权法》《中华人民共和国人民防空法》《广东省物业管理条例》等法律、法规。

据惠州市住建局相关负责人介绍,《办法》主要内容为:①

① 结合了《惠州市惠城区房地产开发项目停车位租售管理办法》和邱若蓉、赵丽霞、黄敏:《惠城区房地产开发项目停车位租售管理办法出台 小区未售车位不得只售不租租售方案需备案公示》,载《惠州日报》2019年4月10日第A03版。

(1) 明确产权清晰的专有停车位、公共停车位、人防停车位的分类处置方式

《办法》第四条作出了界定。产权停车位,产权人可出售、附赠、出租;公共停车位不得出售;人防停车位平时可由建设单位使用管理,收益归建设单位所有;业主要求承租车位的,建设单位应当将尚未售出的停车位或其他可以出租的车位提供出租,不得只售不租。

(2) 加强房地产开发项目停车位租售信息预披露及备案管理

《办法》第五条规定,建设单位预售或现售商品房时,将停车位总数量、分布位置平面图、租金标准、销售的价格区间(必须承诺最高售价)予以公示、书面告知购房人、在《商品房买卖合同中》写明,并向房地产行政主管部门备案。由房地产行政主管部门应将备案信息报送区价格主管部门。通过加强停车位有关信息的预披露,消除因信息不对称造成消费者购房后的停车位交易纠纷,杜绝房屋捆绑车位销售并随意提高车位售价的情形。

《办法》第七条规定建设单位租售停车位的,需将租售方案在小区公示 30 日并报房地产行政主管部门备案。租售方案应包含停车位的数量、面积、配比、价格等重要信息。此条款是对《广东省物业管理条例》第五十四条规定的具体化管理措施。

(3) 关于停车位如何优先满足业主的需要

《办法》第八条、第九条对停车位的出售规则作出具体化规定,业主购买车位的数量上限需与物业管理区域房屋套数与可出售车位的配比相关联,在配比不足 1∶1 时,每套房屋业主只能购买本小区一个车位。配比超出 1∶1 的,可按销售年限的长短,在完成必要的信息公示后,逐步放开业主购买停车位的数量限制。

举例说明:A 小区有 100 套房屋,80 个产权停车位,配比为 0.8。则 A 小区每户业主只能购买一个产权停车位。B 小区有 100 套房屋,120 个产权停车位,配比为 1.2,车位数超出房屋数 20 个。按照《办法》第八条规定,B 小区建设单位可向业主出售第 2 个停车位,但可出售第 2 个停车位的数量不超过 20 个。备案时间超 1 年,按照《办法》第九条规定,完成公示 60 日并备案后(公示期间未购买停车位业主享有优先购买权),建设单位可向已有停车位业主多出售 1 个停车位,不受 20 个数量限制。备案时间超过 3 年,业主购买车位数量不受限制。

(4) 适用范围:为惠城区,其他各县(区)参照执行

3. 智慧共享停车系统项目管理:《惠州市智慧共享停车系统项目投资建设实施方案》

《惠州市智慧共享停车系统项目投资建设实施方案》宏观上确定了政府和企业各自的职责。

(1) 确定市直相关职能部门的工作职责

市交通运输局负责公共停车场建设的统筹协调工作;市发展和改革局负责停车收费标准的制定及审批工作;市公安局交警支队负责道路交通安全和道路临时停车泊位审批管理工作,参与停车场规划和管理工作;市自然资源局负责全市停车设施规划的组织编制工作;市住房和城乡建设局负责全市停车设施建设管理工作;市市场监督管理局负责停车设施建设质量技术和运营价格监督工作;市城乡管理和综合执法局负责全市停车场使用管理工作,参与停车场规划工作;市政务服务数据管理局负责停车云平台监督和数据管理工作。

(2) 确定国有企业的停车场建设运营管理职责

通过第三方机构评估作价后,市政府将市区路边临时停车泊位评估作价注入并授权市交投集团经营,路外公共停车场经营管理权整合评估作价注入市交投集团。市交投集团将作为国有资本代表,统一投资、建设、运营、管理市区内公共停车资源。通过公开招标引入社会资本、先进技术和管理经验,组建以市交投集团为主导的混合所有制平台运营公司,加强智慧共享停车系统管理,创新运营机制和企业管理体制,提高企业效率,确保国有资产不外流,促进城市管理面貌显著提升。

实施方案的具体措施为:

① 成立全市智慧共享停车系统建设领导协调小组。由市政府常务副市长胡建斌同志担任组长,市政府副市长林洪同志担任副组长。

② 出台停车场经营管理规范性文件。制定出台《惠州市停车场建设与管理办法》等配套政策,加强对本市停车场的规划和建设,规范停车场的经营、管理和使用,以及规范行政执法等问题,保障智慧共享停车系统项目运营管理工作的规范性。

③ 鼓励停车产业化发展。进一步简化停车服务设施报建程序,放宽停车楼建设容积率、建筑密度等限制;新建公共停车场在不改变用地性质、不减少停车泊位的前提下,可依法依规配建不超过20%的附属商业面积,并在经营设施区域内按有关规定申请开展配套增值服务(责任单位为:惠州市自然资源局、发展和改革局、住房和城乡建设局,市交通投资集团有限公司)。

④ 扩大停车设施用地供给。依照《惠州市区(惠城中心区)公共停车场布点规划》分步有序地加大停车用地供给,保障停车场建设用地年度供应。一是充分利用广场、公园绿地的地下空间,建设公共停车场;二是将闲置建筑、地面停车场改造为立体停车楼,优化供需关系;三是多渠道利用市区闲置空地,建设立体停车楼,增加停车位供给量(责任单位为:惠州市自然资源局、卫生健康局、国资委、林业局、机关资产和事务管理局,市交通投资集团有限公司)。

⑤ 有关政策优惠问题。对市交通投资集团有限公司新建、改扩建公共停车场项目(含配建附属经营设施),可依法依规在惠州市行政事业性收费权限范围内给予一定优惠支持(责任单位为惠州市自然资源局、财政局、住房和城乡建设局、市交通投资集团有限公司)。

4. 具体的价格批复

这部分是发改部门针对具体的政府定价的停车场进行价格管理。

2019 年 8 月 1 日,惠州市发展和改革局出台《关于惠州火车站停车场机动车停放服务收费有关问题的批复》,对改造建设后,即将使用的惠州火车站停车场的收费标准进行了规定。规定车辆停放 15 分钟以内(含 15 分钟)为免费,超过 15 分钟后至少停车收费 5 元。为配合做好惠州市人民政府加强火车站站场秩序整治和站场建设的要求,惠州市发展和改革局在批复中表示,同意惠州惠璟贸易有限公司在该停车场升级改造后,继续收取机动车停放服务费。①

2019 年 8 月 2 日,惠州市发展和改革局发布的《关于惠州市植物园停车场机动车停放服务收费标准的批复》开始执行。在惠州市林业局已将该停车场委托市植物园物业管理中标企业——深圳市国艺园林建设有限公司负责管理的背景下,根据相关规定,惠州市发展和改革局对该停车场收费标准进行了明确。批复中规定该停车场收费按照政府定价管理。具体标准为:30 分钟内小型车、大型车、摩托车停车免费,超过 30 分钟实行分段计费。以小型车为例,8 时至 22 时的第一时段超 30 分钟时停车收费为 5 元/辆,22 时至次日 8 时第二时段为 10 元/辆。②

以上惠州市发展和改革局的审批是根据《惠州市机动车停放服务收费管理办法》第九条的规定进行的(市机动车停放服务收费实行“统一政策,属地管理”,市价格主管部门会同有关部门负责制定全市统一的机动车停放服务收费管理办法,各县、区价格主管部门会同有关部门依法在权限范围内制定辖区内的机动车停放服务收费具体标准)。根据调研情况,可以证实惠州市停车价格和收费已经得到规范,但是在停车场建设和管理方面还需要进一步完善,如新型停车场的建设、建设管理中的各职能部门的职责划分,停车场的相关技术使用和规范以及如何共享停车位等问题。

《关于惠州市第三人民医院及三院东院区停车场收费标准的批复》

惠城发改价〔2017〕14 号

广州珠江物业酒店管理有限公司惠州分公司:

报来《关于惠州市第三人民医院及三院东院区停车场实行停车收费管理的

① 冯丽均:《惠州火车站停车场 15 分钟内免费》,载《惠州日报》2019 年 8 月 7 日第 A05 版。

② 冯丽均:《惠州植物园停车场停车半小时免费》,载《惠州日报》2019 年 8 月 8 日第 A05 版。

申请》收悉。根据惠州市人民政府《惠州市机动车停放保管服务收费管理办法》（惠府〔2010〕54号）及原惠城区物价局《关于规范机动车停放保管服务收费的通知》（惠城价〔2010〕20号）规定，经对惠州市第三人民医院及三院东院区停车场停车收费成本进行测算，在全面考虑停车服务资源的合理调节利用及市区政府定价停车场收费标准的基础上，现就惠州市第三人民医院及三院东院区停车场有关收费问题批复如下：

一、对停放保管的车辆，可以收取机动车停放保管服务费，具体收费标准详见附表。停放时间不足60分钟的免费，超过60分钟的按规定标准收费。

二、对看病及接送病人看病的车辆，凭该院当天门诊或住院有关凭证（当天收费票据、住院押金票据）免收机动车停放保管服务费。

三、本收费标准自2017年6月1日起试行，试行期两年。试行期满后你院应根据惠州市第三人民医院及三院东院区停车场实际运行费用情况向我局重新申报正式收费标准。

四、请接文后在停车场进、出口处及收费处显眼位置设立标价牌，做好明码标价及宣传解释工作。

附表　惠州市第三人民医院及三院东院区机动车停放保管服务费标准表

车型	临时停放保管计费		说明
	第一时段：8时至22时	第二时段：22时至次日8时	
小型车［2吨以下（含2吨）人货两用车，20座（含20座）以下各类型客车］	5	10	一、临时停放车辆不足60分钟不得收费。 二、跨时段计费： 1. 停放保管时间在3小时内的（含免费时段）按第一时段标准计收； 2. 停放保管时间超过3小时的（含免费时段），按第二时段标准计收； 3. 同一车辆在同一个停车场24小时内多次进出停放保管的，收费总额不能超过两个时段标准之和计费。 三、对看病及接送病人看病的车辆，凭该院当天门诊或住院有关凭证（当天收费票据、住院押金票据）免收机动车停放保管服务费

（二）管理工作

1. 管理权限

惠城区路边泊位归市级交警管理。

城区城管局表示：与交警达成的协议是城管管场地，交警管车。草地上的停车区域归城管局管理，但城管局只有处罚权，只能对车主进行罚款，抄车牌，在车头贴行政处罚告知书，但无权对车进行直接处理。机构改革后城管局只管违建问题，停车相关的违法问题主要就是公共车位被非法占用，建筑红线退让部分是否能够有偿停车等问题。其他违停等问题可能由交警部门掌握。

2. 疏导措施

(1) 提高打击力度，全力整治违法占用公共停车位的行为

多年来，惠州市公安交警部门联合城管部门针对私自霸占公共停车位的现象，不断开展"清障行动"。2020 年 7 月至 12 月，市交警联合相关部门推进"三治""四清"活动，开展了为期半年的"净路"行动，对加装地锁私自占用公共停车位、违法停车、"僵尸车"、临街商户违法占道经营等突出的不文明行为开展专项整治。据统计，从 7 月下旬至 8 月 6 日，市区交警共出动警力 425 人次，设置的整治点约 30 个，清理和整治人行道停车格设私锁、路内停车格设障、违法占用消防通道、停车位安全隐患及公交车站等共计 1 298 处。①

据仲恺区介绍，对路边停车位占用、上地锁的处罚，一般是 19 000 元。依据是 2019 年的《城市道路管理条例》第四十二条："违反本条例第二十七条规定，或者有下列行为之一的，由市政工程行政主管部门或者其他有关部门责令限期改正，可以处以 2 万元以下的罚款；造成损失的，应当依法承担赔偿责任：(一) 未对设在城市道路上的各种管线的检查井、箱盖或者城市道路附属设施的缺损及时补缺或者修复的；(二) 未在城市道路施工现场设置明显标志和安全防围设施的；(三) 占用城市道路期满或者挖掘城市道路后，不及时清理现场的；(四) 依附于城市道路建设各种管线、杆线等设施，不按照规定办理批准手续的；(五) 紧急抢修埋设在城市道路下的管线，不按照规定补办批准手续的；(六) 未按照批准的位置、面积、期限占用或者挖掘城市道路，或者需要移动位置、扩大面积、延长时间，未提前办理变更审批手续的。"

(2) 强化宣传引导，规范文明停车

在深入交通整治的同时，加强和推进了相关的宣传工作。一是通过普法宣传，走入社区、学校，提高了市民的停车意识。二是运用电视、电台、网络、报纸、微博、微信等多种宣传方式，多管齐下，进一步提高了群众的守法自觉性。

(3) 大力推广公共交通出行

① 惠州音乐广播：《僵尸车、花式'占位'等要注意啦，惠州交警出手了！这些行为严查！》，载搜狐网 https://www.sohu.com/a/412478051_100175960，2022 年 5 月 7 日访问。

正如《惠州市区综合交通规划(2018—2035)》所规定的规划愿景:结合粤港澳大湾区东部中心城市、绿色化现代山水城市的发展目标,建设区域性综合交通枢纽城市、绿色化高品质宜行城市。居民出行结构目标是,一方面大力优先发展公共交通,合理引导居民出行结构发展,不断提高公共交通出行比例,力争 2035 年公共交通(不含出租车)出行占机动化出行比例达到 60%以上;另一方面不断完善慢行交通设施,为慢行交通出行创造良好交通环境,合理保持慢行交通出行比例,2035 年慢行交通占全方式出行比例不低于 55%。近年来,惠州市正在努力构建国内一流公交体系,以期实现高品质、高效率的公交出行方式。

3. 收费管理

(1) 收费标准

目前惠城区政府定价停车场只有 3 个,类型较为单一,分别是惠州市第三人民医院停车场、惠州市第二妇幼保健院停车场和河南岸街道办活动中心停车场。惠州市第三人民医院停车场和惠州市第二妇幼保健院停车场是由医院自筹资金投资建设的,停车收费管理的收费主体均为委托管理的物业公司,属于私人企业。医院运用的智能化收费平台的主要功能有自动计时计费、录制车辆进出记录、统计车流量和收费数据等等。河南岸街道办活动中心停车场因特殊原因一直无法收费,暂打算两年后再对河南岸街道办活动中心停车场作成本测算。惠城区政府定价停车场的收费标准是经过成本测算,在考虑停车服务资源的合理调节利用及市区政府定价停车场收费标准的基础上审批的,按不同车型和不同时段计费。2015 年 8 月 15 日后,惠城区根据省发改委和省住建厅发布的《关于放开住宅小区、商业配套、露天停车场停车保管服务收费等有关问题的通知》(粤发改价格〔2015〕483 号)规定,放开住宅小区、商业配套停车保管服务收费,以及政府列管以外的露天停车场停车保管服务收费,实行市场调节价管理后,现在未对集体用地、背街小巷的停车收费进行审批,仅对惠城区政府定价停车场的停车收费进行管理。

仲恺区价格放开后免费、收费标准相差较大。2015 年市政府放开停车收费以后,大部分实行市场调节价,有偿停车的收费标准就不统一了,目前仲恺区内免费停车的时段有 15 分钟、半小时、一小时、两小时等,考虑到办事时长,相关部门建议办公大楼的免费停车时段设为两个小时。小区的停车收费标准有每小时 5 元、10 元、15 元、20 元等,收费标准不统一。目前仲恺区内实施政府定价的只有仲恺人民医院停车场一个,首停 1 小时内免费,超过 1 小时的每小时 5 元,最高 10 元,若车主有医疗收据也可以免费。但仲恺人民医院停车场的停车位较少。

惠阳区除少数政府定价停车场外,其余已按要求交由市场定价。如医院等实施政府定价的停车场，车辆收费一般分时段、分次收取，白天 5 元，晚上 10 元，最高 15 元。

博罗县分两种收费办法，第一种是按照博罗的政府定价与政府指导价，超过 30 分钟以外的停车费为 5 元、10 元、15 元、20 元等，最高不得高于 20 元。第二种是按照市场调节价放开，只需明确收费标准即可。

惠东县 30 分钟内免费。小车 20 元/天，大车 30～50 元/天。

（2）收费构成

惠城区停车费成本主要为：① 直接成本，包括服务过程分摊费用、用人成本；② 期间费用，包括固定资产折旧、水电费、运营办公费用、维修费用等。

仲恺区停车费成本主要是：① 用地成本，部分停车场是租的场地有租金成本；② 经营管理成本；③ 维护成本。

博罗县停车费的成本主要包括：工资（含福利、奖金等）、固定资产折旧、租赁费、修理维护费、管理费用、其他费用。针对停车费，根据《中华人民共和国价格法》《政府制定价格成本监审办法》（2017 年国家发展改革委第 8 号令）《政府制定价格行为规划》（2017 年国家发展改革委第 7 号令）《广东省物价局机动车停放保管服务定价成本监审办法（试行）》《广东省定价目录（2018 年版）》和《惠州市人民政府关于印发〈惠州市机动车停放服务收费管理办法〉的通知》（惠府〔2018〕19 号）的文件规定执行。

（3）免费时段

仲恺区管委会办公楼科融创业大厦是属于国有企业的物业，所以这里的停车场属于金融服务系统，不属于政府机关所有，在这里停车是有偿收费的。根据 2018 年市政府出台的《惠州市机动车停放服务收费管理办法》规定，鼓励为实行市场调节价管理的停车设施提供机动车免费停放或者设置免费停放时限。因此，这里停车收费也有实行免费停车时段，至少 15 分钟。仲恺公园的地下停车场没有收费，免费的原因是该停车场由政府投资的。

博罗县公共事业局介绍，该县目前公共停车位仍未进行收费，若要实行收费运营，建议该收费行政职能由城市执法局负责。

4. 智慧停车场管理现况

据市交投集团介绍：现在红花湖是由他们管理，用了相关设备后，无人值守，捆绑 App 实行无感支付，监控也能在后台看到。路内停车位的也是一样。（补充：地下停车场规定要有 30%以上的充电设备，与此相应，存在机械停车设备的是否需要预留相应空间的问题。红花湖景区停车使用惠泊车 App 平台，目前已有 33 个停车场接入该平台，170 多家已安装捷讯设备。小区启用该平台要与业主协商，这部分比较难，但交通局有 TOCC 交通平台，可以考虑连接起来，有助于与业主沟通。）

（三）管理中遇到的问题

1. 公共区域建停车场的问题

一是红线问题。一般来说只有三条红线，一个是道路红线，一个是用地红线，一个是建筑红线。另外，还有一条是道路退让线，但道路退让线并没有专门的定义，通常是根据规划要求，在道路红线外一定范围的边界一般称为道路退让线。从小区由内往外分别是：建筑红线、用地红线、道路退让线、道路红线，道路退让线有可能在用地红线内。

二是小区内的问题。新建小区不允许建围墙，建筑红线退让的区域会让大家免费停车，但当小区正式运营后，小区会设一些保安亭、拦车杆等设施来收费，一旦收费就会被投诉，那么这些设施是否属于违法建设；该收费是否属于违法收费；该职能由哪个部门管理。

三是小区外的问题。不少开发小区在临近公共道路的建筑退让线以外设置停车位，这个区域属于城市的公共资源，是不可以设置停车位的。一般情况下，属地自然资源管理部门接到投诉后会联合城管、公共事业办等部门去现场调查。如果认定属于违法设置的停车位，自然资源管理部门会要求开发商或物业拆除相关的停车设施，对方一般比较配合。问题是：这部分建筑红线退让区域是否能够有偿停车？城区某小区和东江大桥北那里有三十多个停车位，该地区一直处于模糊地带，红线不明。

2. 商铺门口故意挤占停车位

商铺门口停车位用雪糕筒、自行车等物挤占成私人或专用停车位。按照土地出让合同，这块区域是要免费给公众使用的。被调研单位认为，此类行为属于违法还是道德问题，界定时需要考量。

据仲恺高新区管委会网络问政网页显示①，2021 年 7 月 16 日，有市民投诉：陈江街道办陈江大道中沿线施划了许多停车格，但这些停车格位大多都被旁边店铺以各种手法占用。陈江街道办事处回复情况如下："我街道工作人员到投诉地点巡查，已现场对占用公共停车位的路障进行清理，并到沿街商铺加强有关宣传工作。接下来我街道相关部门亦会加强此路段的市容市貌巡查监管力度"。

据惠州网络问政网页显示②，2021 年 8 月 19 日，有市民投诉：惠城区位于江

① 该网页为，http://www.hzzk.gov.cn/u/wlwz/show/4028e76e7aa7de06017aae3aae3aaa2a0055，2022 年 5 月 7 日访问。

② 前后网页分别为，http://www.hui zhou.gov.cn/viewletter.shtml? method=viewLetter&lid=808080807b527b52fa14017b5e1d4ca305b5；http://www.hui zhou.gov.cn/viewletter.shtml? method=viewLetter&lid=8080807aaf6a93017ab3e19890007b；2022 年 5 月 7 日访问。

南街道某小区商铺前的停车位被人用各种报废车辆等长期占用。江南街道办事处回复情况如下：上湖塘居委会（电话 0752-2221955）的工作人员上门了解了情况：该停车区域属某小区物业红线内，物业公司表示将会联系红色“僵尸车”的业主劝其挪走，也会对该停车场进行整改，同时也会做好该区域的卫生保洁工作。2021 年 7 月 17 日，有市民投诉：在某小区一号门口，用雪糕筒还有三脚架甚至用电动车单车占用公共停车位。惠州市交警支队回复：经交警支队派员核实，情况属实。辖区交警部门已联合城管等执法部门对该路段占用公共停车泊位的障碍物进行清除，并对私占停车泊位行为的市民进行了教育。但由于部分市民文明交通意识较为薄弱，占用公用停车位现象易循环反弹。针对占用公共停车位问题，辖区交警部门将持续开展“净路行动”，集中开展“三治”（即整治路内停车格设障、整治人行道停车格设私锁、整治停车位安全隐患的整治行动）。下一步，我们将联合城管执法部门清除该路段占用公共停车位的障碍物，还路于民，努力缓解市民停车难问题。

3.“僵尸车”问题

惠城区“僵尸车”主要问题是：经常找不到车主，停车场管理人员无权拖车，在停车场内交警也无权拖车，产生的大额停车费无法追讨。

仲恺区针对“僵尸车”的处理：交警大队首先通过车牌号查找车主，通知车主开离，对通知不到的车辆进行拖离，按规定经过公示后强制报废。

惠阳区处理起来比较难，遇到“僵尸车”需先核对车辆资料，看是否达到报废年限、有无违章未处理、未年审等情况，否则不敢轻易处理。

大亚湾区处理比较容易，按照程序进行，先进行公示三个月，车主出现的，如果是达到报废期，给出拆解证明；没有达到的，则给予违停处罚。如车主没有出现，则按照无主物处理。

博里县处理办法是：通过群众举报，如果查询到“僵尸车”的状态是报废车辆，博罗交警可以将其强行拖到停车场停放；如果“僵尸车”的状态是未年检或者正常的车辆，可以联系告知车主开走。目前主要的问题是如何定义“僵尸车”，状态正常的车辆停放在公共停车位中多长才能被定义为“僵尸车”。

惠东县无法处理。“僵尸车”长时间占用公共停车位的做法属于公共资源管理问题，依现行法规规定非交警职能范畴。“僵尸车”基本没处理过，在县城范围内“私占”车位的情况尤为突出。县城拥堵原因：一是早期规划建设遗留问题，二是有车主用“僵尸车”长期占用车位。

4. 近三年市民关于停车问题的投诉举报数量、主要类型及处理结果

仲恺区近三年（至 2020 年）三个辖区查处的违停行为有 24 517 宗。高发区域集中在陈江甲子路、陈江大道、白云路、仲恺大道天益城、金湖路、惠环片区的

和畅和惠风各路。以上均为市中心商业区、居民区和工厂区人员密集地。

大亚湾区投诉较多的是车辆阻碍、挪车的问题。随意停车问题比较严重，一些商贩将车辆改为流动摊贩进行摆卖，需要由城管局去查处。

博罗县主要问题是停车秩序比较混乱，造成车辆通行和群众出行不顺畅，容易引起投诉和网络问政。近三年市民举报关于停车问题的数量有60多宗，主要反映：一是停车难，停车位不够；二是停车泊位被商铺恶意占用，目前交警只是对商铺店主进行教育劝阻；三是停车泊位的标线不清晰；四是交警执法过程中同一违章行为重复拍摄，对重复行政处罚行为后期核实后会撤销。日常管理过程中，一些背街小巷以及未进行规划的路段和区域未报备不能执法。还有一个情况是小区内设置足额的停车位，但需要收费，部分小区业主为节省停车费将汽车停放在路边免费的停车位内，导致路边停车位利用率低，而小区的停车位则没有完全利用。

2019年1月—7月，全市交警部门处罚了20多万宗违停案件，每年大概有30万～40万宗违停案件。

第三章 惠州市停车场建设与管理过程中存在的主要问题及原因分析

根据《2019 年惠州国民经济和社会发展统计公报》显示，2019 年年末全市民用汽车保有量 130.87 万辆，其中个人汽车 115.39 万辆；民用轿车保有量 82.16 万辆，其中个人轿车 75.40 万辆；当年新注册上牌轿车 9.46 万辆。近年来，惠州市机动车数量持续增长，停车供需不平衡的现象日益突出。

一、存在的主要问题

（一）机动车驾驶员未充分利用停车场

1. 机动车道上随意停车

如图 3-1 所示，虽然机动车在道路上临时停放的规则已在《中华人民共和国道路交通安全法》第五十六条以及《中华人民共和国道路交通安全法实施条例》第六十三条中明确规定，但是因为没有牢固掌握相关道路交通安全知识，或者因为存在侥幸心理，抱着“停一会就走”“交警应该不会这么巧来查处违章”“有交警来查处再走”等心态，许多驾驶员选择铤而走险，不遵守规定，随意停车。在机动车道上违章停车不但影响车辆通行效率，还会提高发生交通事故的风险，引起交通堵塞，扰乱交通秩序。

图 3-1 惠城区二号路停车情况图

2. 占用非机动车道停车

如图 3-2 和图 3-3 所示，在城市繁华地段，尤其是老城区、中心城区，汽车占用非机动车道停车的问题尤为严重。汽车占用非机动车道停车，造成行人与非机动车无法正常通行，被迫借用相邻的机动车道通行，严重影响了通行安全。经过实地走访调查，不少街道两边的商家为满足顾客的停车需求，自行“圈地”，占用公共资源。商家的这些行为往往是通过摆放反光路锥、破旧桌椅、自行车等工具实施，违法成本极低，并且执法部门的执法行为未能给违法者足够的警醒，所以导致这些现象屡禁不止，停车位资源被占用，让有停车需求的机动车被迫停到非机动车道。但由于非机动车道本身并非用于机动车的停放和行使，其承重能力十分有限，在非机动车道上停车也人为地增加路面承重，极易破坏非机动车道，影响通行安全。

图 3-2　惠城区南岸路停车情况图

图 3-3　惠城区东湖二路停车情况图

3. 部分停车场利用率不高

尽管目前惠州市停车供需不平衡，但也存在着部分公共停车场使用率较低、经营状况差的情况。这类停车场往往由于其便利性差、车辆停车信息不足等多方面的原因，导致驾驶员主观上不愿前往使用，无法正常实现其功能性价值，不能有效服务于周边的停车需求，而停车场属于不可移动资源，无法实现在城市中有效地调配，使得这类停车场的实际使用效益远远达不到预期。专用停车场则存在使用时间相对固定，闲置时间也相对固定的现象。许多上班族在上班时将车辆停放在工作地点的停车场，下班后则停放在居住地的停车场。相对应的就是上班期间居住地的停车场闲置，而下班后则是工作地点的停车场闲置。

在 2020 年 4 月—5 月的调研中，发现市区部分公共停车场的停车位空置率仍然较高，比如惠城区百翠园停车场，据管理人员描述，停车场从来没有停满过，停车位的空置率常常超过 50%。再比如惠城区水印尚堤停车场，根据停车场管理人员的描述，停车场基本没有停满过，周围有很多道路停车位，很多车主都会选择停在道路停车位。停车场管理人希望可以考虑撤掉部分道路停车位，一方面可以让道路更加宽敞，提高通行效率，另一方面也让停车场能够充分得到利用。

此外，也有不少居民或路边商家长期占用道路停车位，导致道路停车位的临时停放功能无法充分实现，甚至出现了不少“僵尸车”。且大部分“僵尸车”已经破烂不堪，明显失去了使用价值，却仍占用着公共资源。这些行为都在一定程度上导致公共资源变成私有资源，降低了公共停车位使用效益。

2019 年 11 月的问卷调查，共收回 2 008 份有效问卷，结果显示，群众认为需要通过立法规范的行为中，占用道路停车位是被选择最多次的，也就是说，群众认为占用道路停车位这种行为最应该得到规范。还有人提议对“僵尸车”“停在斑马线，行人道出入口”“违停堵路”等不良行为也通过立法进行规范(图 3-4)。

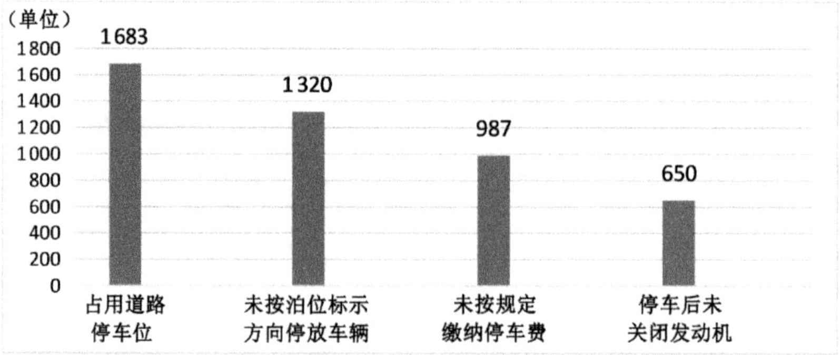

图 3-4　被调查人员希望规范的行为情况图

（二）部分区域停车场供应不足

2019 年 5 月 27 日发起的问卷调查（收回有效问卷 2 093 份）结果显示，93%的受访群众对停车位难找感到不满，一定程度上反映出停车场数量的不足。

1. 规划缺乏前瞻性

一方面，早期的公共建筑和住宅小区在设计施工时更多地考虑非机动车的停放，而对机动车在居民家庭中的普及情况预估不足，停车场配建比例标准较低，而且由于配建地下停车场成本较高，部分开发商为了节约开发成本，也尽可能减少停车场的建设。随着经济条件的改善，居民生活水平的提高，机动车成为越来越多居民的代步工具，住户的停车需求日益增长，原有的停车场远远不足以满足住户需求。

另一方面，城市规划与交通规划相分离。交通规划本应服务于城市规划，但早期的交通规划缺乏足够的前瞻性，城市规划布局时并未充分考虑交通需求及停车需求，城市发展过程中，机动车逐步普及，使得规划导致的停车问题也将逐步显现。城市规划布局时未充分考虑机动车普及的因素，在机动车逐步普及后，原本的道路也必然无法满足通行需求，导致交通拥堵，从而形成行车难、停车难的局面。

2019 年 5 月 27 日的问卷调查结果显示，受访群众认为桥东是惠城区停车最难的区域，其次是桥西。这些规划建设较早的区域，也是停车难问题最突出的区域（表 3-1）。

表 3-1　被调查人员在惠城区经常遭遇停车难的区域情况表

您在惠城区哪些区域经常遭遇停车难问题？（多选）	
A. 桥东	68%
B. 桥西	58%
C. 龙丰	47%
D. 江南	11%
E. 江北	54%
F. 河南岸	54%
G. 汝湖	5%
H. 小金口	8%
I. 水口	10%
J. 芦洲	0%
K. 三栋	4%
L. 马安	4%
M. 横沥	0%

2. 停车场建设未受到足够重视

长期以来，交通基础设施建设的重点集中于道路、桥梁、轨道交通等大型基础设施，对停车场建设的投入微乎其微。尽管惠州市这两年正逐步开展停车场规划研究，但由于建设资金的缺乏、建设用地难以保证、社会资本对停车场的投资热情不高等多方面的原因，使得停车场的建设与停车需求的增长不成正比。资金的缺乏表现在政府对于停车场建设的投入少之又少，而社会资本对于停车场建设的投资意愿不强。用地不足主要表现为没有单独规划停车场建设的用地。停车场不足的情况，在城市中心尤为严重。

（三）停车场缺乏经营维护

1. 停车场的建设成本高

除政府建设的公共停车场外，社会资本建设停车场，需要取得相关土地的使用权，而在停车需求高的老城区、城市中心区，土地价格也相对较高。在取得土地使用权后，还需投入建设资金，资金成本投入较高。同时，在调研中也了解到，地下停车场的建设成本远远高于地上相同建筑面积的建设成本。

2. 停车场的经营性不足

停车场存在管理维护成本，而很多传统停车场的收入仅限于停车费收入，在停车费正式实行市场调节价之前，很多停车场无法实现盈利，甚至长期亏本。即便现在实行市场调节价，光靠停车费的收入也很难实现收支平衡，更不用说实现盈利。在没有其他收入来源的情况下，停车场的产出（投资回报）无法与建设投入（投资）相匹配。竞买土地、建设、维护管理等成本居高不下，而项目本身经营性不足，导致了开发商、业主为了追求自身利益的最大化，不愿将土地用于停车场的开发建设。

3. 停车场缺乏持续有效管理

由于目前已建成的停车场普遍缺乏足够的经营性，为了降低管理及维护成本，许多停车场在经营管理一段时间后就处于少人甚至无人管理维护的状态，存在包括环境卫生和安全隐患等问题。这些停车场往往会给驾驶员产生“脏乱差”的印象，驾驶员主观上不愿前往停车，这就导致停车场的长期闲置荒废。

4. 配套服务滞后

一是许多早期建成的停车场由于空间有限，为尽可能增加停车区域，导致通道狭小，同时缺乏广角镜等设施及相应的引导标志；二是不少停车场仍采用人工计时、现金收费，导致了效率低下；三是缺乏停车场引导信息，许多不熟悉周边环境的驾驶员无法获悉哪里有停车场、哪个停车场还有停车位。

二、主要原因分析

经过问卷调查及与相关政府部门、企业等进行座谈，就惠州市停车场的规划建设与管理存在的主要问题。主要问题及原因汇总如下：

（一）违法停车现象普遍存在

1. 部分驾驶员存在侥幸心理

针对市相关职能部门调研的结果显示，2019 年 1—7 月交警部门处罚了 20 多万宗违停案件，一年大概有 30 万～40 万宗，而这仅仅是被交警部门查处的数量，实际存在的违法停车行为数量必然更多，可见违法停车的现象是普遍存在的。

部分驾驶员认为自己只是短时间停一下，不会有交警到停车的区域执法，不会受到处罚。此外，违停的现象往往不是个别现象，驾驶员主观上认为这么多人敢违停，说明不会被交警查处，心存侥幸。

2. 贪图方便，节省停车费

前往停车场停车，一方面可能与最终目的地存在一定距离，另一方面还可能产生停车费。2019 年 5 月 27 日发起的问卷调查结果显示，受访群体对于停车过程中遇到的问题，选择“停车地离目的地太远”的人数比例居第二位，比例达 56%。目前，惠州市的道路停车位可供免费停放。据了解，全省 21 个地级市中，有 13 个已实施道路停车位收费，在珠三角城市中，只有惠州市未制定道路停车位收费标准。相对于停车场的付费停车，免费的道路停车位成为众多驾驶员的优先选择。然而，正是因为道路停车位可免费使用，导致道路停车位被长期占用，甚至出现了“僵尸车”等现象，造成了公共资源的浪费。缺乏价格杠杆的引导调节，真正有临时停车需求的群众反而找不到空余的道路停车位。因此，部分驾驶员既希望方便，又不愿支付停车费，不惜冒险违停。

2019 年 11 月的问卷调查结果显示，有 1 313 人认为道路停车位应该增加，方便停车，有 695 人认为道路停车位应该减少，畅通交通，更多的受访群众希望增加道路停车位（详见图 3-5）。

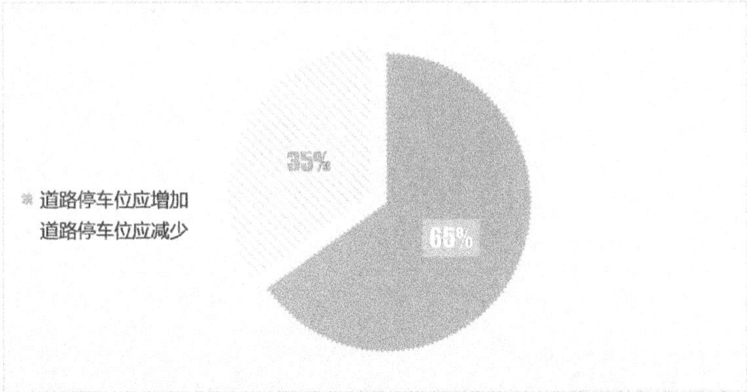

图 3-5　群众对于道路停车位数量调整的看法分析图

有 1 752 人同意在停车供需矛盾突出的住宅小区周边道路划定时段性临时停车位，用于夜间等时段停车，其余 256 人不同意。近九成的受访群众同意在停车供需矛盾突出的住宅小区周边道路划定时段性停车位（图 3-6）。

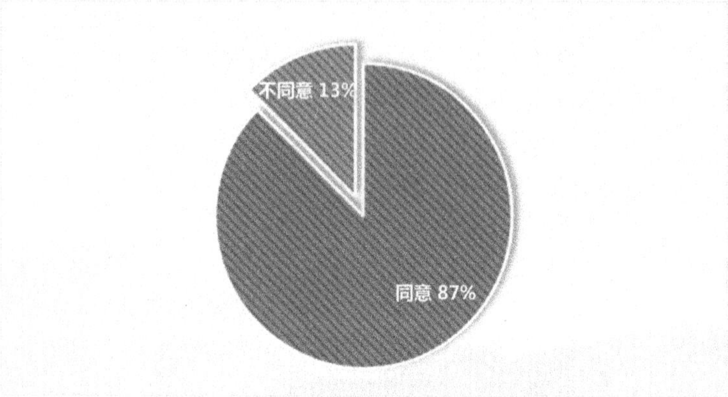

图 3-6　被调查人员关于在道路划定临时停车位的意向分析图

上述数据都表明了大部分受访群众支持增设道路停车位，方便停车。

2019 年 5 月 27 日发起的问卷调查结果显示：大部分受访群众不反对道路停车位、公共停车场进行收费，仅 25%的受访群众不同意道路停车位、公共停车场进行收费（图 3-7）。事实上，通过价格杠杆的引导调节，能更有效地提高停车位的周转率。

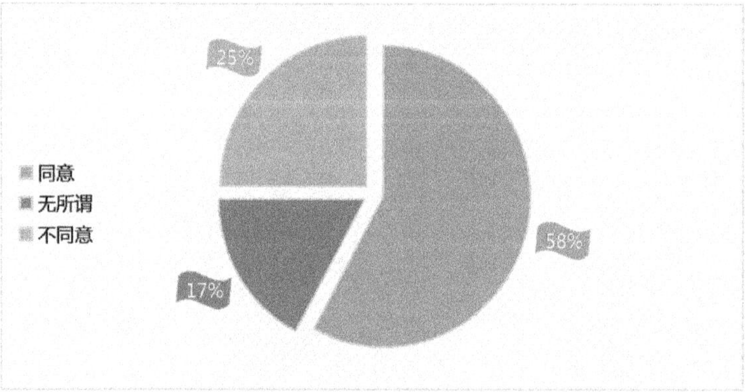

图 3-7　是否同意停车位、公共停车场收费分析图

3. 停车场信息不明确

对于驾驶员不常去的目的地，对于目的地周边环境必然不熟悉，如何能够

快速、准确地了解附近停车场的信息便成了一个难题。在老城区，许多停车场出入口设置不够显眼，缺乏足够的引导标志，驾驶员无法掌握停车场的可容纳数量及空余车位情况，即使去到停车场也可能无法找到停车位，一定程度上影响了驾驶员前往停车的积极性。

4. 部分区域现有停车场无法满足使用需求

在城市繁华地段，尤其是老城区、中心城区，公共建筑和住宅小区配建的停车场比例标准较低，甚至有些居民楼并没有配建停车场。随着居民停车需求的日益增长，周边区域现有的停车场远远不足以满足使用需求，许多居民找不到停车场可用。同时，由于老城区、中心城区的道路通行压力较大，为减少路内停车场对道路通行的干扰，公安交警部门目前已不再考虑增设路内停车场，甚至可能逐步减少现存的路内停车场，停车需求与停车场数量的供需矛盾可能越来越突出。

（二）增加停车场难度大

1. 早期规划建设的区域难以增加停车场

在老城区，早期的公共建筑和住宅楼因规划及建设条件的限制，没有足够的空间，难以增设停车场。即便有富余空间条件的建筑区域，由于建筑年代久远，施工过程也容易出现安全隐患。此外，即便可以新增停车场，新增的数量也有限，难以满足所有用户需求，建设资金如何筹集、由谁负担等问题也是有待商讨的。

2. 缺乏专项用于停车场建设的用地类型

经向相关职能部门调研获悉，目前全市基本上没有专项用于停车场建设的用地。而部分土地受用地性质的限制，无法专项用于停车场的开发建设，仅能按一定比例进行配建停车场，一定程度上限制了停车场的建设。同时，由于没有专门用于停车场建设的用地类型，工业用地又无法用于商业用途，停车场建设仅能使用商业用地、住宅用地，而这类土地使用权的获取成本较高，尤其在繁华地带更是寸土寸金，开发商、业主为了追求自身利益的最大化，主观上不愿过多将土地用于停车场的开发建设。

3. 缺乏合适的土地用于停车场建设

在老城区、城市中心区，由于城市建设需要，绝大多数的土地均已开发利用完毕，土地资源紧缺，剩余的可利用土地非常有限。由于地上空间的不足，许多停车场建设项目的选址受限，项目实际开发建设的位置往往偏离了最初的设想。这些停车场地理位置上的不便利，也导致了这类停车场难以有效服务到有停车需求的群体。因此，停车场建设项目的选址也尤为重要。如果不能合理评估、选址，最终可能导致停车场形同虚设。

（三）政府投资有限，投资模式单一

1. 政府投资资金有限

目前，惠州市的公共停车场大多数由政府财政资金投资建设和管理，但由于政府涉及的公共服务职能众多，可用于停车场建设的资金有限。仅靠政府投资建设停车场显然不足以满足使用需求。

2. 缺乏投资吸引力

目前，停车场的经营收入局限于停车费收入，但在经营管理及维护过程中也存在成本，即便现在实行市场调节价，光靠停车费的收入也很难实现收支平衡，更不用说实现盈利。拿地、建设、经营管理都需要成本支出，而经营收入与投资不成正比，导致社会资本不愿参与投资建设停车场。政府在支持和鼓励社会资本投入停车场的建设方面，虽然国务院部委和省政府均出台了相关指导性规定，但具体到地方政府，包括用地政策、审批手续以及财政扶持等各个方面，至今还没有明确的扶持政策。根据《关于加强城市停车场建设的指导意见》《住房城乡建设部 国土资源部关于进一步完善城市停车场规划建设及用地政策的通知》以及《广东省自然资源厅关于印发完善城市停车场用地配套政策若干措施的通知》等文件精神，允许停车场配建一定比例的附属商业建筑面积，原则上不超过20%。尽可能提高附属商业建筑面积的比例，提高停车场建设项目的商业价值和经济效益，显然是提高社会资本投资热情的最有效的方法。然而，惠州市目前正在推进的停车场建设项目中，部分建设项目配建的附属商业建筑面积受到建筑法规限高等因素的影响，距离20%的上限仍有一定差距，在投资企业看来，配建比例低于预期。根据资本的趋利性，对于投资建设经营停车场的企业而言，配建的商业建筑面积比例越高，投资吸引力才越大，如商业建筑面积配建比例不足，也难以提升社会资本的投资热情。

（四）部门职责交叉、执法主体不清等管理机制问题

管理部门职责交叉的问题。停车场的管理涉及公共停车场、专用停车场和道路停车位几种不同的停车场，不同的停车场涉及的管理部门可能不同。且由于人为因素的影响，实践中多个部门的职责存在交叉。比如利用反光锥或废弃物占用机动车道路的停车位，对该现象的管理涉及城管执法、公安交警、交通运输等多部门，而如果是利用地锁占用道路停车位又可能涉及破损道路，应由交通运输部门负责处理。如各部门对停车场的管理职责不够清晰明确，容易造成管理难，责任落实不到位，甚至相互推诿，加大了管理难度。

调研过程中，我们了解到，道路停车位是由公安交警部门根据需求划定，但并没有相关文件规定所有涉及道路停车位的管理均由公安交警部门负责。事实上，许多占用停车位的违法行为并不涉及机动车，理论上不属于交警部门管

辖范围。针对利用反光锥或废弃物占用停车位的现象，惠州市多由公安交警与城管执法部门联合执法或城管执法部门单独进行执法。据执法部门反馈，类似的占用停车位的现象普遍存在，但由于目前并未有文件对此作出明确规定，应该由哪个部门负责管理难以得出定论，往往由各部门之间根据实际情况相互沟通处理。

（五）执法难问题

目前，政府部门收到的关于停车场方面的投诉主要为高收费、停车场被占用两类，由于机动车停放保管服务收费已经实行市场调节价，收费标准的高低不再涉嫌违法。而对于占用停车场问题，执法部门在监管上存在短板。依靠执法部门现有的人力、物力资源，无法做到“全天候、全覆盖”的监管。执法部门查处违法行为时，对于确定违法主体的调查取证方面也存在一定困难，由于难以取证证实违法主体，执法部门往往只能对占用停车场的障碍物进行收缴，无法对实际行为人进行实质处罚。占用停车场的反光锥、石墩等障碍物价值极低，没有特定的权属标识，行为人只需将其放置在停车场上即可实现占用的目的，而执法部门难以通过相关物品追溯到具体行为人；即便障碍物被收缴，对行为人而言，造成的损失也相当有限，极低的违法成本导致了占用停车场的现象屡禁不止。

第四章　惠州市停车场建设与管理的制度设计

随着城市人口的不断增多、地方经济的持续发展、人民向往美好生活愿望更加强烈,机动车已成为居民日常生活所需的重要出行工具,良好的道路交通状况及便利的机动车停放对于居民生活的幸福度而言极具意义。

党的十九大报告明确指出,中国特色社会主义进入新时代,我国社会主要矛盾已经转化为人民日益增长的美好生活需要和不平衡不充分的发展之间的矛盾。鉴于当下普遍存在的出行难、停车难问题确实对人民的日常生活造成一定的负面影响,且在公共资源有限的情形下,亟须通过规范化的管理与引导切实满足公众用车需求。

一、现有的停车场建设与管理相关法律法规

地方政府制定规章的目的在于更好地实现城市管理的行政职能。既要考虑到规章制定的依据及其他地方在进行同类规章的制定和实施过程中遇到的难题,更需要针对本行政区域内的实际情况、城市发展和管理目标作出具体规范要求,即:设区的市制定地方政府规章不仅需要满足上位法的规定,还需要参考相关的政策指引。

(一) 全国性法律法规

1.《中华人民共和国立法法》的相关规定

《立法法(2015 修正)》第八十二条规定:“省、自治区、直辖市和设区的市、自治州的人民政府,可以根据法律、行政法规和本省、自治区、直辖市的地方性法规,制定规章。地方政府规章可以就下列事项作出规定:(一)为执行法律、行政法规、地方性法规的规定需要制定规章的事项;(二)属于本行政区域的具体行政管理事项。设区的市、自治州的人民政府根据本条第一款、第二款制定地方政府规章,限于城乡建设与管理、环境保护、历史文化保护等方面的事项。已经制定的地方政府规章,涉及上述事项范围以外的,继续有效。除省、自治区的人民政府所在地的市,经济特区所在地的市和国务院已经批准的较大的市以外,其他设区的市、自治州的人民政府开始制定规章的时间,与本省、自治区人民代表大会常务委员会确定的本市、自治州开始制定地方性法规的时间同步。应当制定地方性法规但条件尚不成熟的,因行政管理迫切需要,可以先制定地方政府规章。规章实施满两年需要继续实施规章所规定的行政措施的,应当提请本级人民代表大会或者其常务委员会制定地方性法规。没有法律、行政法规、地

方性法规的依据，地方政府规章不得设定减损公民、法人和其他组织权利或者增加其义务的规范。”

2.《中华人民共和国道路交通安全法》的相关规定

《中华人民共和国道路交通安全法》第三条规定：“道路交通安全工作，应当遵循依法管理、方便群众的原则，保障道路交通有序、安全、畅通。”第四条规定：“各级人民政府应当保障道路交通安全管理工作与经济建设和社会发展相适应。”第二十九条规定：“道路、停车场和道路配套设施的规划、设计、建设，应当符合道路交通安全、畅通的要求，并根据交通需求及时调整。”第三十三条规定：“新建、改建、扩建的公共建筑、商业街区、居住区、大（中）型建筑等，应当配建、增建停车场；停车泊位不足的，应当及时改建或者扩建；投入使用的停车场不得擅自停止使用或者改作他用。在城市道路范围内，在不影响行人、车辆通行的情况下，政府有关部门可以施划停车泊位。”

3.《中华人民共和国城乡规划法》的相关规定

《中华人民共和国城乡规划法》第四条规定：“制定和实施城乡规划，应当遵循城乡统筹、合理布局、节约土地、集约发展和先规划后建设的原则，改善生态环境，促进资源、能源节约和综合利用，保护耕地等自然资源和历史文化遗产，保持地方特色、民族特色和传统风貌，防止污染和其他公害，并符合区域人口发展、国防建设、防灾减灾和公共卫生、公共安全的需要。在规划区内进行建设活动，应当遵守土地管理、自然资源和环境保护等法律、法规的规定。县级以上地方人民政府应当根据当地经济社会发展的实际，在城市总体规划、镇总体规划中合理确定城市、镇的发展规模、步骤和建设标准。”第十七条规定：“城市总体规划、镇总体规划的内容应当包括：城市、镇的发展布局，功能分区，用地布局，综合交通体系，禁止、限制和适宜建设的地域范围，各类专项规划等。规划区范围、规划区内建设用地规模、基础设施和公共服务设施用地、水源地和水系、基本农田和绿化用地、环境保护、自然与历史文化遗产保护以及防灾减灾等内容，应当作为城市总体规划、镇总体规划的强制性内容。城市总体规划、镇总体规划的规划期限一般为二十年。城市总体规划还应当对城市更长远的发展作出预测性安排。”第二十九条规定：“城市的建设和发展，应当优先安排基础设施以及公共服务设施的建设，妥善处理新区开发与旧区改建的关系，统筹兼顾进城务工人员生活和周边农村经济社会发展、村民生产与生活的需要。镇的建设和发展，应当结合农村经济社会发展和产业结构调整，优先安排供水、排水、供电、供气、道路、通信、广播电视等基础设施和学校、卫生院、文化站、幼儿园、福利院等公共服务设施的建设，为周边农村提供服务。乡、村庄的建设和发展，应当因地制宜、节约用地，发挥村民自治组织的作用，引导村民合理进行建设，改善农村生产、生活条件。”第三十三条规定：“城市地下空间的开发和利用，应当与经济和技术发展水平相适应，遵循统筹安排、综合开发、合理利用的原则，充分考虑防灾减灾、人民防空和通信等需要，并符合城市规划，履行规划审批手续。”第三十五条规定：“城乡规划确定的铁路、公路、港口、机场、道路、绿地、输配电设施及输电线路走廊、通信设施、广播电视设施、管道设施、河道、水库、水源地、自然保护区、防汛通道、消防通道、核电站、垃圾填埋场及焚烧厂、污水处理厂和公共服务设施的用地以及其他需要依法保护的用地，禁止擅自改变用途。”第三十七条规定：“在城市、镇规划区内以划拨方式提供国有土地使用权的建设项目，经有关部门批准、核准、备案后，建设单位应当向城市、县人民政府城乡规划主管部门提出建设用地规划许可申请，由城市、县人民政府城乡规划主管部门依据控制性详细规划核定建设用地的位置、面积、允许建设的范围，核发建设用地规划许可证。建设单位在取得建设用地规划许可证后，方可向县级以上地方人民政府土地主管部门申请用地，经县级以上人民政府审批后，由土地主管部门划拨土地。”第三十八条规定：“在城市、镇规划区内以出让方式提供国有土地使用权的，在国有土地使用权出让前，城市、县人民政府城乡规划主管部门应当依据控制性详细规划，提出出让地块的位置、使用性质、开发强度等规划条件，作为国有土地使用权出让合同的组成部分。未确定规划条件的地块，不得出让国有土地使用权。以出让方式取得国有土地使用权的建设项目，建设单位在取得建设项目的批准、核准、备案文件和签订国有土地使用权出让合同后，向城市、县人民政府城乡规划主管部门领取建设用地规划许可证。城市、县人民政府城乡规划主管部门不得在建设用地规划许可证中，擅自改变作为国有土地使用权出让合同组成部分的规划条件。”第四十四条规定：“在城市、镇规划区内进行临时建设的，应当经城市、县人民政府城乡规划主管部门批准。临时建设影响近期建设规划或者控制性详细规划的实施以及交通、市容、安全等的，不得批准。临时建设应当在批准的使用期限内自行拆除。临时建设和临时用地规划管理的具体办法，由省、自治区、直辖市人民政府制定。”

4.《中华人民共和国土地管理法》的相关规定

《中华人民共和国土地管理法》第四条规定：“国家实行土地用途管制制度。……建设用地是指建造建筑物、构筑物的土地，包括城乡住宅和公共设施用地、工矿用地、交通水利设施用地、旅游用地、军事设施用地等；未利用地是指农用地和建设用地以外的土地。使用土地的单位和个人必须严格按照土地利用总体规划确定的用途使用土地。”第十五条规定：“各级人民政府应当依据国民经济和社会发展规划、国土整治和资源环境保护的要求、土地供给能力以及各项建设对土地的需求，组织编制土地利用总体规划。土地利用总体规划；规划期限由国务院规定。"第十七条规定:"土地利用总体规划按照下列原则编制:(一)落实国土空间开发保护要求,严格土地用途管制;(二)严格保护永久基本农田,严格控制非农业建设占用农用地;(三)提高土地节约集约利用水平;(四)统筹安排城乡生产、生活、生态用地,满足乡村产业和基础设施用地合理需求,促进城乡融合发展;(五)保护和改善生态环境,保障土地的可持续利用;(六)占用耕地与开发复垦耕地数量平衡、质量相当。"第十八条规定:"国家建立国土空间规划体系。编制国土空间规划应当坚持生态优先,绿色、可持续发展,科学有序统筹安排生态、农业、城镇等功能空间,优化国土空间结构和布局,提升国土空间开发、保护的质量和效率。经依法批准的国土空间规划是各类开发、保护、建设活动的基本依据。已经编制国土空间规划的,不再编制土地利用总体规划和城乡规划。"第五十四条规定:"建设单位使用国有土地,应当以出让等有偿使用方式取得;但是,下列建设用地,经县级以上人民政府依法批准,可以以划拨方式取得:(一)国家机关用地和军事用地;(二)城市基础设施用地和公益事业用地;(三)国家重点扶持的能源、交通、水利等基础设施用地;(四)法律、行政法规规定的其他用地。"第五十六条规定:"建设单位使用国有土地的,应当按照土地使用权出让等有偿使用合同的约定或者土地使用权划拨批准文件的规定使用土地。"

(二)广东省地方性规定

1.《广东省城乡规划条例》的相关规定

《广东省城乡规划条例》第三条规定:"城乡规划的编制,应当依据国民经济和社会发展规划,与土地利用总体规划相衔接,并体现主体功能区规划的要求。各类专项规划,涉及土地利用和空间布局的,应当符合城乡规划。"第五条规定:"省、市、县人民政府城乡规划主管部门负责本行政区域内城乡规划管理工作,其他有关部门应当按照各自职责,做好城乡规划管理的相关工作。县级人民政府应当明确镇人民政府办事机构承担村镇规划建设管理职责。"第十二条规定:"城市人民政府负责组织编制城市总体规划,并依照法定程序报送审批。城市总体规划应当包含市域城镇体系规划的内容。大、中城市可以在总体规划的基础上编制分区规划,对城市土地利用、人口分布以及公共设施、城市基础设施的配置作出进一步安排,对控制性详细规划的编制提出指导性要求,其规划期限应当与总体规划相一致。分区规划由城市人民政府城乡规划主管部门组织编制,报本级人民政府审批。"第二十一条规定:"城市、镇规划区范围单独编制的交通运输等各类专项规划,涉及土地利用和空间布局的,由相关主管部门会同城乡规划主管部门共同组织编制,报城市、县人民政府审批。各类专项规划的内容应当相互衔接、符合总体规划,并纳入控制性详细规划。"第二十二条规定:

“城市、县人民政府城乡规划主管部门应当会同有关部门，依据总体规划组织编制城市、镇地下空间开发利用规划，报本级人民政府审批。地下空间开发利用规划应当包括：(一) 地下空间综合开发利用的目标、功能分区、开发规模、布局和实施时序；(二) 禁止、限制和适宜建设地下空间的范围；(三) 各类交通设施、人防设施、公共服务设施以及给排水、电力、通信等市政设施的布局安排；(四) 环境保护要求和安全保障措施。控制性详细规划应当落实地下空间开发利用规划的有关内容。”第二十三条规定：“城市、县、镇人民政府应当依据总体规划编制近期建设规划。编制近期建设规划和年度实施计划，应当依据总体规划的要求，提出规划年限内的建设用地安排，确定近期和年度的重点建设项目，明确其空间分布和建设时序。年度实施计划应当与土地供应年度计划相衔接。”第二十四条规定：“城乡规划报送审批前，组织编制机关应当依法将城乡规划草案予以公告，并采取论证会、听证会或者其他方式征求专家和公众的意见。公告的时间不得少于三十日。城乡规划批准前，审批机关可以委托承担规划编制任务以外的具有城乡规划编制资质的机构，对规划草案进行技术审查。经批准的城乡规划，应当在政府网站、新闻媒体或者专门场所公告，并在政府网站长期公布。村庄规划的主要内容应当由村民委员会保存并在村庄公共场所公布，以供村民查阅咨询。未经公布的城乡规划，不作为规划管理和城乡建设的依据。”第二十五条规定：“经批准的城乡规划不得随意修改。”第二十六条规定：“各级人民政府应当根据当地社会经济发展需要，作出城乡建设和发展的综合部署，将其纳入城乡规划统筹实施。有关部门编制区域性交通等专项规划，应当落实省域城镇体系规划的要求，并与城镇群协调发展规划相衔接，相关建设项目的规划选址应当符合省域城镇体系规划和城镇群协调发展规划的要求。”第二十七条规定：“建设用地和建设工程应当符合城乡规划，依法取得规划许可。在城市、镇规划区范围内核发建设用地规划许可证和建设工程规划许可证。”第二十八条规定：“开发利用城市、镇地下空间，应当考虑人民防空的需要，依法办理规划许可。与地面建设工程一并开发利用地下空间的，应当与地面建设工程一并办理规划许可；独立开发利用地下空间的，单独办理规划许可。任何单位和个人未经批准，不得擅自开挖建筑底层地面，不得擅自改变经许可确定的地下空间的使用功能、高度、层数和面积。”第三十六条规定：“国有土地使用权出让前，城市、县人民政府城乡规划主管部门应当依据控制性详细规划提出拟出让地块的规划条件。规划条件应当明确出让地块的位置、面积、使用性质、允许建设的范围、容积率、绿地率、建筑高度、建筑密度、基础设施和公共服务设施配套、地下空间开发利用要求等内容。需要编制修建性详细规划的，应当在规划条件中予以明确。规划条件及附图应当作为国有土地使用权出让合同的组成部分。

国有土地使用权出让合同不得改变规划条件。”第三十七条规定:“在城市、镇规划区范围内,建设单位或者个人向城市、县人民政府土地主管部门申请划拨用地的,应当向城市、县人民政府城乡规划主管部门申请取得建设用地规划许可证。建设单位或者个人申请核发建设用地规划许可证,应当提交有关部门的批准、核准、备案文件。使用集体土地的,还应当提交村民委员会出具的书面意见。建设单位或者个人取得建设用地规划许可证后,应当在一年内向县级以上地方人民政府土地管理部门申请用地,需要延期的,应当在建设用地规划许可证有效期届满三十日前向原核发机关申请办理延期手续。一年内未申请用地的或者经申请未获得用地的或者申请延期未批准的,建设用地规划许可证自行失效。”第三十八条规定:“以出让方式提供国有土地使用权的住宅、商业、办公类建设项目,应当严格执行规划条件,不得改变用地性质,不得提高容积率,不得降低绿地率,不得减少基础设施和公共服务配套。具有下列情形之一的,不受前款规定限制,建设单位或者个人可以依法申请调整规划条件:(一)因城乡规划修改导致地块开发条件变化的;(二)因国家和省重大项目建设需要的;(三)因城乡基础设施、公共服务设施和公共安全设施建设需要的;(四)法律、法规规定的其他情形。调整出让用地的规划条件,应当先行按照规划编制和审批的程序修改其依据的控制性详细规划。”第四十六条规定:“建设工程竣工后,建设单位或者个人应当持建设工程规划许可证、建设工程验线证明文件以及具有相应测绘资质的单位出具的测绘报告等材料,向城市、县人民政府城乡规划主管部门或者省人民政府指定的镇人民政府申请规划条件核实。建设工程未办理规划条件核实的,建设单位或者个人不得组织竣工验收,产权登记机关不予办理产权登记手续。”第四十八条规定:“在城市、镇规划区范围内进行临时建设的,应当向城市、县人民政府城乡规划主管部门或者省人民政府指定的镇人民政府申请核发临时建设工程规划许可证。临时建设必须按照批准的用途使用,不得改变用途或者转让。临时建设应当在批准的使用期限届满前自行拆除,恢复土地原状。”

2.《广东省道路交通安全法实施条例》的相关规定

《广东省道路交通安全法实施条例》第三条规定:“县级以上人民政府公安机关交通管理部门负责本行政区域内的道路交通安全管理工作。县级以上人民政府交通、建设、农业(农业机械)管理部门依据各自职责,负责有关的道路交通工作。”第二十四条第一款规定:“在不影响行人、车辆通行的情况下,公安机关交通管理部门会同有关部门根据道路交通状况,可以在城市道路范围内施划、调整或者撤销,并及时调整相应交通标志、标线,将道路停车泊位的情况向社会公布。”第二十五条第一款规定:“未经县级以上人民政府公安机关交交通管理部门会同有关部门的许可，任何单位和个人不得占用道路从事非交通活动。”

3.《广东省实施〈中华人民共和国土地管理法〉办法》的相关规定

《广东省实施〈中华人民共和国土地管理法〉办法》第四条规定：“省人民政府土地行政主管部门统一负责全省土地的管理和监督工作。市、县人民政府土地行政主管部门统一负责本行政区域内土地的管理和监督工作。市、县人民政府土地行政主管部门在市辖区或乡（镇）设立土地管理机构，负责该区域的土地管理工作。”

4.《广东省物业管理条例》的相关规定

《广东省物业管理条例》第五十三条规定：“物业管理区域内按照规划建设的公共建筑和共用设施，不得擅自改变用途。任何人不得擅自占用、挖掘物业管理区域的道路、场地，损害业主的共同利益。利用物业管理区域属于业主共有的道路、绿地或者其他场地作为停放车辆的车位或者利用物业共用部位、共用设施设备进行经营的，应当征得相关业主和业主大会的同意，并依法办理相关手续。所得收益依法归全体业主共有。”第五十四条规定：“物业管理区域内，规划用于停放汽车的车位、车库，应当首先满足本区域业主的需要。物业管理区域内规划用于停放汽车的车位、车库，建设单位应当首先出租给本区域业主、物业使用人。建设单位依法取得车位、车库权属登记后方能出售车位、车库。建设单位应当在出售车位、车库一个月前，以书面形式告知本区域全体业主，并在物业管理区域的显著位置公示拟出售车位、车库的产权证明文件和出售价格。拟出售车位、车库数量少于本区域房屋套数时，每户业主只能购买一个车位、车库。”

5.《中华人民共和国建筑法》的相关规定

《中华人民共和国建筑法》第六十一条中规定，交付竣工验收的建筑工程，必须符合规定的建筑工程质量标准，有完整的工程技术经济资料和经签署的工程保修书，并具备国家规定的其他竣工条件。

（三）如何正确领悟法律法规关于停车场建设与管理规定

1. 明细上位法

《中华人民共和国道路交通安全法》《中华人民共和国城乡规划法》《中华人民共和国行政处罚法》等规定了停车场建设与管理的相关要求，明确了部分行为法律责任。上位法有规定的，下位法可以对上位法的规定进行细化，但不得与上位法的规定相抵触。具体到惠州市，可以且必须细化。

在明细上位法的过程中，应当充分结合惠州市各县区关于停车场建设条件的具体情况。

结合调研所取得的数据发现，惠州市的违停案件高发区域为人口密度大的住宅区或商业、旅游业发达的热门区域。例如，相较于惠东县城（平山街道、大岭街道等）和惠阳区淡水街道，大亚湾区的交通基础设施（如道路宽敞程度）、可利用的土地资源（如住宅小区、商业中心的占地面积和楼间距）显得更充足一些。进而，在本次立法时，在停车场的专项规划编制以及对建筑工程停车位配建标准进行动态调整以更加合理地分配公共资源、加大停车位数量供给方面，需要充分考虑惠东县城和惠阳淡水街道的实际情况，明确由市一级主导，充分满足县区应对实际情况的需求，在鼓励停车场的建设充分利用地下空间资源或“往上要空间”、采用先进节地技术等方面作出规定。

关于医院、学校等停车位不足的区域是否能够设置临停快走区域的问题，仲恺区交警部门认为，学校和医院规划停车位应当根据所处周边环境决定，对于周边道路交通量较大的医院和学校等区域不建议规划临停车位。在前述区域设置临停快走区域会导致既难以满足停车需求量，还将造成秩序混乱、交通拥堵的情况。建议根据现场实际情况来规划该区域停车场。大亚湾区交警部门认为，要想在医院、学校等车位不足的区域设置临停快走区域应当区分新区和老区，新区可以设，老区不能设。因此，在设置临停快走区域这一问题上应当慎重，暂不宜在本次立法中予以规定，可以通过后续临时停车位的调整实现。

事实上，停车场的规划、建设与管理在必须依托于土地资源的前提下，也受地方经济条件、城市布局与规划、道路基础设施完备程度等条件制约。本市在停车场建设与管理立法时必须充分考虑和兼顾各县区之间的条件差异，再通过立法满足地方停车场建设的实际需求和解决当下面临的具体难题。

2．将本市在停车场建设与管理方面形成的经验通过立法予以确定

本市过去虽然没有专门的停车场建设与管理相关规定，但政府部门在行使公共管理职能过程中，也曾直接依据《中华人民共和国道路交通安全法》或其他法律法规对停车场及停车行为作出一定程度的管理。较为常见的管理可概括为规范停车行为（如大亚湾区独特的“僵尸车”处理模式）、回应群众反映的停车收费、临时停车场的设置与管理、建筑物配建公共停车位等问题。

其中，在临时停车场设置与管理方面，惠东县巽寮滨海旅游度假景区在面对旅游旺季或节假日出现的停车难问题时，虽不存在农民私设停车场的情况，但会引导村集体或其他个体拿出空地作为临时停车场。这种根据地方实际需求情况作出的临时性调整对于缓解停车难、发展地方旅游经济等有一定的积极意义。本市其他县区在特殊时段或区域出现大量停车需求时也可以通过设置临时停车场的方式作为过渡手段。

在建筑物配建公共停车位方面，建筑物应配建的停车位需符合标准及要求，想要增加停车位资源、消除停车难问题，动态调整建筑物应配建停车位的比

例是较为常用的手段。调研组对前述问题进行调研时发现,惠东县由于过去规划及可使用的土地零散等问题,在落实或增加建筑物停车位配建方面存在一定压力。惠东县自然资源部门工作人员反映,若提高新建建筑物停车位配建指标可能导致小区、酒店、商场等停车场管理者管理成本增加及管理难度加大的问题,也可能导致建设用地在公开招标挂牌时由于该宗土地面积较小却要求配建更多停车位使开发商存在更多压力,还可能使得小区、酒店、商场原本紧张的停车位因对外开放而更显紧张。

但仲恺区的做法却截然不同。仲恺大道天益城属于中心商业、住宅和厂房密集区,近三年来是违停处罚案件的高发区域。为缓解拥堵和停车难问题,天益城作为我市第一例附停车位建设的小区开发项目,建设之初,规划告知书要求建160个向社会开放的停车位。仲恺区的这一做法在建筑物配建一定停车位并对社会开放使用以增加停车位资源这一层面上,示范效果和意义显著。

在停车场收费管理方面,由于目前停车场收费主要采用市场调节价模式,实践中存在开发商垄断停车价格、随意涨价而引发的群众投诉(如陈江金茂伊顿公馆),也存在因收费标准有规定而无法采用价格下浮方式对外打包、实际上空置率较高的停车场(如公益三类单位惠州市园林绿化管理所经营管理的惠城区百翠园公园停车场)等由停车场收费管理引发的现象。根据《惠州市停车难问题民意调查》显示,群众较为关心的是停车场标示牌应标明收费标准以及支持多种方式支付停车费用。目前,本市不少停车场虽然在入口处设置了停车场收费标准,但还可通过本次立法对停车场标示牌应载明的内容、摆放位置等予以更进一步的规范。

3. 与本市关于停车场管理与建设的规划性方案相配套

本市现有的《惠州市区综合交通规划(2018—2035年)》《惠州市区(惠城中心区)公共停车场布点规划》《惠州市智慧共享停车系统项目投资建设实施方案》《惠州市区既有公共停车场整合方案(初稿)》和《惠州智慧停车项目(既有公共停车设施信息化改造)工程方案》等规划性文件,对未来的交通出行等方面作出了方向性的规划。

鉴于本市既有的停车场管理与建设的规划性方案具有一定的超前性,也是针对本市具体情况出台的规划方案,若该规划能够得到完全实施和落实,能有效解决本市目前存在的停车位不足等问题。因此,在本次立法活动中,有必要在合法依规的前提下对该方案的实施和落实通过立法方式予以实现。

二、准确定义停车场建设与停车场管理的相关概念

(一) 明确《惠州市停车场建设与管理办法》中关于"停车场"的含义

停车场建设与管理所针对的对象是"停车场"。通常来说,"停车场"泛指停

车场所，即包含“具有一定规模的、能容纳较多机动车或非机动车的专门停放场所”，还可包含“政府部门为实现道路交通管理专门划设的停车位”。

在本次立法中，建议参照《停车场建设与管理暂行规定（1988）》第三条①、《惠州市智慧共享停车系统项目投资建设实施方案》及《肇庆市停车场管理办法》第三条②、第四十条③：在《惠州市停车场建设与管理办法》中对“停车场”定义为：“本办法所称停车场，是指供机动车停放的场所，包括公共停车场、专用停车场和道路停车位。公共停车场，是指为社会公众提供停车服务的场所，道路停车位除外。专用停车场，是指为特定对象提供停车服务的场所，包括建筑物配建的专用停车场、建筑区划内共有部位施划的停车位等。道路停车位是指在道路范围内设置的停车位。”

（二）明确《惠州市停车场建设与管理办法》中关于“建设”与“管理”的含义

从语义及立法目的出发，“停车场建设”与“停车场管理”均包含“管理”的含义，即对“停车场的建设与管理”予以规范。但具体到《惠州市停车场建设与管理办法》立法过程中，应理解为“停车场的建设管理”与“停车场的使用、经营管理”，并对两种规范对象予以区分，以确定“建设”与“管理”在本次立法中应有之意。即在“停车场建设”层面上，立法中应包括停车场建设规划、停车场用地规范、停车场建设应符合的原则性条件三方面内容；而在“停车场管理”层面上，应对各类停车场的使用、经营、管理作出明确要求。

（三）明确《惠州市停车场建设与管理办法》的适用范围

通常情况下，设区的市所制定的地方政府规章适用于本市全部行政区域范围。如《珠海市停车场管理办法》第二条④。此外，《广州市停车场条例》《佛山市停车场管理办法》也作出了同样的规定。

调查问卷的结果显示，被调查群体在惠城区范围内“经常遭遇停车难问题”

---

① 《停车场建设与管理暂行规定（1988）》第三条规定：“停车场是指供各种机动车和非机动车停放的露天或室内场所。停车场分为专用停车场和公共停车场。专用停车场是指主要供本单位车辆停放的场所和私人停车场所；公共停车场是指主要为社会车辆提供服务的停车场所。”

② 《肇庆市停车场管理办法》第三条规定：“本办法所称停车场，是指供各类机动车停放的场所，包括公共停车场、专用停车场、临时停车场和路内停车泊位。”

③ 《肇庆市停车场管理办法》第四十条规定：“本办法中下列用语的含义：本办法所称公共停车场，是指在城市道路外，为社会公众提供停车服务的场所，包括独立建设的公共停车场和建设工程配建的作为公共服务设施的公共停车场；本办法所称专用停车场，是指在城市道路外，为特定对象提供停车服务的场所，包括住宅、机关、企业和事业单位停车场等；本办法所称临时停车场，是指在城市道路外，利用待建土地、存量建设用地、建筑区划内业主共有部分等设置的短期内供机动车停放的场所；本办法所称路内停车泊位，是指利用政府建设管理的城市道路设置的供机动车临时停放的场所。”

④ 《珠海市停车场管理办法》第二条规定：“本市行政区域内停车场的规划、建设、经营和管理以及其他相关活动，适用本办法。”

勾选区域多集中在桥东、桥西、江北、河南岸、龙丰片区，比例分别是68%、58%、54%、54%、47%，江南街道作为前述五个区域外的存在"停车难问题"的区域，其占比仅为11%。此外，在调研过程中有受访者对本次立法提出建议如下："城市、农村、不同县区的情况都不同，例如龙门是属于旅游景区，大多数为农村地区，要想全市范围内适用，对龙门等特殊地区的规定内容需要充分考虑。"

基于本市的基本情况与辖区范围内各乡镇、街道之间的具体情况存在一定差异，《惠州市停车场建设与管理办法》的适用区域不宜设置为"我市行政区域范围内"。建议参照《杭州市机动车停车场(库)建设和管理办法》第二条①："杭州市市区范围内机动车停车场(库)的规划、建设、使用及其相关管理活动适用本办法。"第六条②以及《肇庆市停车场管理办法》第二条③之规定，在本次立法时，将《惠州市停车场建设与管理办法》的适用区域确定为"本市城市建成区和其他实行城市化管理的区域。城市建成区和其他城市化管理区域的范围分别由市、县(区)人民政府确定。"

三、精确界定各部门职能

(一)定位原则及现状

目前本市虽已实施《惠州市机构改革方案》④并对部分行政管理职能进行了调整，但调研材料显示，职能部门关于权力的衔接、分工还需时间交接和理顺。例如，在停车场专项规划编制职能方面，规划职能已由住建部门转至自然资源部门，仲恺区"将在空间规划完毕后考虑启动停车场专项规划的编制"。博罗县"建议停车场专项规划职能依然由住建部门负责规划与实施"。惠阳区则是"各自做各自的规划，最后报自然资源部门统筹"。大亚湾区"规划职能还未划转至自然资源部门，应由哪个部门具体承担停车场专项规划编制与实施职能未能确定"。

在《惠州市停车场建设与管理办法》立法时，应当明确相应管理权限及职能的划分，避免出现管理冲突或盲区。

---

① 《杭州市机动车停车场(库)建设和管理办法》第二条："杭州市市区范围内机动车停车场(库)的规划、建设、使用及其相关管理活动适用本办法。"

② 《杭州市机动车停车场(库)建设和管理办法》第六条："公共停车场建设由市人民政府统一领导、统一规划，实行市、区两级分级筹资、分级建设、分级管理。"

③ 《肇庆市停车场管理办法》第二条："本办法适用于本市行政区域内的城市建成区和其他实行城市化管理区域内停车场的规划、建设、使用和管理以及机动车停放秩序管理。城市建成区以外实行城市化管理区域的具体范围由县级人民政府划定并公布。"

④ 《惠州市机构改革方案》规定："(三)深化综合行政执法改革……2.建立健全综合执法主管部门、相关行业管理部门、综合执法队伍间协调配合、信息共享机制和跨部门、跨区域执法协作联动机制 3.推进执法力量向基层和一线倾斜。"

（二）定位各级政府和职能部门的职责

具体而言，结合目前本市机构改革成果，建议参照《中山市停车场条例》，在《惠州市停车场建设与管理办法》中，明确由市人民政府领导全市停车场规划建设和管理工作，建立综合协调机制。县（区）人民政府负责本行政区域内停车场规划建设和管理的统筹协调工作。

交通运输主管部门应当会同相关部门组织编制停车场专项规划，指导停车场规范化管理；负责停车场的备案管理以及停车场建设和维护的行业管理，制定停车场行业发展政策。公安机关负责停车管理的统筹协调，道路停车位的施划和调整，停车场交通影响评价，停车信息综合管理服务平台的建设和管理，查处违法停车行为等工作。市自然资源主管部门配合组织编制市级停车场专项规划，县（区）自然资源主管部门配合组织编制县（区）级停车场专项规划。自然资源主管部门负责在办理建设项目的规划许可时审核配建停车位指标，依法审核停车场建筑物和构筑物的设计方案，保障公共停车场用地需求。住房和城乡建设主管部门配合组织编制停车场专项规划，负责职责范围内建筑工程配建停车场的施工许可、质量安全监督、竣工验收备案等建设管理的行政职责，督促物业服务企业做好物业管理中涉及停车场的工作。其他主管部门按照各自职责，依法做好停车场管理的相关工作。

在明确市、县（区）、乡镇（办）人民政府的具体职责的基础上，探讨建立综合协调机制并对跨部门执法协作进行有效管理。

四、有效制定停车场建设与管理措施

（一）鼓励社会力量参与建设、经营公共停车场

公共停车场的建设、经营管理需要充分发挥市场要素在资源配置中的积极作用，除政府投入外，还需要积极鼓励社会力量的参与。

在立法调研过程中，就“公共停车场的投资建设能否享有财政补贴?”“何种投资建设方式更适应本市现实需求?”等问题上，惠东县财政部门认为，目前公共停车场建设在实施市场定价后，是按照“谁投资谁收益谁管理”原则，并没有财政补贴政策，除非是财政投资。对于有条件的地区，财政部门直接投资建设公共停车场并委托第三方进行经营管理、采用PPP模式或鼓励民间资本进入均为可行的停车场建设模式。惠城区财政部门认为，尽管目前没有公共停车场建设补贴，但公益类、行政类的公共停车场经营管理有许多渠道申请资金，在制作预算中也会进行计算，折旧、损耗、维修等费用采用一事一议或在预算中涉及，相当于补贴，不需要专门的财政补贴。目前还没有文件规定财政经费可以直接用于投资经营管理停车场。

考虑政府投资建设公共停车场的公益性以及社会力量在投资建设停车场

时能够及时响应市场需求的因素，建议在立法时，参照《杭州市机动车停车场（库）建设和管理办法》第七条[1]、第八条[2]之规定，明确对社会力量参与建设、经营公共停车场的经营模式及鼓励办法，规定公共停车场的建设、经营采用政府投资建设、社会力量参与两种方式。

（二）将交通影响评价充分纳入管理体系

结合本市目前经济稳步发展以及部分区域机动车停车泊位缺口较大这一现状，为更好实现城市管理目标，根除“停车难”“出行难”这一“疑难杂症”，应充分发挥交通影响评价在停车场建设与管理过程的积极作用，将交通影响评价充分纳入管理体系，以便相关部门依据交通影响评价具体开展停车场建设与管理工作（如编制停车场专项规划、动态制定建筑工程停车场配建标准等）。

依据《中华人民共和国道路交通安全法实施条例》第三条[3]并参照《佛山市停车场管理办法》第十条[4]之规定，建议在《惠州市停车场建设与管理办法》中规定：“停车场建设工程不符合规划要求或者配建标准的，自然资源部门不予核发“建设工程规划许可证”。停车场建设工程应当按照基本建设程序依法办理施工许可证及验收备案等手续，负责审批施工许可和验收备案的部门应当按照鼓励建设的原则，简化审批程序，提高审批效率。配套建设的停车场应当与主体工程同时设计、施工、验收和投入使用。建设工程竣工后，自然资源主管部门要依据规划设计条件对停车场建设情况进行规划核实，如不符合规划管控要求，应不予通过规划验收。未经规划核实或者核实不符合规划条件、不满足配建标准的，建设单位不得组织竣工验收，负责竣工验收备案的部门不予竣工验收备案。”

---

① 《杭州市机动车停车场（库）建设和管理办法》第七条：“市人民政府鼓励社会力量投资建设、经营公共停车场，按照‘谁投资、谁受益’的原则，为社会力量投资建设公共停车场提供规划、建设、经营等方面的政策扶持，并制定税费减免、政府补助等相关优惠政策。鼓励社会力量投资建设、经营公共停车场的具体办法，由市建设行政主管部门会同市有关部门另行制定，报市人民政府批准后实施。”

② 《杭州市机动车停车场（库）建设和管理办法》第八条：“市、区人民政府应安排专项资金用于公共停车场建设。市、区财政部门应确保社会力量投资建设的公共停车场补助资金和市、区配比出资建设的公共停车场建设资金，并按各自资金拨付办法及时拨付到位。”

③ 《中华人民共和国道路交通安全法实施条例》第三条：“县级以上地方各级人民政府应当建立、健全道路交通安全工作协调机制，组织有关部门对城市建设项目进行交通影响评价，制定道路交通安全管理规划，确定管理目标，制定实施方案。”

④ 《佛山市停车场管理办法》第十条：“新建、扩建、改建建筑的停车泊位数量不符合相关配建标准的，规划管理部门不予核发建设工程规划许可证。因客观条件限制无法达到配建标准的，建筑所有人或管理人应当向规划管理部门提交交通影响评价报告，并说明情况。不符合停车配建规划验收条件的，不予核发建设工程规划竣工验收合格证。”

（三）通过智慧科技手段加强管理力度

随着城市规模的扩大和城市常住人口数量的提升，公共资源的分配与管理是当下及未来政府部门城市治理的重要课题。为提升本市交通大数据和现代化治理能力，促进交通运输服务方式、运营组织方式、管理决策方式等转型升级，2019 年年末，惠州市综合交通网络运行协调与应急调度中心（简称惠州 TOCC）正式投入使用，该中心由数据中心、智慧出行服务平台、智慧行业管理平台、智慧决策管理平台四个部分组成。此外，按照《惠州市智慧共享停车系统项目建设投资与实施方案》的安排部署，本市还将先行搭建智慧共享停车云平台（以下简称"停车云平台"），"实现市区现有的路内路外公共停车设施的互联共享和智能化管理；再通过投资新建各类停车设施，包括地面停车场、地下停车场、立体停车楼等，逐步新增共约 8 万个停车位，平衡供需关系，实现有效供给"[①]。

立法调研组在惠州市交警支队调研时发现，本市目前虽然已搭建停车场信息采集管理平台，交通诱导系统也已投入使用。但由于本市搭建的停车场信息采集管理平台是通过网络抓取数据的形式接入试点停车场以获得停车信息，加上停车场及物业的不配合（或接入的设备迟钝老化），该平台未能按照既定目标发挥效果。交通诱导系统中的停车指引功能也因此受到了一定影响。

其中，如何对停车场经营管理者作出"接网"要求仍待仔细研究探讨并谨慎作出安排。立法小组在前往佛山市调研时，与会人员表示："《佛山市停车场管理办法》明确由市交通运输主管部门制定全市统一的智能停车技术标准，建立全市统一的停车信息系统，停车场经营者必须按照要求安装符合标准的硬件设备，将停车场基本信息、实时动态数据上传至该系统。通过停车'大数据'的运用，既为市民提供停车场信息查询、停车诱导等出行服务，也为管理部门针对停车管理问题的精准施策提供了技术支撑。但该停车场信息管理系统并未正式投入使用，准备以《安全技术防范条例》为依据对停车场作出接网要求。"

在数字化时代背景下，具有停车位信息统计、共享及引导等功能的智慧平台对于政府部门实现交通管理而言是不可或缺的，也是信息网络时代发展的趋势。换言之，通过"智慧科技手段"加强停车行为的管理力度将成为主流。因此，结合本市的交通管理规划及目标，综合参考惠州市交警支队反映的问题，参

---

① 谭琳、张斐、刘豪伟、邱若蓉、方媛、李钰雯：《管理做足"绣花功" 古郡"织就"文明城》，载《惠州日报》2020 年 9 月 22 日第 003 版。

照《苏州市机动车停车场管理办法》[①]《佛山市停车场管理办法》，可在本市《停车场建设与管理办法》中规定："公安机关应当建立全市统一的停车信息综合管理服务平台。所有权人或经营管理者应当将停车场相关的信息上传到停车信息综合管理服务平台。根据需要，停车信息综合管理服务平台可与其他平台共享相关信息。公共停车场应当将停车位使用信息实时上传至停车信息综合管理服务平台。其他采用信息化管理的停车场的所有权人或经营管理者可以将停车位使用信息实时上传至停车信息综合管理服务平台。停车引导信息应当通过停车信息显示牌、路面交通诱导屏、互联网载体等方式发布。发布内容包括停车场和道路停车位的分布位置、车位数量、使用状况和收费标准等。公众可以通过网络免费查询相关信息。"

（四）充分发挥停车场行业协会的积极作用

停车场行业协会既是沟通政府与企业之间的桥梁，也是行业自我管理、自我监督、自我矫正、带领行业健康发展的重要途径。因此，在本市制定《停车场建设与管理办法》时，应明确政府对行业协会成立的鼓励、引导作用，同时明确交通行政主管部门与停车场行业协会二者之间的关系，有利于鼓励停车场行业协会充分发挥其应有的正面作用，也有利于停车场行业规则的规范化。

参照《肇庆市停车场管理办法》第九条[②]之规定，建议在本次《惠州市停车场建设与管理办法》中规定："政府引导、鼓励停车场行业协会的成立。停车场行业协会在交通运输主管部门的指导下开展行业自律和服务工作。"

（五）明确公共停车场专项规划的编制与实施的具体办法

科学编制停车场专项规划、合理布局停车场是停车场规划建设的基础性工作。立法小组在调研过程中发现，本市机构改革之后，虽然已将专项规划编制职能转至自然资源部门（只有大亚湾区目前还是住建部门承担该职能），但如何制定和实施规划编制职能在实践中存在不同做法。其中，在停车场专项规划编制是由市、县分别制定还是市单独制定这一问题上，惠城区自然资源局认为"仅由市编制即可"；而惠东县、惠阳区均建议"充分考虑两地的特殊情况，采用市、

---

① 《苏州市机动车停车场管理办法》第十八条："市市政设施行政主管部门应当建立全市统一的停车管理信息系统，收集、掌握全市机动车停车场信息，并向社会实时公布机动车停车场分布位置、泊位数量、使用状况和收费标准等信息。县级市（区）机动车停车场管理主管部门负责本行政区域内停车管理信息系统的建设、运行、管理，并将数据接入市停车管理信息系统。机动车停车场经营者应当将车辆识别信息、车辆进出时间、实时泊位等信息接入所在地的停车管理信息系统。"

② 《肇庆市停车场管理办法》第九条："鼓励成立停车场行业协会。由行业协会制定机动车停放服务行为自律规范，引导停车场经营者合法诚信经营，并协助做好停车场经营的监督管理工作，接受停车场行业主管部门的指导。"

县分别制定停车场专项规划这一办法”。此外，在停车场专项规划实施方面，惠州市自然资源局已编制了市级停车专项规划，但惠城区没有编制实施。仲恺区国土部门建议“将停车场专项规划及实施交由交通局负责，由自然资源部门在空间规划上与相应职能部门的统筹规划进行对接。”

由此可见，公共停车场专项规划的编制与实施的主体、程序及原则需要在本市《停车场建设与管理办法》立法时予以明确。

参照《中山市停车场条例》第六条①和第八条②、《佛山市停车场管理办法》第六条③和第七条④、《苏州市机动车停车场管理办法》第九条⑤和第十条⑥等规定可以发现，在停车场专项规划编制与实施的相关规定中，中山是由市级自然资源局负责编制规划并予以实施，佛山则是“规划管理部门”负责编制和调整，苏州则将停车场专项规划编制分由市、县两级分别编制和实施。鉴于本市机构改革过程中已将规划职能划至自然资源部门，辖区内各县区的具体情况（如停车需求、土地资源等）存在差别，建议在本次立法中规定：“交通运输主管部门应当根据国土空间规划、综合交通规划及交通需求状况，会同发展改革、公安、自然资源、住房和城乡建设、消防救援等主管部门编制停车场专项规划，报本级人

---

① 《中山市停车场条例》第六条规定：“市自然资源主管部门应当会同市公安机关交通管理部门以及市发展改革、住房和城乡建设、交通运输等有关部门依照法定程序编制市停车场专项规划，报市人民政府批准后，向社会公布。市停车场专项规划应当包括城市停车总体发展策略、停车场供给体系和引导政策，公共停车场的布局、规模和建设时序，以及道路临时停车泊位的分布与规模等内容。经批准的停车场专项规划不得随意修改。需要修改的，组织编制机关应当向原审批机关提出申请，获得批准后，依照规划编制和审批的程序执行。”

② 《中山市停车场条例》第八条规定：“公共停车场建设实行市、镇分级建设、分级管理，市、镇人民政府应当投入资金保障公共停车场建设，并制定政策支持社会力量投资建设公共停车场。”

③ 《佛山市停车场管理办法》第六条规定：“规划管理部门根据城市规划和交通需求状况，会同交通运输、建设、公安、国土等管理部门编制停车场的专项规划，纳入片区控制性详细规划。”

④ 《佛山市停车场管理办法》第七条规定：“规划管理部门根据城市总体规划、城市建设及经济社会发展的需要，会同建设、交通运输等管理部门编制建筑物配建停车泊位标准，并应根据城市发展、停车需求变化等因素及时调整。”

⑤ 《苏州市机动车停车场管理办法》第九条规定：“市市政设施行政主管部门应当会同市规划、公安等行政主管部门组织编制市机动车停车场专项规划，报市人民政府同意后纳入详细规划。市住房和城乡建设行政主管部门应当根据机动车停车场专项规划，会同市市政设施、规划、财政等行政主管部门制定市级政府投资的公共停车场建设计划，并报市人民政府同意后实施。县级市人民政府应当根据市机动车停车场专项规划，制定本行政区域内机动车停车场专项规划和建设计划，并组织实施。”

⑥ 《苏州市机动车停车场管理办法》第十条规定：“机动车停车场专项规划应当确定停车场总体发展战略和分区域发展策略，统筹地上、地下空间布局，明确控制目标和建设时序，并将停车设施与交通枢纽、旅游集散中心、大型商贸区、文体中心、医院、学校等公共建筑或者场所紧密衔接。在制定市机动车停车场专项规划时，市规划行政主管部门应当根据人口规模和密度、机动车保有量和公共交通服务能力等因素，测定机动车停车场建设需求，确定配套建设的停车位指标。”

民政府批准后纳入城市用地控制性详细规划。本市停车场的规划建设遵循以配建停车场为主,公共停车场为辅,道路停车位为必要补充的原则。停车场专项规划应当明确各类机动车停车位供给总量、停车场布局、建设规模和建设标准等内容。学校、医院、行政中心、公园、景区、大型商圈、城市交通枢纽等公共场所应当重点配套建设停车场。交通运输主管部门应当根据停车场专项规划,会同发展改革、公安、财政、自然资源等主管部门编制公共停车场年度建设计划,报本级人民政府批准后实施。”

(六) 确定公共停车场的供地、用地方式

土地资源作为停车场赖以存在的根本,在没有停车场供地、用地保障的情形下,公共停车场的建设项目“落地”阻力大。其中,停车场的供地、用地政策保障不应局限于“取得”空地,还应包含满足停车需求、充分利用现有土地资源的“开放、改造、增建”方式。

调研过程中,就公共停车场是否符合《划拨目录》这一问题上,惠阳区自然资源部门反映:“公共停车场确实少,工、商闲置用地按现行政策不能办停车场。最好是推动第三方参与,从立法上体现鼓励社会投资取地或是整合开发小地块避免闲置。依靠划拨效果不好,土地资源紧张。”大亚湾区自然资源部门认为:“《划拨用地目录》里关于停车场划拨土地只有一类——公共交通车辆停车场,但该用地是给公交车的。目前没有专门的停车场用地供地需求,如果有可以挂拍。停车场用地之前多为绿地,也能报建。”

在公共停车场用地是否符合《划拨用地目录》这一问题上,根据《划拨用地目录》的规定①并参照《广州市停车场条例》第十六条②、《西安市停车场管理办法》第十六条③之规定,建议在本次立法时规定:“公共停车场的建设用地使用权按照下列规定的方式供应:(一)政府全额投资的公共停车场,是城市市政公用基础设施,建设用地使用权可通过划拨方式供应;(二)对新建独立占地、经营性的公共停车场用地,同一宗用地公告后只有一个意向用地者的,建设用地使用权可以通过协议方式供地;(三)在符合规划的前提下,对于确有临时停车场建设需求的,可依法采用租赁方式供地;(四)法律、法规规定的其他方式。”

此外,在本次立法时还应当明确停车场用地政策保障。参照《广东省自然

---

① 《划拨用地目录》:“城市基础设施用地和公益事业用地(三)城市基础设施用地 4.公共交通设施:……公共交通车辆停车场……”

② 《广州市停车场条例》第十六条规定:“公共停车场的建设用地使用权按照下列规定的方式供应:(一)政府全额投资的公共停车场,是城市市政公用基础设施,建设用地使用权可以通过划拨方式供应。”

③ 《西安市停车场管理办法》第十六条规定:“公共停车场建设实行下列用地保障措施:(一)建设公共停车场,原则上采取行政划拨方式供地,不属于《划拨用地目录》的,以出让方式供地。”

资源厅关于印发完善城市停车场用地配套政策若干措施的通知》[①]之规定，建议在《惠州市停车场建设与管理办法》中规定："停车场用地供应应当纳入市县国有建设用地供应计划。新建建筑物配建停车场和利用公园绿地、学校操场等地下空间，以及政府依法收回、规划用途符合要求的闲置土地建设停车场的，其建设规模应一并纳入建设用地供应计划。闲置土地依法处置后由政府收回、规划用途符合要求的，可优先安排为停车场用地。"

（七）为公共停车场建设、经营管理提供政策保障

优惠政策作为鼓励市场主体参与停车场建设、经营管理的有效途径，可以充分调动市场积极性，发挥市场要素对我市公共停车场建设、经营管理的配置作用，最终实现满足公众停车需求的管理目标。

目前我市对于公共停车场的建设、经营管理虽没有财政补贴，但博罗县自然资源部门、仲恺区自然资源部门会依据实际情况给予一定优惠，但并非是标准化(惠东县自然资源部门、惠阳区自然资源管理部门则认为目前没有优惠政策，因而没有办法给予优惠)。《惠州市停车问题民意调查》显示，公众认为"为鼓励、引导停车场的修建应该允许公共停车场配建不超过20%的附属商业建筑面积(53.8%)，政府补贴、政府划拨土地占比分别为57.4%和53.8%。"路桥集团认为："在投资公共停车场建设时的顾虑主要是建成后企业亏损，无法持续经营。停车费的收入还不足以支付投资建设费用的利息，所以要么有补贴，要么有商业配套，才能经营下去。在投资公共停车场建设中最希望得到用地支持，如20%的商业配套作为国家有政策支持的应当有以落实，目前都没享受到20%，地下的又完全没有，建议向西安学习，西安的政策是配套25%，大雁塔附近的项目限高，但政府鼓励向下挖掘，向下也有配套，而且有资金扶持，因为向下成本更高。土地出让除了相应税费等，余下部分能否执行相应制度予以返还。对于简易停车场，如小区内小规模机械立体停车楼应简化审批环节及流程，通过办事处或社区协调好小区业主统一认识，同意建设停车楼。"

鉴于公共停车场虽兼具一定的经济价值，但随着机动车的数量不断增长，对于停车泊位的需求也会随之增加。为了在短时间内提供较多停车位资

---

① 《广东省自然资源厅关于印发完善城市停车场用地配套政策若干措施的通知》："(三)规范编制停车场供地计划。各地应将停车场用地纳入国有建设用地供应计划。向社会公众开放的城市停车场作为城市公共基础设施，其用地应优先保障。新建建筑物配建停车场，以及利用城市道路、广场、学校操场、公园绿地以及公交场站、垃圾站等公共设施地下空间建设停车场的，其建设规模应纳入建设用地供应计划。闲置土地依法处置后由政府收回、规划用途符合要求的，可优先安排用于停车场用地，一并纳入国有建设用地供应计划。"

源以解决当下的燃眉之急，兼顾停车需求与供给之间的关系，引导社会经营的公共停车场收费趋于理性及合理，可对充分利用闲置土地、开发地下空间、鼓励有条件有需求的小区或停车需求旺盛路段设置临时停车场、利用建筑对让红线设置停车场等办法作出规定。具体而言，参照《肇庆市停车场管理办法》《中山市停车场条例》的相关规定，建议在本市《停车场建设与管理办法》中规定："单位和个人可以利用道路、广场、绿地、人防工程等资源的地下空间建设公共停车场。利用地下空间资源建设公共停车场的，需征得地面设施所有权人同意后，提出建设方案，在进行安全论证后，依法办理规划、土地、消防等手续。对新建建筑充分利用地下空间，超过停车配建标准建设地下停车场，并作为公共停车场向社会开放的超配部分，符合规划的，可不增收土地价款。单位和个人可以依法利用储备土地、待建土地、空闲厂区、边角空地等设置临时性的公共停车场。临时停车场不得违反国土空间规划、交通安全管理和消防安全管理的相关规定。住宅区配建的停车场不能满足业主停车需求，经业主表决后，符合《广东省物业管理条例》规定的，可利用建筑区划内业主共有部分设置停车场。"

（八）明确道路停车位的划设主体、管理方式并建立公众监督程序

本市目前道路停车位数量相较于在册机动车数量及其他车位（如建筑配建停车场等）而言数量较少，而道路停车位长久以来作为便利公众停车的一种重要方式，对于平衡临时停车供需矛盾突出的区域作用十分明显。

以惠城中心区为例，虽然临时停车位在惠城中心区停车泊位数量中占比仅约为 11.6%，但在滨江公园堤上路的使用率极高。据《惠州市停车问题民意调查》数据显示，约有 65.3%的受访者认为应当增加道路停车位，约有 87.2%的受访者认为在停车供需矛盾突出的住宅小区周边应划定用于夜间等特殊时段的临时停车位。立法调研组在前往惠阳区调研过程中，与会人员反映："目前惠阳区中心区（如淡水地区）停车位极少，只有在特殊情概况下才会撤销、减少道路停车泊位，对于公共停车场投入使用后其周边 200 米范围内逐步取消路边泊位的做法需要慎重考虑，除非能满足商业区或居民区的停车需求，因为惠阳区类似于深圳，土地资源紧缺。"

本市的路面停车位虽为公众带来一定便利，但也滋生出其他的管理问题，例如常见的"僵尸车"、以电瓶车或石墩等物品长期占用临时停车泊位、将公共临时停车泊位变为"私用停车泊位"的情况，此外，还有部分业主在小区停车位充足的情况下为免交停车费而将车辆停至小区外的路面停车位。如此一来，路面临时停车位虽然在一定程度上满足了部分人的停车需求，但事实上却是损害了公众利益——机动车长期、大量停放于道路两侧可能会降低车辆通行量甚至

引发新的拥堵点。

按照《惠州市智慧共享停车系统项目投资建设实施方案》的相关部署，本市将加大停车位有效供给，其中包括在停车集中和停车紧张的区域且不影响交通的情况下新增路边停车位。对此，本市各县区相关部门在参加立法调研时对于“停车车位满足的前提下对道路停车位进行相应调整”这一做法持肯定态度。

因此，在本次《惠州市停车场建设与管理办法》立法中，建议依据《中华人民共和国道路交通安全法》第二十九条[①]、《广东省道路交通安全条例》第二十四条[②]的规定，并参照《中山市停车场条例》《广州市停车场条例》《佛山市停车场管理办法》关于道路停车位调整的有关规定，结合本市实际情况，对道路停车位调整作出相应规定：“公安机关负责管理本行政区域内道路停车位。公安机关对道路停车位实行编码管理，应当结合道路交通运行状况和停车需求，会同交通运输主管部门施划、撤销道路停车位，并向社会公告。无障碍道路停车位由公安机关会同残疾人联合会施划。设置道路停车位应当符合下列规定：（一）保障道路交通有序、安全和畅通；（二）与区域停放车辆供求状况、车辆通行条件和道路承载能力相适应；（三）保证市政公用设施正常使用和维护；（四）不得妨碍应急救援；（五）法律、法规、规章规定的其他要求。”

（九）各类停车场的使用及管理

1. 采用备案制的行政管理模式

根据调研材料反映，进行备案的公共停车场大多是采用政府指导价收费模式的停车场。结合日后停车场数量的增长以及便于职能部门、行业协会对停车场及停车行业进行管理时能够拥有更加充分、全面的依据，建议在明确停车场使用及管理职能部门的基础上，参照《广州市停车场条例》第二十八条[③]、第二十

---

① 《中华人民共和国道路交通安全法》第二十九条：“道路、停车场和道路配套设施的规划、设计、建设，应当符合道路交通安全、畅通的要求，并根据交通需求及时调整……”

② 《广东省道路交通安全条例》第二十四条：“在不影响行人、车辆通行的情况下，县级以上人民政府公安机关交通管理部门或者县级以上人民政府确定的管理部门会同公安机关交通管理部门根据道路交通状况，可以在城市道路范围内施划、调整或者撤销道路停车泊位，并及时调整相应交通标志、标线，将道路停车泊位的情况向社会公布。”

③ 《广州市停车场条例》第二十八条：“公共停车场、专用停车场和临时停车场经营者应当依法办理工商、税务、价格等手续。第二十九条 公共停车场、专用停车场和临时停车场经营者应当在工商登记后二十个工作日内向停车场所在地的区交通行政主管部门提交下列资料，办理备案手续：(一)营业执照、经营地址；(二)停车位类型、数量、停车场的平面示意图和方位图。报送资料规范、齐全的，区交通行政主管部门应当向停车场经营者出具备案证明；报送资料不规范、不齐全的，区交通行政主管部门应当一次性告知停车场经营者需要补正的材料。”

九条[①]、第三十条[②]以及《中山市停车场条例》《杭州市机动车停车场(库)建设和管理办法》的有关规定，在《惠州市停车场建设与管理办法》中规定："向社会提供停车服务的收费停车场，其所有权人或经营管理者应当依法办理商事、税务登记手续。在停车场启用前十五日，其所有权人或经营管理者应当持下列材料向所在地的交通运输主管部门备案：(一)营业执照；(二)停车场土地使用证明材料；(三)停车场平面示意图和方位图以及停车位类型、数量等资料；(四)停车场管理制度；(五)法律法规规定的其他材料。所有权人或经营管理者可以通过停车信息综合管理服务平台办理备案。报送资料不规范、不齐全的，交通运输主管部门应当一次性告知需要补正的材料。本办法施行前已投入使用的停车场，其所有权人或经营管理者应当在本办法施行之日起三个月内办理备案。停车场备案信息发生变更的，其所有权人或经营管理者应当自信息变更之日起三十日内变更备案信息。"

2. 完善停车场的建设标准

停车场的建设标准属于停车场建设与管理规定的重要内容。具体而言，除硬性建设标准外，还应当加入停车牌设置等内容。根据调研材料显示，在停车场收费定价从政府指导价转至市场自主调节后，除公益公共停车场(如医院、景区)外，停车收费价格均交由经营者自主制定。由此衍生出两种社会现象：一是备案的停车场数量极少(惠东县经过备案的停车场为县人民医院停车场、妇幼保健院停车场、梁化国家森林公园停车场、港口海龟湾景区停车场合计 4 个停车场)。二是由停车收费价格上涨或严重超出公众心理预期而引发不少社会矛盾(即价格管理问题)。实践中停车场公示牌关于收费标准的公示位置、公示牌大小均存在不同做法。较为常见的是将收费内容张贴在收费亭下，或竖立在停车场入口处，也存在仅设置自动进出闸机而无收费标准明示或采用人工收费办法等做法，停车场标识牌上标明的内容尤其是收费内容的公开程度不足。另外据《惠州市停车问题民意调查》显示，对于停车场标识牌上应标明的内容应尽可能详细，主要是地点名称、经营管理者、车位数量、监督电话和收费标准。其中，

---

① 《广州市停车场条例》第二十九条："公共停车场、专用停车场和临时停车场经营者应当在工商登记后二十个工作日内向停车场所在地的区交通行政主管部门提交下列资料，办理备案手续：(一)营业执照、经营地址；(二)停车位类型、数量、停车场的平面示意图和方位图。报送资料规范、齐全的，区交通行政主管部门应当向停车场经营者出具备案证明；报送资料不规范、不齐全的，区交通行政主管部门应当一次性告知停车场经营者需要补正的材料。"

② 《广州市停车场条例》第三十条："公共停车场、专用停车场和临时停车场经营者变更备案事项或者停业、歇业的，应当自变更或者自停业、歇业之日起二十个工作日内向原备案机关备案，同时相应调整或者拆除停车场标志牌。停车场停止使用的，停车场经营者应当在停止使用的一个月前向社会公告。"

选择收费标准的受访者所占比例为75.6%。还有受访者提出建议,停车场标识牌可以标示出"车位总量与已用数量之比""停车场平面图""方向指示""紧急出口"等。

综上所述,完善停车场建设标准时应结合本市实际情况,对停车场地面硬底化处理、按照规范设置停车场标志牌等方面作出具体要求。建议参照《肇庆市停车场管理办法》第二十五条[①]的规定,在《惠州市停车场建设与管理办法》中规定:"建筑物配建停车场、公共停车场投入使用前应当满足下列要求:(一)按照规范设置停车场标志牌;(二)地面使用混凝土、沥青或者砂石等进行硬底化处理,并保持坚实、平整;(三)按照国家标准设置交通标志,划定交通标线和停车位标线;(四)按照有关标准和规范安装车轮定位器和配备通风、照明、排水等设施设备,并保障其正常使用;(五)按照有关标准和规范设置停车场的出入口;(六)按照国家、省有关规定,设置并标明残疾人专用的无障碍停车位;(七)按照国家、省有关规定,预设充电设施建设安装条件、加装充电设施,保证配套用电设备、线路符合相关技术规范,保证用电安全;(八)符合建设工程消防技术标准要求,按照规定配置消防设施,并保持消防通道畅通,保证消防设施和消防车登高操作场地的正常使用;(九)按照安全技术防范标准设置视频监控、出入口控制、车牌识别等安全技术防范系统,并保障其安全运行;(十)法律、法规规定的其他条件。停车场标志牌设在停车设施入口正面及缴费地点的醒目可读位置,标明停车设施经营单位、地址、定价主体、收费标准、计费方法、收费依据、服务内容、免费停放时限、投诉举报电话等,接受社会监督。"

3. 规范停车场的使用及经营行为

第一,建议在《惠州市停车场建设与管理办法》中对停车场整体性及用途作出限定。停车场建设用地使用权出让或划拨后,应对后续的使用行为作出规范要求,如禁止分割转让和转租,或擅自改变土地用途等,鉴于停车场建设用地的

---

① 《肇庆市停车场管理办法》第二十五条:"建筑物配建停车场、公共停车场投入使用前应当满足下列要求:(一)按照规范设置停车场标志牌;(二)地面使用混凝土、沥青或者砂石等进行硬底化处理,并保持坚实、平整;(三)按照国家标准设置交通标志,划定交通标线和泊位标线;(四)按照有关标准和规范配备通风、照明、排水等设施设备,并保障其正常使用;(五)按照有关标准和规范设置停车场的出入口;(六)按照国家、省的有关规定,设置并标明肢体残疾人专用的无障碍停车位;(七)符合建设工程消防技术标准要求,按照规定配置消防设施,并保持消防通道畅通、保证消防设施和消防车登高操作场地的正常使用;(八)按照国家、省有关规定,配建、加装电动汽车充电基础设施,配套用电设备、线路符合相关技术规范,保证用电安全;(九)按照安全技术防范标准设置视频监控、出入口控制、车牌识别等安全技术防范系统,并保障其安全运行;(十)法律、法规规定的其他条件。对于停车场使用者不遵守前款规定且不听劝阻的,停车场工作人员应当及时报告相关行政主管部门处理;影响治安管理秩序的,及时报告公安机关依法处理。"

供地未来将作出一定的政策优惠，且公共停车位已逐渐成为重要的公共资源，建议参照《广东省自然资源厅关于印发完善城市停车场用地配套政策若干措施的通知》（粤自然资规字〔2018〕4号）[①]以及《肇庆市停车场管理办法》第三十条[②]的规定，结合我市具体情况，在本次立法中对停车场车位转让及土地用途的变更设置限制性条件："任何单位和个人不得擅自停止开放停车场或将停车场挪作他用，不得减少规划确定的停车位数量。确需停止开放或改变用途的，应当依法向公安机关报备，并在报备后向社会公告；公告期为一个月。改变用途的，应当依法办理必要的变更手续。公共停车场可以整体出售，但不得向特定对象固定出租停车位或者将停车场分割出售，公共停车场及公共建筑配建停车场中设置的公共停车位不得改变用途和公共使用性质。建设单位应按照公平、公开的销售方式出售或出租开发项目物业管理区域内停车位。业主要求承租车位的，建设单位应当将尚未售出的停车位或其他可以出租的车位提供租用，不得只售不租。房地产开发项目的停车位数量无法满足本项目物业管理区域业主需要的，建设单位不得向本项目物业管理区域业主之外的单位或个人出租。"

第二，明确停车场经营者、停车位使用者应尽义务。路桥集团向调研组反映，企业经营者最担心的是停车费收缴问题，其中包含使用者付费义务履行、经营者收费权利实现、收费标准和方式要求、停车场具体管理等与停车行业发展、管理密切相关的问题。

结合《惠州市智慧共享停车系统项目投资建设实施方案》中关于停车管理的相关部署，建议在本次立法中，参照《中山市停车场条例》第二十五条[③]以及

---

① 《广东省自然资源厅关于印发完善城市停车场用地配套政策若干措施的通知》（粤自然资规字〔2018〕4号）："（十四）加强停车场土地供后管理。各地自然资源主管部门在核发划拨决定书、签订出让合同和租赁合同时，明确规定或者约定：停车场建设用地使用权可以整体或整层转让和转租，单层停车场建设用地使用权不得再分割转让和分割转租；公共停车场车位及配建的附属经营设施不得对外销售、公共停车场车位不得固定出租。不得改变规划确定的土地用途，改变用途用于住宅、商业等的，由各地自然资源主管部门依法收回建设用地使用权。"

② 《肇庆市停车场管理办法》第三十条："任何单位和个人不得违反规划改变停车场的用途。已投入使用的停车场确需改变用途的，停车场经营者应当依法报原批准机关批准，但是为了实现原规划用途，将临时停车场停止使用的情况除外。"

③ 《中山市停车场条例》第二十五条："停车场的经营者或者管理者提供机动车停放服务，应当履行以下义务：在停车场出入口的显著位置明示停车场标志，保持停车场内通道畅通、维护停车秩序，并保管车辆出入、视频监控等记录不少于一个月；做好突发事件应急和安全管理工作，发现火灾、偷盗等情况时，应当及时采取相应处置措施并向相关部门报告；（三）采取措施控制机动车停放过程中扬尘、噪声对附近居民的影响；（四）在入口处及收费地点等明显位置，用标价牌标明服务内容、服务收费依据、收费标准、计费方法、开放时间、免费时间、投诉举报电话及负责人等；（五）使用符合国家技术标准的计时、计费装置；（六）法律、法规规定的其他应当履行的义务。"

《肇庆市停车场管理办法》第二十七条[①]、第二十八条[②]之规定，在《惠州市停车场建设与管理办法》中对停车场的运营规范要求以及收费规定和监督方面作出如下规定："公共停车场和道路停车位的所有权人或经营管理者提供机动车停放服务，应当履行以下义务：(一) 配备管理人员，规范经营行为；(二) 根据停车场规模、使用情况、安全应急等情况，制定并落实车辆停放、设施维护保养、经营管理、消防、应急等管理制度；(三) 严格执行国家、省、市相关停车管理服务规范和标准，遵循'先到达、先使用'原则，保持停车场内通道畅通、维护停车秩序，为残疾人提供必要的服务，并保管车辆出入记录、视频监控录像等信息不少于一个月；(四) 发现火灾、偷盗等情况时，应当及时采取相应处置措施并向相关部门报告；(五) 使用符合国家技术标准的计时、计费装置；(六) 不得拒收现金，应当使用税务部门统一监制的收费票据；(七) 法律、法规规定的其他应当履行的义务。"

(十) 明确法律责任

明确规定违反《惠州市停车场建设与管理办法》所需承担的法律责任，以及对相关职能部门工作人员在实施本办法时玩忽职守、滥用职权、徇私舞弊等行为的责任追究。

1. 有关法律责任的立法衔接

法律、法规、规章对其他违反本办法的行为规定法律责任的，从其规定。

2. 未办理登记备案手续的责任

向社会提供停车服务的收费停车场未依法办理工商、税务登记手续，由市场监管、税务行政主管部门依法予以处罚。违反本办法第二十二条的规定，向社会提供停车服务的收费停车场未依法办理商事、税务登记手续，由市场监管、税务主管部门依法予以处罚。未向所在地交通运输主管部门备案，由交通运输主管部门责令停车场所有权人或经营管理者限期改正；逾期未改正的，处以一万元以上五万元以下罚款。

---

① 《肇庆市停车场管理办法》第二十七条："机动车停放服务收费，区别不同情况分别实行市场调节价、政府指导价或者政府定价管理。除具有自然垄断经营和公益性特征的停车场收费依法实行政府定价或者政府指导价管理外，其他依法设立的停车场机动车停放服务收费实行市场调节价。价格行政管理部门应当按照城市中心区域高于外围区域、重点区域高于非重点区域、拥堵时段高于空闲时段的原则，对实行政府指导价、政府定价管理的停车场制定差别化的收费标准，经法定程序征求意见，所在地县级人民政府批准后，向社会公布。"

② 《肇庆市停车场管理办法》第二十八条："实行政府定价、政府指导价管理的停车场，经营者应当按照价格主管部门规定的收费标准收费；实行市场调节价管理的停车场，经营者应当公示收费标准并按照标准收费。"

3. 违反道路停车位管理的责任

违反本办法第三十条规定，擅自设置或撤除道路停车位的，由公安机关责令限期改正，并对个人处以五千元罚款，对单位处以二万元罚款；违反本办法第三十二条规定第一项至第四项占用停车位或阻碍机动车停放和通行的，由公安机关责令限期改正，并可处以一千元以下罚款；损毁、移动或涂改道路停车位标志、标线或设施的，由公安机关处以两百元以上两千元以下罚款。

4. 违反价格法的责任

停车场经营者违反《中华人民共和国价格法》第十四条的规定，执行市场调节价的停车场谎称政府定价、政府指导价等诱骗消费者或者其他经营者与其进行交易等价格欺诈违法行为，由市场监督管理部门责令改正，没收违法所得，并处违法所得五倍以下的罚款；没有违法所得的，处以五万元以上五十万元以下的罚款；情节严重的，责令停业整顿，或者吊销营业执照。停车场经营者不执行政府指导价、政府定价的，由市场监督管理部门责令改正，没收违法所得，并处以违法所得五倍以下的罚款；没有违法所得的，处以五万元以上五十万元以下的罚款，情节较重的处五十万元以上两百万元以下的罚款；情节严重的，责令停业整顿。停车场经营者未按规定在经营场所做好明码标价的，由市场监督管理部门责令改正，没收违法所得，可以并处以五千元以下的罚款。

5. 违反建设停车场规范的责任

停车场出入口设置不符合有关标准或者规范，严重影响交通秩序或者存在严重交通安全隐患的，公安机关、交通运输主管部门应当及时向停车场所有权人或经营管理者提出整改建议，停车场所有权人或经营管理者应当及时整改。

违反本办法第二十一条第一项至第五项规定的，由交通运输主管部门责令限期改正；逾期不改正的，处以五千元以上三万元以下罚款。

违反本办法第二十一条第六或第七项规定，未设置并标明无障碍停车位，或者未预设充电设施建设安装条件、加装充电设施的，由公安机关责令限期改正；逾期不改正的，处以五千元以上三万元以下罚款。

6. 擅自在业主共有部分设置停车场的责任

擅自利用建筑区划内业主共有部分设置停车场的，由城乡管理和综合执法部门依照《物业管理条例》的有关规定予以处罚。

7. 违反规划建设停车场的责任

违反本办法第十七条第二款规定，未按照规划要求建设停车场的，由城乡管理和综合执法部门依照有关法律、法规处罚，并由规划主管部门责令其补建。

8. 道路停车位使用费的缴纳责任

违反本办法第三十一条第一项规定，不按照规定缴纳道路停车位服务费的，由公安部门责令限期缴纳；逾期不缴纳的，处以二百元罚款。违反第二项至第七项规定，不按照规定使用道路停车位的，由公安部门依照《中华人民共和国道路交通安全法实施条例》的有关规定予以处罚。

9. 守信激励、失信惩戒

交通运输主管部门应当建立停车信用监管制度，将停车场所有权人或经营管理者及其从业人员、机动车停放者的信用信息纳入市公共信用信息管理系统，依法依规实施守信激励、失信惩戒机制。

10. 未上传信息的责任

违反本办法第二十三条规定，公共停车场未将停车位使用信息实时上传停车信息综合管理服务平台的，由公安机关主管部门责令停车场所有权人或经营管理者限期改正；逾期未改正的，处以五千元以上两万元以下罚款。

11. 违反停车场整体性和用途的责任

违反本办法第二十五条规定的，由交通运输主管部门责令限期改正，恢复原状。

12. 行政部门管理人员的法律责任

行政主管部门或其工作人员在停车场规划、建设和管理中存在玩忽职守、滥用职权、徇私舞弊的行为，由上级主管部门或者监察机关责令改正，对部门给予通报批评，对直接负责的主管人员和其他直接责任人员依法给予处分，构成犯罪的，依法追究刑事责任。

附件一 《惠州市停车场建设与管理办法》的三个版本

第一版：听证版

关于对《惠州市停车场建设与管理办法》(征求意见稿)举行听证会的公告

发布机构：惠州市公安局 发布时间：2021 年 1 月 26 日 12:16

为了调节停车资源供需关系，规范停车秩序，优化停车管理体制机制，提高停车设施建设现代化、停车管理智能化信息化水平，规范停车场的使用和管理，促进城市动态交通和静态交通协调发展。根据《中华人民共和国城乡规划法》《中华人民共和国建筑法》《中华人民共和国道路交通安全法》《中华人民共和国物权法》《建筑工程质量管理条例》等相关法律法规，并结合我市实际，我局草拟了《惠州市停车场建设与管理办法》，经过调研、部门协调会、广泛征求意见等程序，反复多次修改完善后已形成《惠州市停车场建设与管理办法》(征求意见稿)。为进一步听取社会各界的意见建议，促进科学、民主、依法决策，保障公民、法人和其他组织的合法权益，按照《广东省重大行政决策听证规定》《惠州市人民政府拟定地方性法规草案和制定政府规章程序规定》的要求，我局决定对《惠州市停车场建设与管理办法》(征求意见稿)举行听证会。现将听证会有关事项公告如下：

一、会议时间

2021 年 2 月 26 日。

二、会议地点

惠州市公安局交警支队十八楼会议室(暂定)。

三、听证内容

《惠州市停车场建设与管理办法》(征求意见稿)的合法性、合理性、可行性。

四、报名办法

(一) 听证参加人申请

凡年满 18 周岁、具有完全民事行为能力的公民(依法被限制人身自由或剥夺政治权利的人除外)、法人和其他组织均可报名作为听证参加人。本次听证会设立 10 个听证参加人代表席，如申请参加人数少于代表人数，按申请人数决定听证参加人代表;如申请参加人数多于参加人代表人数,根据报名者所代表的利益群体、不同意见建议、所在的区域范围以及报名的先后顺序确定。

(二)旁听人员申请

本次听证会设立 10 个旁听席,凡年满 18 周岁、具有完全民事行为能力的公民(依法被限制人身自由或剥夺政治权利的人除外)均可报名参加旁听。如申请人人数少于 10 人按实际申请人数确定;如申请人数多于 10 人,根据报名的先后顺序确定,并视情况由我局决定是否增加旁听席位。

五、报名时间、方式

(一)报名时间

本公告发布之日起至 2021 年 2 月 3 日 17:30 分截止。

(二)报名方式

填写《听证参加人报名表》(附件 1)或《听证旁听人报名表》(附件 2)后,交至惠州市公安局交警支队 6 楼 619 办公室。

六、其他事项

听证参加人和旁听人名单确定后另行通知。被确定为听证参加人、旁听人的人员,应亲自参加听证会,不得委托他人代为参加。

特此公告。

附件:1. 听证参加人报名表.docx

2. 听证旁听人报名表.doc

惠州市公安局

2021 年 1 月 25 日

(联系人:邓警官,联系方式:0752-2309321)

惠州市停车场建设与管理办法

(征求意见稿)

第一章 总则

第一条【立法目的和依据】为加强本市停车场规划建设和管理,规范停车秩序,确保道路交通有序、畅通和安全,根据《中华人民共和国道路交通安全法》《中华人民共和国城乡规划法》等法律、法规的规定,结合本市实际,制定本办法。

第二条【适用范围】本办法适用于本市城市建成区和实行城市化管理的区域。城市建成区和城市化管理区域的范围由市、县(区)人民政府确定。

公共交通客运、货运和危险化学品运输车辆的停车场规划、建设、管理和使用适用其他有关规定。

第三条【原则和概念】停车场的建设和管理工作，坚持统一规划、政府主导、市场调节、方便群众的原则，逐步缓解停车场供需矛盾，改善城市交通秩序。

本办法所称停车场，是指供机动车停放的场所，包括公共停车场、专用停车场和道路停车位。

公共停车场，是指为社会公众提供停车服务的场所。

专用停车场，是指为特定对象提供停车服务的场所，包括建筑物配建的专用停车场、建筑区划内共有部位施划的停车位等。

道路停车位是指在道路范围内设置的停车位。

第四条【政府的职责】市人民政府负责统筹领导全市停车场规划、建设和管理工作，建立停车场建设和管理综合协调机制，加强停车场的规划、建设和管理工作。

县（区）人民政府负责本行政区域内停车场规划、建设和管理的统筹协调工作。

第五条【政府部门的职责】市交通运输主管部门负责本市行政区域内停车场的备案管理，会同相关部门组织编制停车场专项规划，制定停车场行业发展政策，指导停车场规范化管理，负责城市公共停车场建设和维护的行业管理。

市公安机关负责本市行政区域内停车管理的统筹协调，道路停车位的设置和调整、停车场交通影响评价、停车信息综合管理服务平台的建设和管理等工作，查处道路违法停车行为，并组织实施本办法。

市自然资源主管部门配合组织编制市级停车场专项规划，县（区）自然资源主管部门配合组织编制县（区）级停车场专项规划。自然资源主管部门负责在办理建设项目的规划许可时审核配建停车位指标，依法审核停车场建筑物和构筑物的设计方案，保障公共停车场用地需求。

市住房和城乡建设主管部门配合组织编制停车场专项规划，负责职责范围内的房屋建筑、市政基础设施工程配建停车场的施工许可、质量安全监督、竣工验收备案等建设管理的行政职责，督促物业服务企业做好物业管理中涉及停车场的工作。

市发展与改革、财政、人民防空、城乡管理和综合执法、市场监督管理、市政园林、消防救援、税务等主管部门按照各自职责，依法做好停车场管理的相关工作。

第六条【鼓励引导】鼓励引导社会资本参与停车场建设和管理，推广运用新型立体高层停车场、智能停车诱导系统、机械停车设施等节约化、智能化、信息化的停车和管理方式。

鼓励引进专业停车管理公司，对无物业管理的老旧小区停车位进行专业管理。

鼓励机关、团体、企业、事业单位开放单位内部停车场，引导群众错时停车。

第七条【规范行业协会】政府积极引导、鼓励停车场行业协会的成立。

停车场行业协会在公安机关的指导下开展行业自律和服务工作。指引、规范停车场经营行为，督促经营者合法诚信展开服务工作，同时协助相关部门做好停车场的管理工作。

第二章 停车场规划与建设

第八条【停车场专项规划编制】自然资源主管部门应当根据国土空间规划、综合交通规划及交通需求状况，会同公安机关以及发展改革、交通运输、住房和城乡建设、消防救援等主管部门编制停车场专项规划，报本级人民政府批准后纳入城市用地控制性详细规划。

本市停车场的规划建设遵循以配建停车场为主、公共停车场为辅、道路停车位为必要补充的原则。

停车场专项规划应当明确各类机动车停车位供给总量、停车场布局、建设规模和建设标准等内容。学校、医院、行政中心、公园、景区、大型商圈、城市交通枢纽等公共场所应当重点保障配套建设停车场，以满足停车需求。

第九条【公共停车场建设计划编制】市、县交通运输主管部门应当根据停车场专项规划，会同发展改革、财政、自然资源、公安机关等主管部门编制公共停车场年度建设计划，报本级人民政府批准后实施。

第十条【停车位配建标准制定】市自然资源主管部门应根据国家、省有关规定，按照国土空间规划和停车需要，制定和完善城市新建、改建项目的停车设施配建标准，并结合城市交通发展变化适时调整。

第十一条【停车场用地政策保障】停车场用地供应应当纳入市县国有建设用地供应计划。新建建筑物配建停车场和利用公园绿地、学校操场等地下空间，以及政府依法收回、规划用途符合要求的闲置土地建设停车场的，其建设规模应一并纳入建设用地供应计划。

闲置土地依法处置后由政府收回。规划用途符合要求的，根据实际需要，可优先安排用于停车场用地，一并纳入国有建设用地供应计划。

第十二条【公共停车场建设供地保障措施】公共停车场的建设用地使用权按照下列规定的方式供应：

（一）政府全额投资的公共停车场，是城市市政公用基础设施，建设用地使用权可通过划拨方式供应；

（二）对新建独立占地、经营性的公共停车场用地，同一宗用地公告后只有一个意向用地者的，建设用地使用权可以通过协议方式供地；

（三）在符合规划的前提下，对于确有临时停车场建设需求的，可依法采用租赁方式供地；

（四）各县区根据实际需要，在土地使用权出让时可要求附带配建公共停车场；

（五）法律、法规规定的其他方式。

第十三条【利用地下空间建设公共停车场】单位和个人可以利用道路、广场、绿地、人防工程等资源的地下空间建设公共停车场。利用地下空间资源建设公共停车场的，需征得地面设施所有权人同意后，提出建设方案，在进行安全论证后，依法办理规划、土地、消防等手续。

对新建建筑充分利用地下空间，超过停车配建标准建设地下停车场，并作为公共停车场向社会开放的超配部分，符合规划的，可不增收土地价款。

第十四条【临时公共停车场用地】单位和个人可以利用储备土地、待建土地、空闲厂区、边角空地等设置临时性的公共停车场。临时停车场不得违反国土空间规划、交通安全管理和消防安全管理的相关规定，不得妨碍消防设施和市政基础设施的使用。

第十五条【住宅区业主共有部分设置停车场】住宅区配建的停车场不能满足业主停车需求，经业主表决后，符合《广东省物业管理条例》规定的，可利用建筑区划内业主共有部分设置停车场。

第十六条【用地红线到建筑退让线之间停车场】利用建筑退让线区域内设置临时停车场的，停车管理设施不得设置在道路红线范围内。

第十七条【停车场工程的许可和验收】停车场建设工程不符合规划要求或者配建标准的，自然资源部门不予核发《建设工程规划许可证》。停车场建设工程应当按照基本建设程序依法办理施工许可证及验收备案等手续，住房和城乡建设主管部门应当按照鼓励建设的原则，简化审批程序，提高审批效率。

配套建设的停车场应当与主体工程同时设计、施工、验收和投入使用。建设工程竣工后，自然资源主管部门要依据规划设计条件对停车场建设情况进行规划核实，如不符合规划管控要求，不予通过规划验收。未经规划核实或者核实不符合规划条件、不满足配建标准的，建设单位不得组织竣工验收，住房和城乡建设部门不予竣工验收备案。

在用地红线范围内新建机械式立体停车设备按照特种设备进行安装管理，在满足消防、安全等规范要求，不违反道路交通、市容市貌、市政管理等有关法律法规规定前提下，免予办理建设工程规划、用地、施工许可等手续。

第十八条【机械式立体停车设备】安装机械式立体停车设备，应当符合用地、建筑等相关要求和技术标准，不得占用市政道路、消防通道，不得影响结构安全、消防安全和通行安全，不得损害他人合法权益，并应当遵守相关法律、法规的规定。

公安、交通运输、市场监管、消防等主管部门应当加强辖区内在住宅区安装机械式立体停车设备工作的指导和协调。

第十九条【道路停车位的划设主体、管理主体】公安机关应当结合道路交通运行状况和停车需求，划设、撤销道路停车位，实行编码管理，并向社会公告。市交通运输主管部门负责管理惠城区的道路停车位。各县（区）交通运输主管部门负责管理本行政区域内的道路停车位。

公安机关部门应当会同残疾人联合会划设无障碍道路停车位。

第二十条【设置道路停车位的要求】设置道路停车位应当符合下列规定：

（一）保障道路交通有序、安全和畅通；

（二）与区域停放车辆供求状况、车辆通行条件和道路承载能力相适应；

（三）保证市政公用设施正常使用和维护；

（四）不得妨碍防汛防灾、消防、医疗救护等应急救援；

（五）法律、法规、规章规定的其他要求。

第二十一条【场地使用要求】建筑物配建停车场、公共停车场投入使用前应当满足下列要求：

（一）按照规范设置停车场标志牌；

（二）地面使用混凝土、沥青或者砂石等进行硬底化处理，并保持坚实、平整；

（三）按照国家标准设置交通标志，划定交通标线和停车位标线；

（四）按照有关标准和规范安装车轮定位器和配备通风、照明、排水等设施设备，并保障其正常使用；

（五）按照有关标准和规范设置停车场的出入口；

（六）按照国家、省有关规定，设置并标明残疾人专用的无障碍停车位；

（七）符合建设工程消防技术标准要求，按照规定配置消防设施，并保持消防通道畅通、保证消防设施和消防车登高操作场地的正常使用；

（八）按照国家、省有关规定，预留充电设施建设安装条件、加装充电设施，配套用电设备、线路符合相关技术规范，保证用电安全；

（九）按照安全技术防范标准设置视频监控、出入口控制、车牌识别等安全技术防范系统，并保障其安全运行；

（十）法律、法规规定的其他条件。

停车场标志牌设在停车设施入口正面及缴费地点的醒目可读位置，标明停车设施经营单位、地址、定价主体、收费标准、计费方法、收费依据、服务内容、免费停放时限、投诉举报电话等，接受社会监督。

第三章 停车场运营与管理

第二十二条【需办理的手续】向社会提供停车服务的收费停车场，其所有人或其委托的停车服务经营管理单位应当依法办理工商、税务登记手续。

在停车场启用前十五日，其所有人或所有人委托的停车服务经营管理单位应当持下列材料向所在地的交通运输主管部门备案：

（一）停车场经营者或者管理者的营业执照、经营地址；

（二）停车场土地使用证明材料；

（三）停车场平面示意图和方位图以及停车位类型、数量等资料；

（四）相应的停车场管理制度；

（五）法律法规规定的其他材料。

所有人或所有人委托的停车服务经营管理单位可以通过停车信息综合管理服务平台办理备案。报送资料不规范、不齐全的，交通运输主管部门应当一次性告知需要补正的材料。

本办法施行前已投入使用的停车场，其所有人或所有人委托的停车服务经营管理单位应当在本办法施行之日起三个月内办理备案。停车场备案信息发生变更的，其所有人或所有人委托的停车服务经营管理单位应当自信息变更之日起三十日内变更备案信息。

停车场所有人或所有人委托的停车服务经营管理单位应当按交通运输主管部门提出的备案意见进行整改。

本办法施行前已投入使用的停车场的出入口设置不符合有关标准或者规范，严重影响交通秩序或者存在严重交通安全隐患的，交通运输主管部门、公安机关应当及时向停车场经营者或管理者提出防范交通事故、消除安全隐患的整改建议，停车场经营者或管理者应当及时作出处理决定，消除安全隐患。

第二十三条【停车信息】公安机关应当建立全市统一的停车信息综合管理服务平台，相关单位应当将停车场相关的信息上传到停车信息综合管理服务平台。根据需要，停车信息综合管理服务平台可与其他平台共享相关信息。

公共停车场应当将停车位使用信息实时上传停车信息综合管理服务平台。其他采用信息化管理的停车场的经营者或者管理者可以将停车位使用信息实时上传市停车信息综合管理服务平台。

停车引导信息应当通过停车信息显示牌、路面交通诱导屏、互联网载体等方式发布，发布内容包括停车场和道路停车位的分布位置、车位数量、使用状况和收费标准等，引导车辆有序停放。公众可以通过网络免费查询相关信息。

第二十四条【停车场的运营规范要求】停车场的经营者或者管理者提供机动车停放服务，应当履行以下义务：

（一）配备停车收费人员和具备相应知识、技能的管理人员，规范经营行为；

（二）根据停车场规模、使用情况、安全应急等情况，制定并落实车辆停放、安全保卫、设施维护保养、经营管理、消防、应急等管理制度；

（三）严格执行国家、省、市相关停车管理服务规范和标准，遵循“先到达、先使用”原则，指挥车辆按顺序出入和停放，保持停车场内通道畅通、维护停车秩序，为残疾人提供必要的服务，并保管车辆出入记录、视频监控录像等信息不少于一个月；

（四）确保照明、通讯、排水、通风、消防、安全防范、卫生防疫、无障碍等设施的正常运行；

（五）做好突发事件应急和安全管理工作，发现火灾、偷盗等情况时，应当及时采取相应处置措施并向相关部门报告；

（六）采取措施控制机动车停放过程中扬尘、噪声对附近居民的影响；

（七）使用符合国家技术标准的计时、计费装置；

（八）收取停车费用时，不得拒收现金，应当使用税务部门统一监制的收费票据，并按规定对免收停车费车辆提供免费服务；

（九）法律、法规规定的其他应当履行的义务。

第二十五条【对停车场整体性和用途的限定】任何单位和个人不得擅自停止开放停车场或将停车场挪作他用，不得减少规划确定的停车位数量。确需停止开放或改变用途的，应当依法向公安机关报备，并在报备后向社会公告。公告期为一个月。改变用途的，应当依法办理必要的变更手续。

公共停车场可以整体出售，但不得向特定对象固定出租停车位或者将停车场分割出售，公共停车场及公共建筑配建停车场中设置的公共停车位不得改变用途和公共使用性质。

建设单位应按照公平、公开的销售方式出售或出租开发项目物业管理区域内停车位。业主要求承租车位的，建设单位应当将尚未售出的停车位或其他可以出租的车位提供租用，不得只售不租。房地产开发项目的停车位数量无法满足本项目物业管理区域业主需要的，建设单位不得向本项目物业管理区域业主之外的单位或个人出租。

第二十六条【共享车位】鼓励有条件的党政机关、企业、事业单位等相关主体将专用停车场在非工作时间向社会开放，实行错时共享停车；在工作时间内，应当对外开放一定比例的停车位，满足办事群众停车需要。国有停车资源实行有偿共享停车的，依法实行政府指导价或政府定价管理。

个人可以将其停车位委托给停车场管理者或者通过停车服务平台实行错时共享停车，停车场管理者应当给予协助。

停车位错时共享的收费标准、利益分配、管理责任以及具体办法由停车利益相关方协商确定。

第二十七条【收费规定和监督】价格行政管理部门应当按照路内高于路外、城市中心区域高于外围区域、重点区域高于非重点区域、拥堵时段高于空闲时段的原则，对实行政府指导价、政府定价管理的停车场制定差别化的收费标准，具体标准由县级以上人民政府价格主管部门依法制定。价格行政管理部门应当及时对实行政府指导价、政府定价管理的停车场收费标准按有关规定进行成本监审（测算、调查），成本监审（测算、调查）结果作为调整收费标准的依据。道路停车位实行收费使用的，收入用于发展公共交通、消除交通安全隐患、治理交通拥堵、交通科技创新等工作。

鼓励免收或者减收残疾人停车费用，鼓励对新能源汽车机动车停车收费给予适当优惠，鼓励提供机动车免费停放服务或者设置免费停放时限。

利用住宅建筑区划内的人防工程或者尚未出售的车位、车库提供车辆停放服务并收取停放服务费的，应当按照住宅小区停车服务收费议价规则进行协商议价。市住房和城乡建设主管部门应当于本办法公布之日起六个月内，会同有关部门制定住宅小区停车服务收费议价规则，经市人民政府批准后向社会公布。收费议价规则公布实施前，停车场管理者应当在所在地的街道办事处、镇人民政府指导下与业主进行协商确定停放服务收费标准。利用住宅建筑区划内业主共有部分设置临时停车场的，机动车停放服务收费标准应当经参与表决专有部分面积四分之三以上的业主且参与表决人数四分之三以上的业主同意。

第二十八条【减免停车费用情形】消防车、救护车、应急抢险车、军警车辆以及法律、法规规定应当免收机动车停放服务费的车辆使用城市道路停车位的，免予支付停车费用。

除了为合理调节停车服务资源的利用或弥补正常服务费用支出确需收费的外，社会公共（公益）性单位应当为服务对象免费提供机动车配套停放服务。

第二十九条【大型群众性活动停车位】举办大型群众性活动，举办者应当协调活动周边的停车场提供停车服务，在公告或者票证上标明活动周边的公共交通线路、行车路线和停车场的位置，并提示活动参加者选择公共交通前往活动地点。

举办者应当在举办前向公安机关报告，由公安机关制定交通管制措施及疏导方案并向社会公告。公安机关可以根据实际情况，在活动场地周边道路设置临时道路停车位，并明确停放时段。

第三十条【调整或者撤销道路停车位】公安机关应当定期对道路停车位进行评估，并根据评估情况调整或者撤销道路停车位。有下列情形之一的，公安机关应当及时调整或者撤销道路停车位：

（一）道路交通状况发生变化，道路停车已影响车辆、行人正常通行的；

（二）道路临时停车位已不符合划设技术标准或者条件的；

（三）周边的停车场已能满足停车需求的；

（四）道路临时停车位使用率过低的；

（五）划设停车位的路段情况发生变化，法律、法规禁止机动车临时停放的。

除公安机关外，任何单位和个人不得设置、撤销道路停车位。

第三十一条【道路停车位使用人义务】道路停车位使用人应当遵守下列规定：

（一）按照规定缴纳道路停车服务费；

（二）在允许停放的时段停放车辆；

（三）在停车位标线内按照标示方向停放车辆；

（四）按照允许的车辆类型停放车辆；

（五）按照规定使用道路停车位设施；

（六）因交通管制、突发事件处置、应急抢险等需要车辆立即驶离的，应当服从处置要求；

（七）法律、法规规定的其他事项。

第三十二条【普遍性义务】禁止任何单位和个人有下列违法行为：

（一）违反规定放置地桩、地锁、石头、家具、水泥墩、反光锥、非机动车等障碍物占用道路停车位或阻碍机动车停放和通行；

（二）擅自设置（施划）道路停车位，故意损坏停车标线、标识、设备和设施；

（三）在道路停车位上从事车辆清洗、装饰、修理等经营性活动；

（四）在道路停车收费管理设施上涂抹、刻划或者张贴悬挂广告、招牌、标语等物品；

（五）违规收取停车费用；

（六）法律、法规规定禁止的其他行为。

第三十三条【违停社会化治理机制】鼓励市民提供重点违停区域线索，公安机关应当根据线索对相关区域进行整治。

第四章　法律责任

第三十四条【有关法律责任的立法衔接】法律、法规、规章对违反本办法规定的行为已经规定了行政处分、行政处罚等法律责任的，从其规定。

第三十五条【未办理登记手续的责任】违反本办法第二十二条的规定，向社会提供停车服务的收费停车场未依法办理工商、税务登记手续，由市场监管、税务行政主管部门依法予以处罚。

第三十六条【未办理备案手续的责任】违反本办法第二十二条规定，未向所在地交通运输主管部门备案，未按交通运输主管部门提出的备案意见进行整改，由交通运输主管部门责令停车场所有人或其委托的停车服务经营管理单位限期改正；逾期未改正的，处以一万元以上五万元以下罚款。

违反本办法第二十三条规定，公共停车场未将停车位使用信息实时上传停车信息综合管理服务平台的，由公安机关主管部门责令停车场所有人或其委托的停车服务经营管理单位限期改正；逾期未改正的，处以一万元以上五万元以下罚款。

第三十七条【停车场整体性和用途的责任】违反本办法第二十五条规定，擅自停止开放停车场或将停车场挪作他用的；固定出租停车位或者将停车场分割出售的；改变公共停车位的用途和公共使用性质的；建设单位只售不租的，或房地产开发项目的停车位数量无法满足本项目物业管理区域业主需要时，向本项目物业管理区域业主之外的单位或个人出租的，由交通运输主管部门责令限期改正，恢复原状。逾期不改正的，可以按照每个停车位每日一百元的标准处以罚款。

第三十八条【违反道路停车位管理的责任】违反本办法第三十条规定，擅自设置或撤除道路停车位的，由公安机关责令限期改正，并对个人处五千元罚款，对单位处两万元罚款；违反本办法第三十二条规定第一项至第四项占用停车位或阻碍机动车停放和通行的，由公安机关责令限期改正，并可处以一千元以下罚款；损毁、移动或涂改道路停车位标志、标线或设施的，由公安机关处以两百元以上两千元以下罚款。

第三十九条【违反价格法的责任】停车场经营者违反《中华人民共和国价格法》第十四条的规定，执行市场调节价的停车场谎称政府定价、政府指导价等诱骗消费者或者其他经营者与其进行交易等价格欺诈违法行为，由市场监督管理部门责令改正，没收违法所得，并处违法所得五倍以下的罚款；没有违法所得的，处五万元以上五十万元以下的罚款；情节严重的，责令停业整顿，或者吊销营业执照。

停车场经营者不执行政府指导价、政府定价的，由市场监督管理部门责令改正，没收违法所得，并处违法所得五倍以下的罚款；没有违法所得的，处五万元以上五十万元以下的罚款，情节较重的处五十万元以上两百万元以下的罚款；情节严重的，责令停业整顿。

停车场经营者未按规定在经营场所做好明码标价的，由市场监督管理部门责令改正,没收违法所得,可以并处五千元以下的罚款。

第四十条【违反停车场建设规范的责任】违反本规定第二十一条第一项至第五项规定,不符合停车场设计规范要求的,由交通运输主管部门责令限期改正;逾期不改正的,处以五千元以上三万元以下罚款。

违反本规定第二十一条第六或第八项规定,未配建或者加装电动汽车充电基础设施的,或者未设置并标明无障碍停车位以及配备无障碍设施的,由公安机关责令限期改正;逾期不改正的,处五千元以上三万元以下罚款。

违反本规定第二十一条第七项规定,不符合建设工程消防技术标准要求,不按照规定配置消防设备、设施或者妨碍消防车通行、消防车登高操作场地正常使用的,由城管执法部门、消防救援部门按照各自职能依照《中华人民共和国消防法》的有关规定予以处罚,并责令限期改正;逾期不改正的,处以五千元以上三万元以下罚款。

违反本规定第二十一条第九项规定,未按照规定设置安全技术防范系统的,由公安机关依照《广东省安全技术防范管理条例》的有关规定予以处罚。

第四十一条【擅自在业主共有部分设置停车场的责任】违反本规定第十五条规定,擅自利用建筑区划内业主共有部分设置停车场的,由城管执法部门依照《广东省物业管理条例》的有关规定予以处罚。

第四十二条【违反规划建设停车场的责任】违反本规定第十七条第二款规定,未按照规划要求建设停车场的,由城管执法部门依照有关法律、法规处罚,并由规划行政管理部门责令其补建。

第四十三条【道路停车位服务费的缴纳责任】违反本办法第三十一条第一项规定,不按照规定缴纳道路停车位服务费的,由公安部门责令限期缴纳;逾期不缴纳的,每次处以二百元罚款。

第四十四条【违反道路停车位使用规定】违反本办法第三十一条第二项至第七项规定,不按照规定使用道路停车位的,由公安部门依照《中华人民共和国道路交通安全法实施条例》有关规定予以处罚。

第四十五条【守信激励失信惩戒】交通运输主管部门应当建立停车信用监管制度,将停车场经营者及其从业人员、机动车停放者的信用信息纳入公共信用信息管理系统管理,依法实施守信激励失信惩戒机制。

交通运输主管部门应当加强对违反本办法有关停车场使用经营规定的行为的信用监管,对公共停车场投入使用前不符合本办法第二十二条规定要求的、公共停车场开放营业后没有在规定时间内向相关部门报告以及公共停车场停止使用前没有在规定时间告知相关车主并向社会公告等违反本办法规定的行为,纳入市政务信息资源共享与交换平台,并按规定及时在“信用惠州”网站上予以公开,对失信行为实施依法惩戒。

第四十六条【行政部门管理人员的法律责任】公安、交通运输、发展和改革、自然资源、住房和城乡建设、财政、市场监督、税务等有关主管部门或其工作人员在停车场规划、建设和管理中存在玩忽职守、滥用职权、徇私舞弊的行为,情节严重的,由上级主管部门或者监察机关责令改正,对部门给予通报批评,对直接负责的主管人员和其他直接责任人员依法给予处分,构成犯罪的,依法追究刑事责任。

第五章　附则

第四十七条【开发区的适用】仲恺高新技术开发区和大亚湾经济技术开发区停车场的规划建设和使用管理适用本办法。

第四十八条【生效时间】本办法自××××年××月××日起实施。

第二版:草案稿

关于征求《惠州市停车场建设与管理办法(草案)》意见的公告

发布时间:2021 年 6 月 23 日 08:46

为加强停车场的建设与管理、破解停车难问题、提升城市形象,现将《惠州市停车场建设与管理办法(草案)》向社会广泛征求意见。欢迎社会公众、专家学者、企事业单位、机关团体等提出书面修改意见和建议。意见征集截止日期为 2021 年 7 月 24 日。有关单位和社会各界人士可通过以下途径提出意见:

(一)通过电子邮件方式将意见发送至:sck706@huizhou.gov.cn。

(二)通过信函方式将意见邮寄至:惠州市惠城区下埔大道 22 号司法大楼 7 楼行政立法和规范性文件审查科(邮编 516001)。

特此公告。

附件:1. 惠州市停车场建设与管理办法(草案)

2. 关于《惠州市停车场建设与管理办法(草案)》的说明

惠州市停车场建设与管理办法

(草案)

第一章　总则

第一条【立法目的和依据】为加强本市停车场规划建设和管理,规范停车秩序,缓解停车场供需矛盾,改善城市交通秩序,提升城市品质,根据《中华人民共和国城乡规划法》《中华人民共和国道路交通安全法》等法律、法规的规定,结合本市实际,制定本办法。

第二条【适用范围和概念】本办法适用于本市城市建成区和其他实行城市

化管理的区域。城市建成区和其他城市化管理区域的范围分别由市、县(区)人民政府确定。

本办法所称停车场,是指供机动车停放的场所,包括公共停车场、专用停车场和道路停车位。

公共停车场,是指为社会公众提供停车服务的场所,道路停车位除外。

专用停车场,是指为特定对象提供停车服务的场所,包括建筑物配建的专用停车场、建筑区划内共有部位施划的停车位等。

道路停车位是指在道路范围内设置的停车位。

第三条【原则】停车场的规划建设和管理工作,坚持政府主导、市场调节、方便群众的原则。

第四条【政府职责】市人民政府领导全市停车场规划建设和管理工作,建立综合协调机制。

县(区)人民政府负责本行政区域内停车场规划建设和管理的统筹协调工作。

第五条【政府部门职责】交通运输主管部门应当会同相关部门组织编制停车场专项规划,指导停车场规范化管理;负责停车场的备案管理,以及停车场建设和维护的行业管理,制定停车场行业发展政策。

公安机关负责停车管理的统筹协调,道路停车位的施划和调整,停车场交通影响评价,停车信息综合管理服务平台的建设和管理,查处违法停车行为等工作。

市自然资源主管部门配合组织编制市级停车场专项规划,县(区)自然资源主管部门配合组织编制县(区)级停车场专项规划。自然资源主管部门负责在办理建设项目的规划许可时审核配建停车位指标,依法审核停车场建筑物和构筑物的设计方案,保障公共停车场用地需求。

住房和城乡建设主管部门配合组织编制停车场专项规划,负责职责范围内建筑工程配建停车场的施工许可、质量安全监督、竣工验收备案等建设管理的行政职责,督促物业服务企业做好物业管理中涉及停车场的工作。

其他主管部门按照各自职责,依法做好停车场管理的相关工作。

第六条【鼓励引导】鼓励引导社会资本参与停车场建设和管理,推广运用新型立体高层停车场、智能停车诱导系统、机械停车设施等节约化、智能化、信息化的停车和管理方式。

鼓励引进专业管理企业,对无物业管理的老旧小区停车位进行专业管理。

鼓励机关、团体、企业、事业单位开放单位内部停车场,引导群众错时共享停车。

第七条【规范行业协会】政府引导、鼓励停车场行业协会的成立。

停车场行业协会在交通运输主管部门的指导下开展行业自律和服务工作。

第二章　规划与建设

第八条【停车场专项规划编制】交通运输主管部门应当根据国土空间规划、综合交通规划及交通需求状况，会同发展改革、公安、自然资源、住房和城乡建设、消防救援等主管部门编制停车场专项规划，报本级人民政府批准后纳入城市用地控制性详细规划。

本市停车场的规划建设遵循以配建停车场为主，公共停车场为辅，道路停车位为必要补充的原则。

停车场专项规划应当明确各类机动车停车位供给总量、停车场布局、建设规模和建设标准等内容。学校、医院、行政中心、公园、景区、大型商圈、城市交通枢纽等公共场所应当重点配套建设停车场。

第九条【公共停车场建设计划编制】交通运输主管部门应当根据停车场专项规划，会同发展改革、公安、财政、自然资源等主管部门编制公共停车场年度建设计划，报本级人民政府批准后实施。

第十条【停车位配建】市自然资源主管部门应根据国家、省有关规定，按照国土空间规划和停车需要，制定和完善城市新建、改建、扩建项目的停车设施配建标准，并结合城市交通发展变化适时调整。

出让国有土地使用权时，自然资源主管部门可以要求开发建设单位额外配建一定数量的公共停车位。

第十一条【停车场用地政策保障】停车场用地供应应当纳入市县国有建设用地供应计划。新建建筑物配建停车场和利用公园绿地、学校操场等地下空间，以及政府依法收回、规划用途符合要求的闲置土地建设停车场的，其建设规模应一并纳入建设用地供应计划。

闲置土地依法处置后由政府收回、规划用途符合要求的，可优先安排为停车场用地。

第十二条【公共停车场建设供地保障措施】公共停车场的建设用地使用权按照下列规定的方式供应：

（一）政府全额投资的公共停车场，是城市市政公用基础设施，建设用地使用权可通过划拨方式供应；

（二）对新建独立占地、经营性的公共停车场用地，同一宗用地公告后只有一个意向用地者的，建设用地使用权可以通过协议方式供地；

（三）在符合规划的前提下，对于确有临时停车场建设需求的，可依法采用租赁方式供地；

（四）法律、法规规定的其他方式。

第十三条【利用地下空间建设公共停车场】单位和个人可以利用道路、广场、绿地、人防工程等资源的地下空间建设公共停车场。利用地下空间资源建设公共停车场的，需征得地面设施所有权人同意后，提出建设方案，在进行安全论证后，依法办理规划、土地、消防等手续。

对新建建筑充分利用地下空间，超过停车配建标准建设地下停车场，并作为公共停车场向社会开放的超配部分，符合规划的，可不增收土地价款。

第十四条【临时公共停车场用地】单位和个人可以依法利用储备土地、待建土地、空闲厂区、边角空地等设置临时性的公共停车场。临时停车场不得违反国土空间规划、交通安全管理和消防安全管理的相关规定。

第十五条【住宅区业主共有部分设置停车场】住宅区配建的停车场不能满足业主停车需求，经业主表决后，符合《广东省物业管理条例》规定的，可利用建筑区划内业主共有部分设置停车场。

第十六条【建筑退让线区域内设置临时停车场】在建筑退让线区域内设置临时停车场的，停车管理设施不得设置在道路红线范围内。

第十七条【停车场工程的许可和验收】停车场建设工程不符合规划要求或者配建标准的，自然资源部门不予核发《建设工程规划许可证》。停车场建设工程应当按照基本建设程序依法办理施工许可证及验收备案等手续，负责审批施工许可和验收备案的部门应当按照鼓励建设的原则，简化审批程序，提高审批效率。

配套建设的停车场应当与主体工程同时设计、施工、验收和投入使用。建设工程竣工后，自然资源主管部门要依据规划设计条件对停车场建设情况进行规划核实，如不符合规划管控要求，应不予通过规划验收。未经规划核实或者核实不符合规划条件、不满足配建标准的，建设单位不得组织竣工验收，负责竣工验收备案的部门不予竣工验收备案。

第十八条【机械式停车设备】安装机械式停车设备，应当符合用地、建筑等相关要求和技术标准，不得占用市政道路、消防通道，不得影响结构安全、消防安全和通行安全，不得损害他人合法权益，并应当遵守相关法律、法规的规定。

公安、交通运输、市场监管、消防救援等主管部门应当加强辖区内住宅区机械式停车设备安装工作的指导和协调。

第十九条【道路停车位的管理主体】公安机关负责管理本行政区域内道路停车位。

公安机关对道路停车位实行编码管理，应当结合道路交通运行状况和停车需求，会同交通运输主管部门施划、撤销道路停车位，并向社会公告。

无障碍道路停车位由公安机关会同残疾人联合会施划。

第二十条【设置道路停车位的要求】设置道路停车位应当符合下列规定：

（一）保障道路交通有序、安全和畅通；

（二）与区域停放车辆供求状况、车辆通行条件和道路承载能力相适应；

（三）保证市政公用设施正常使用和维护；

（四）不得妨碍应急救援；

（五）法律、法规、规章规定的其他要求。

第二十一条【场地使用要求】建筑物配建停车场、公共停车场投入使用前应当满足下列要求：

（一）按照规范设置停车场标志牌；

（二）地面使用混凝土、沥青或者砂石等进行硬底化处理，并保持坚实、平整；

（三）按照国家标准设置交通标志，划定交通标线和停车位标线；

（四）按照有关标准和规范安装车轮定位器和配备通风、照明、排水等设施设备，并保障其正常使用；

（五）按照有关标准和规范设置停车场的出入口；

（六）按照国家、省有关规定，设置并标明残疾人专用的无障碍停车位；

（七）按照国家、省有关规定，预设充电设施建设安装条件、加装充电设施，保证配套用电设备、线路符合相关技术规范，保证用电安全；

（八）符合建设工程消防技术标准要求，按照规定配置消防设施，并保持消防通道畅通，保证消防设施和消防车登高操作场地的正常使用；

（九）按照安全技术防范标准设置视频监控、出入口控制、车牌识别等安全技术防范系统，并保障其安全运行；

（十）法律、法规规定的其他条件。

停车场标志牌设在停车设施入口正面及缴费地点的醒目可读位置，标明停车设施经营单位、地址、定价主体、收费标准、计费方法、收费依据、服务内容、免费停放时限、投诉举报电话等，接受社会监督。

第三章　运营与管理

第二十二条【收费停车场需办理的手续】向社会提供停车服务的收费停车场，其所有权人或经营管理者应当依法办理商事、税务登记手续。

在停车场启用前十五日，其所有权人或经营管理者应当持下列材料向所在地的交通运输主管部门备案：

（一）营业执照；

（二）停车场土地使用证明材料；

（三）停车场平面示意图和方位图以及停车位类型、数量等资料；

（四）停车场管理制度；

（五）法律法规规定的其他材料。

所有权人或经营管理者可以通过停车信息综合管理服务平台办理备案。报送资料不规范、不齐全的，交通运输主管部门应当一次性告知需要补正的材料。

本办法施行前已投入使用的停车场，其所有权人或经营管理者应当在本办法施行之日起三个月内办理备案。停车场备案信息发生变更的，其所有权人或经营管理者应当自信息变更之日起三十日内变更备案信息。

第二十三条【停车信息】公安机关应当建立全市统一的停车信息综合管理服务平台。所有权人或经营管理者应当将停车场相关的信息上传到停车信息综合管理服务平台。根据需要，停车信息综合管理服务平台可与其他平台共享相关信息。

公共停车场应当将停车位使用信息实时上传至停车信息综合管理服务平台。其他采用信息化管理的停车场的所有权人或经营管理者可以将停车位使用信息实时上传至停车信息综合管理服务平台。

停车引导信息应当通过停车信息显示牌、路面交通诱导屏、互联网载体等方式发布。发布内容包括停车场和道路停车位的分布位置、车位数量、使用状况和收费标准等。公众可以通过网络免费查询相关信息。

第二十四条【停车场的运营要求】公共停车场和道路停车位的所有权人或经营管理者提供机动车停放服务，应当履行以下义务：

（一）配备管理人员，规范经营行为；

（二）根据停车场规模、使用情况、安全应急等情况，制定并落实车辆停放、设施维护保养、经营管理、消防、应急等管理制度；

（三）严格执行国家、省、市相关停车管理服务规范和标准，遵循“先到达、先使用”原则，保持停车场内通道畅通、维护停车秩序，为残疾人提供必要的服务，并保管车辆出入记录、视频监控录像等信息不少于一个月；

（四）发现火灾、偷盗等情况时，应当及时采取相应处置措施并向相关部门报告；

（五）使用符合国家技术标准的计时、计费装置；

（六）不得拒收现金，应当使用税务部门统一监制的收费票据；

（七）法律、法规规定的其他应当履行的义务。

第二十五条【对停车场整体性和用途的限定】任何单位和个人不得擅自停止开放停车场或将停车场挪作他用，不得减少规划确定的停车位数量。确需停止开放或改变用途的，应当依法向公安机关报备，并在报备后向社会公告。公告期为一个月。改变用途的，应当依法办理必要的变更手续。

公共停车场可以整体出售，但不得向特定对象固定出租停车位或者将停车场分割出售，公共停车场及公共建筑配建停车场中设置的公共停车位不得改变用途和公共使用性质。

建设单位应按照公平、公开的销售方式出售或出租开发项目物业管理区域内停车位。业主要求承租车位的，建设单位应当将尚未售出的停车位或其他可以出租的车位提供租用，不得只售不租。房地产开发项目的停车位数量无法满足本项目物业管理区域业主需要的，建设单位不得向本项目物业管理区域业主之外的单位或个人出租。

第二十六条【共享车位】鼓励有条件的党政机关、企业、事业单位等相关主体将专用停车场在非工作时间向社会开放，实行错时共享停车；在工作时间内，应当对外开放一定比例的停车位，满足办事群众停车需要。国有停车资源实行有偿共享停车的，依法实行政府指导价或政府定价管理。

个人可以将其停车位委托给停车场管理者或者通过停车服务平台实行错时共享停车，停车场管理者应当给予协助。

停车位错时共享的收费标准、利益分配、管理责任以及具体办法由停车利益相关方协商确定。

第二十七条【收费规定和监督】价格主管部门应当按照路内高于路外、城市中心区域高于外围区域、重点区域高于非重点区域、拥堵时段高于空闲时段的原则，对实行政府指导价、政府定价管理的停车场制定差别化的收费标准，具体标准由县级以上人民政府价格主管部门依法制定。价格主管部门应当及时对实行政府指导价、政府定价管理的停车场收费标准按有关规定进行成本监审（测算、调查），成本监审（测算、调查）结果作为调整收费标准的依据。道路停车位实行收费使用的，收入用于发展公共交通、消除交通安全隐患、治理交通拥堵、交通科技创新等工作。

鼓励免收或者减收残疾人停车费用，鼓励提供机动车免费停放服务或者设置免费停放时限。

第二十八条【减免停车费用】军警车辆、实施救助的医院救护车辆、市政工程抢修车辆、救灾抢险车辆以及法律、法规规定应当免收机动车停放服务费的车辆免予支付停车费用。

除了为合理调节停车服务资源的利用或弥补正常服务费用支出确需收费的外，党政机关、事业单位、非营利性医疗机构、公办学校以及政府投资建设的博物馆、图书馆、青少年宫、文化宫、体育馆等社会公共（公益）性单位应当为服务对象免费提供机动车配套停放服务。

第二十九条【大型群众性活动停车位】举办大型群众性活动，举办者应当协调周边的停车场提供停车服务，在公告或者票证上标明周边的公共交通线路、行车路线和停车场的位置，并提示活动参加者选择公共交通前往活动地点。

举办者应当在举办前向公安机关报告，由公安机关制定交通管制措施及疏导方案并向社会公告。公安机关可以根据实际情况，在周边道路设置临时道路停车位，并明确停放时段。

第三十条【调整或者撤销道路停车位】公安机关应当定期对道路停车位进行评估，并根据评估情况调整或者撤销道路停车位。有下列情形之一的，公安机关应当及时调整或者撤销道路停车位：

（一）道路交通状况发生变化，道路停车已影响车辆、行人正常通行的；

（二）道路临时停车位已不符合施划技术标准或者条件的；

（三）周边的停车场已能满足停车需求的；

（四）道路临时停车位使用率过低的；

（五）施划停车位的路段情况发生变化，法律、法规禁止机动车临时停放的。

除公安机关外，任何单位和个人不得设置、撤销道路停车位。

第三十一条【道路停车位使用人义务】道路停车位使用人应当遵守下列规定：

（一）按照规定缴纳道路停车服务费；

（二）在允许停放的时段停放车辆；

（三）在停车位标线内按照标示方向停放车辆；

（四）按照允许的车辆类型停放车辆；

（五）按照规定使用道路停车位设施；

（六）因交通管制、突发事件处置、应急抢险等需要车辆立即驶离的，应当服从处置要求；

（七）法律、法规规定的其他事项。

第三十二条【普遍性义务】禁止任何单位和个人有下列违法行为：

（一）违反规定放置地桩、地锁、石头、家具、水泥墩、反光锥、非机动车等障碍物占用道路停车位或阻碍机动车停放和通行；

（二）擅自设置道路停车位，故意损坏停车标线、标识、设备和设施；

（三）在道路停车位上从事车辆清洗、装饰、修理等经营性活动；

（四）在道路停车收费管理设施上涂抹、刻画或者张贴悬挂广告、招牌、标语等物品；

（五）违规收取停车费用；

（六）法律、法规规定禁止的其他行为。

第三十三条【违停社会化治理】鼓励市民提供严重违停区域线索，公安机关应当根据线索对相关区域进行整治。

第四章　法律责任

第三十四条【违反价格法的责任】停车场经营者违反《中华人民共和国价格法》第十四条的规定，执行市场调节价的停车场谎称政府定价、政府指导价等诱骗消费者或者其他经营者与其进行交易等价格欺诈违法行为，由市场监督管理部门责令改正，没收违法所得，并处违法所得五倍以下的罚款；没有违法所得的，处五万元以上五十万元以下的罚款；情节严重的，责令停业整顿，或者吊销营业执照。

停车场经营者不执行政府指导价、政府定价的，由市场监督管理部门责令改正，没收违法所得，并处违法所得五倍以下的罚款；没有违法所得的，处五万元以上五十万元以下的罚款，情节较重的处五十万元以上两百万元以下的罚款；情节严重的，责令停业整顿。

停车场经营者未按规定在经营场所做好明码标价的，由市场监督管理部门责令改正，没收违法所得，可以并处五千元以下的罚款。

第三十五条【擅自在业主共有部分设置停车场的责任】违反本办法第十五条规定，擅自利用建筑区划内业主共有部分设置停车场的，由城乡管理和综合执法部门依照《物业管理条例》的有关规定予以处罚。

第三十六条【违反规划建设停车场的责任】违反本办法第十七条第二款规定，未按照规划要求建设停车场的，由城乡管理和综合执法部门依照有关法律、法规处罚，并由规划主管部门责令其补建。

第三十七条【违反停车场建设规范的责任】停车场出入口设置不符合有关标准或者规范，严重影响交通秩序或者存在严重交通安全隐患的，公安机关、交通运输主管部门应当及时向停车场所有权人或经营管理者提出整改建议，停车场所有权人或经营管理者应当及时整改。

违反本办法第二十一条第一项至第五项规定的，由交通运输主管部门责令限期改正；逾期不改正的，处以五千元以上三万元以下罚款。

违反本办法第二十一条第六或第七项规定，未设置并标明无障碍停车位，或者未预设充电设施建设安装条件、加装充电设施的，由公安机关责令限期改正；逾期不改正的，处五千元以上三万元以下罚款。

第三十八条【未办理登记备案手续的责任】违反本办法第二十二条的规定，向社会提供停车服务的收费停车场未依法办理商事、税务登记手续，由市场监管、税务主管部门依法予以处罚。未向所在地交通运输主管部门备案，由交通运输主管部门责令停车场所有权人或经营管理者限期改正;逾期未改正的,处以一万元以上五万元以下罚款。

第三十九条【未上传信息的责任】违反本办法第二十三条规定,公共停车场未将停车位使用信息实时上传停车信息综合管理服务平台的,由公安机关主管部门责令停车场所有权人或经营管理者限期改正;逾期未改正的,处以五千元以上两万元以下罚款。

第四十条【停车场整体性和用途的责任】违反本办法第二十五条规定的,由交通运输主管部门责令限期改正,恢复原状。

第四十一条【违反道路停车位管理的责任】违反本办法第三十条规定,擅自设置或撤除道路停车位的,由公安机关责令限期改正,并对个人处五千元罚款,对单位处二万元罚款;违反本办法第三十二条规定第一项至第四项占用停车位或阻碍机动车停放和通行的,由公安机关责令限期改正,并可处以一千元以下罚款;损毁、移动或涂改道路停车位标志、标线或设施的,由公安机关处以两百元以上两千元以下罚款。

第四十二条【道路停车位服务费的缴纳责任】违反本办法第三十一条第一项规定,不按照规定缴纳道路停车位服务费的,由公安部门责令限期缴纳;逾期不缴纳的,处以二百元罚款。违反第二项至第七项规定,不按照规定使用道路停车位的,由公安部门依照《中华人民共和国道路交通安全法实施条例》的有关规定予以处罚。

第四十三条【守信激励 失信惩戒】交通运输主管部门应当建立停车信用监管制度,将停车场所有权人或经营管理者及其从业人员、机动车停放者的信用信息纳入市公共信用信息管理系统,依法依规实施守信激励失信惩戒机制。

第四十四条【行政部门管理人员的法律责任】行政主管部门或其工作人员在停车场规划、建设和管理中存在玩忽职守、滥用职权、徇私舞弊的行为,由上级主管部门或者监察机关责令改正,对部门给予通报批评,对直接负责的主管人员和其他直接责任人员依法给予处分,构成犯罪的,依法追究刑事责任。

第四十五条【有关法律责任的立法衔接】法律、法规、规章对其他违反本办法的行为规定了法律责任的,从其规定。

第五章 附则

第四十六条【特殊车辆停车场的适用】公共交通客运、货运和危险化学品运输车辆的停车场规划建设和管理适用其他有关规定。

第四十七条【开发区的适用】仲恺高新技术开发区和大亚湾经济技术开发区停车场的规划建设和管理适用本办法。

第四十八条【生效时间】本办法自××××年××月××日起实施。

第三版:公布版

惠州市人民政府令
第 97 号

《惠州市停车场建设与管理办法》业经 2021 年 8 月 30 日十二届 179 次市政府常务会议通过,现予公布,自 2021 年 12 月 1 日起施行。

市长:刘吉

2021 年 10 月 11 日

惠州市停车场建设与管理办法

第一章　总则

第一条　为加强本市停车场规划建设和管理,规范停车秩序,缓解停车场供需矛盾,改善城市交通秩序,提升城市品质,根据《中华人民共和国城乡规划法》《中华人民共和国道路交通安全法》《中华人民共和国道路交通安全法实施条例》等法律、法规的规定,结合本市实际,制定本办法。

第二条　本办法适用于本市行政区域内的城市建成区和其他实行城市化管理的区域。城市建成区和其他城市化管理区域的范围分别由市人民政府,县、区人民政府,大亚湾经济技术开发区、仲恺高新技术产业开发区管理委员会划定。

第三条　本办法所称停车场,是指供机动车停放的场所,包括公共停车场、专用停车场和道路停车泊位。

公共停车场是指除道路停车泊位外,为社会公众提供停车服务的场所,包括独立建设的公共停车场和建设工程配建的作为公共服务设施的公共停车场。

专用停车场是指主要为特定对象提供停车服务的内部停车场。

道路停车泊位是指依法在城市道路内统一施划的为社会公众提供机动车临时停放服务的场所。

公共交通客运、货运和危险化学品运输车辆的停车场规划建设和管理按有关法律、法规的规定执行,不适用本办法。

第四条　停车场的规划建设和管理工作,坚持政府主导、社会共治、市场调节、方便群众的原则。

第五条　交通运输主管部门是停车场行业管理的统筹协调部门,负责停车场行业发展政策的制定,指导停车场规范化管理以及停车场建设和维护的行业管理;负责停车信息综合管理服务平台的建设和管理等工作。

公安机关负责道路停车泊位的施划和调整、道路违法停车行为查处等工作。

自然资源主管部门负责组织相关部门编制停车场专项规划，办理建设项目规划许可时配建停车位指标的审核、停车场建筑物和构筑物设计方案的审核、公共停车场用地需求的保障等工作。

住房城乡建设主管部门负责职责范围内建筑工程配建停车场的施工许可、质量安全监督、竣工验收备案、消防设计审查验收、停车场物业管理活动的监督管理等工作。

发展改革主管部门是机动车停放服务收费的主管部门，负责核定列入政府指导价或政府定价管理的停放服务收费标准。

市场监管部门负责机械式停车设备使用登记的办理、对机械式停车设备实施监督管理及查处停车场经营活动中价格违法违规行为等工作。

消防救援机构负责对违法破坏消防救援设施、占用消防通道等行为进行查处，指导停车场划设消防通道禁停区域、设置消防通道标志标识等工作。

其他部门按照各自职责，依法做好停车场管理的相关工作。

第六条　鼓励引导社会资本参与停车场建设和管理，推广运用新型立体高层停车场、智能停车诱导系统、机械停车设施等集约化、智能化、信息化的停车和管理方式。

第七条　政府引导成立停车场行业协会等社会组织，促进停车场行业协会等社会组织的发展。

停车场行业协会等社会组织在交通运输主管部门的指导下开展行业自律管理和行业服务工作。

第二章　规划与建设

第八条　自然资源主管部门应当根据国土空间规划、综合交通规划及交通需求状况，会同发展改革、公安、交通运输、住房城乡建设、消防救援等有关单位编制停车场专项规划，报本级人民政府批准后，经法定程序纳入城市用地控制性详细规划。

停车场专项规划应当明确各类机动车停车位供给总量、停车场布局、建设规模和建设标准等内容。学校、医院、行政中心、公园、景区、大型商圈、城市交通枢纽等公共场所应当重点配套建设停车场。

第九条　交通运输主管部门应当根据停车场专项规划，会同发展改革、公安、财政、自然资源、住房城乡建设、消防救援等有关单位编制公共停车场年度建设计划，报本级人民政府批准后实施。

第十条　市自然资源主管部门应根据国家、省有关规定，制定和完善城市新建、改建、扩建项目的停车设施配建标准，并结合城市交通发展变化适时调整。

第十一条　停车场用地供应应当纳入市县国有建设用地供应计划。

闲置土地依法处置后由政府收回，规划用途符合要求的，可优先安排为停车场用地。

第十二条　利用学校、广场、绿地等资源的地下空间建设公共停车场的，需提出建设方案并征得地面设施所有权人同意，在进行安全论证后，依法办理规划、土地、消防等手续。

第十三条　单位和个人可以依法利用储备土地、暂时不能开发的土地等设置临时性停车场。

临时性停车场应当符合本办法第十八条第一项、第二项、第三项、第五项、第九项规定的条件，且不得违反国土空间规划，不得占用绿地、消防通道、无障碍通道，不得妨碍消防设施和市政基础设施的使用，不得影响消防安全、道路交通和城市景观。

临时性停车场需要设置出入口的，其出入口应严格执行国家、省规定的城市道路设计、施工的技术规范。临时性停车场出入口途经人行道的，应按照要求设置交通标识标牌，对占用人行道区域进行道路适应性改造。临时性停车场服务期终止时，占用人行道区域应无条件按照不低于原建设标准进行恢复。

第十四条　停车供给缺口较大区域，可以在建筑退让道路红线区域内设置临时性停车场，由城乡管理和综合执法主管部门进行管理。

建筑退让道路红线区域内临时性停车场不得占用防灾空间、消防通道、绿地等区域，不得妨碍行人、非机动车安全通行，且应符合法律、法规规定和城市公共空间相关规范。

第十五条　停车场建设工程应当依法办理规划许可、施工许可及验收备案等手续。

第十六条　安装机械式停车设备，应当符合用地、建筑等相关要求和技术标准，不得占用市政道路、消防通道，不得影响结构安全、消防安全和通行安全，不得损害他人合法权益，并应当遵守相关法律、法规的规定。

公安、市场监管等部门应当加强辖区内住宅区机械式停车设备安装工作的指导和协调。

第十七条　公安机关负责施划、撤销道路停车泊位，并向社会公告。

施划道路停车泊位应当符合下列要求：

（一）不影响行人、车辆通行；

（二）与区域停放车辆供求状况、车辆通行条件和道路承载能力相适应；

（三）保证市政公用设施正常使用和维护；

（四）不得妨碍应急救援；

（五）法律、法规、规章规定的其他要求。

第十八条　公共停车场、专用停车场投入使用前应当满足下列要求：

（一）收费停车场标志牌设在停车设施入口正面及缴费地点的醒目可读位置，标明停车设施经营单位及地址、定价主体、收费标准、计费方法、收费依据、服务内容、免费停放时限、投诉举报电话等，并接受社会监督；

（二）地面应当进行硬底化处理，并保持坚实、平整；

（三）按照国家标准设置交通标志，划定交通标线和停车位标线；

（四）按照有关标准和规范安装车轮定位器和配备通风、照明、排水等设施设备，并保障其正常使用；

（五）按照有关标准和规范设置停车场的出入口，并保障道路交通安全畅通；

（六）按照国家、省有关规定，设置并标明残疾人专用的无障碍停车位；

（七）符合建设工程消防技术标准要求，按照规定配置消防设施，并保持消防通道畅通，保证消防设施和消防车登高操作场地的正常使用；

（八）按照安全技术防范标准设置视频监控、出入口控制、车牌识别等安全技术防范系统，并保障其安全运行；

（九）法律、法规规定的其他条件。

第三章　使用与管理

第十九条　交通运输主管部门应当建立停车信息综合管理服务平台。

第二十条　公共停车场的所有权人或经营管理者应当依法办理商事、税务登记手续。

公共停车场所有权人或经营管理者在取得营业执照后二十个工作日内，应当通过停车信息综合管理服务平台或者到所在地交通运输主管部门办公场所提交以下材料：

（一）营业执照；

（二）停车场土地使用权属相关材料；

（三）停车场平面示意图和方位图以及停车位类型、数量等材料；

（四）停车场设施、设备清单；

（五）经营服务及安全管理制度，管理运营维护方案，应急处置预案；

（六）停车场收费标准；

（七）法律法规规定的其他材料。

所提交材料不规范、不齐全的，交通运输主管部门应当一次性告知需要补正的材料。

上述材料的相关信息发生变更的，所有权人或经营管理者应当自信息变更之日起三十日内提交信息变更后的材料。

第二十一条　本办法施行前已投入使用的公共停车场，其所有权人或经营管理者应当在本办法施行之日起三个月内通过停车信息综合管理服务平台或者到所在地交通运输主管部门办公场所提交第二十条第二款所列的材料。

第二十二条　公共停车场应当将停车位使用信息实时上传至停车信息综合管理服务平台。其他采用信息化管理的停车场的所有权人或经营管理者可以将停车位使用数量等信息实时上传至停车信息综合管理服务平台。

第二十三条　公共停车场和道路停车泊位的所有权人或经营管理者提供机动车停放服务时，应当履行以下义务：

（一）配备管理人员；

（二）根据停车场规模、使用情况、安全应急等情况，制定并落实车辆停放、设施维护保养、消防、应急等管理制度，落实安全生产主体责任；

（三）严格执行国家、省、市相关停车管理服务规范和标准，遵循“先到达、先使用”原则，保持停车场内通道畅通，维护停车秩序，并保管车辆出入记录、视频监控录像等信息不少于一个月；

（四）发现火灾、偷盗等情况时，应当及时采取相应处置措施并向相关部门报告；

（五）使用符合国家技术标准的计时、计费装置；

（六）收费停车场和道路停车泊位不得拒收现金，应当使用税务部门统一监制的收费票据；

（七）法律、法规规定的其他应当履行的义务。

第二十四条　建设单位应按照公平、公开的销售方式出售或出租开发项目物业管理区域内停车位。业主要求承租车位的，建设单位应当将尚未售出的停车位或其他可以出租的车位提供租用，不得只售不租。

第二十五条　物业管理区域规划建设的停车场，产权属建设单位的，由建设单位依法确定管理方式；产权属业主共有的，由业主根据《中华人民共和国民法典》《广东省物业管理条例》等相关法律、法规规定确定管理方式。

物业管理区域规划建设的停车场应当统一管理，建设单位或者业主委员会委托物业服务单位提供停车管理服务的，应当在物业服务合同中约定。

第二十六条　探索错时开放、有偿使用、收益分享等经营模式。合理统筹利用企事业单位、社会组织、居住小区、个人停车设施等资源，提高停车设施使用效率。

第二十七条　停车场服务收费根据停车场的不同性质、不同类型，分别实行市场调节价、政府指导价或政府定价。

对实行政府指导价或政府定价管理的停车场，发展改革主管部门应当按照路内高于路外、城市中心区域高于外围区域、重点区域高于非重点区域、拥堵时段高于空闲时段的原则制定差别化的收费标准。

对实行市场调节价管理的停车场，停车场所有权人或经营管理者结合经营成本、市场供求和竞争状况、社会承受能力等因素依法自主确定收费标准。

第二十八条　军警车辆、实施救助的医院救护车辆、市政工程抢修车辆、救灾抢险车辆以及法律、法规规定应当免收机动车停放服务费的车辆免予支付停车费用。

鼓励免收或者减收残疾人停车费用，鼓励提供机动车免费停放服务或者设置免费停放时限。

第二十九条　公安机关应当定期对道路停车泊位进行评估，并根据评估情况调整道路停车泊位。有下列情形之一的，公安机关应当及时调整道路停车泊位：

（一）道路交通状况发生变化，道路停车已影响车辆、行人正常通行的；

（二）道路停车泊位已不符合施划技术标准或者条件的；

（三）周边的停车场已能满足停车需求的；

（四）道路停车泊位使用率过低的；

（五）施划停车位的路段情况发生变化，法律、法规禁止机动车临时停放的。

除公安机关外，任何单位和个人不得调整道路停车泊位。

第三十条　道路停车泊位使用人应当遵守下列规定：

（一）缴纳道路停车服务费；

（二）在允许停放的时段停放车辆；

（三）在停车位标线内按照标示方向停放车辆；

（四）按照允许的车辆类型停放车辆；

（五）按照规定使用道路停车泊位设施；

（六）因交通管制、突发事件处置、应急抢险等需要车辆立即驶离的，应当服从处置要求；

（七）法律、法规规定的其他事项。

第三十一条　禁止任何单位和个人有下列违法行为：

（一）在道路停车泊位上违反规定放置地桩、地锁、石头、家具、水泥墩、反光锥、非机动车等障碍物，阻碍机动车停放和通行；

（二）在道路停车泊位上从事车辆清洗、装饰、修理等经营性活动；

（三）故意损坏道路停车泊位的停车标线、标识、设备和设施；

（四）法律、法规规定禁止的其他行为。

第三十二条　鼓励引进专业管理企业，对无物业管理的老旧小区停车位进行专业管理。

鼓励对老旧居民小区停车场的改造，支持其硬件设施设备和信息化建设。

第四章　法律责任

第三十三条　违反本办法第十八条第五项规定，停车场出入口设置不符合有关标准或者规范，严重影响交通秩序或者存在严重交通安全隐患的，公安机关应当及时向停车场所有权人或经营管理者提出整改建议，停车场所有权人或经营管理者应当及时整改。

第三十四条　违反本办法第二十条第二款、第二十一条规定，未向所在地交通运输主管部门提交材料的，由交通运输主管部门责令停车场所有权人或经营管理者限期改正，逾期未改正的，处两千元以上五千元以下罚款。

第三十五条　违反本办法第二十二条规定，公共停车场未将停车位使用信息实时上传停车信息综合管理服务平台的，由交通运输主管部门责令停车场所有权人或经营管理者限期改正；逾期未改正的，处二千元以上五千元以下罚款。

第三十六条　违反本办法第二十九条第二款规定，擅自施划道路停车泊位的，由公安机关责令限期改正，并对个人处五千元罚款，对单位处两万元罚款，有违法所得的，没收违法所得；违反本办法第三十一条第一项、第二项规定，在道路停车泊位上违反规定放置障碍物或从事车辆清洗、装饰、修理等经营性活动的，由公安机关责令限期改正，并可处一千元以下罚款。

第五章　附则

第三十七条　本办法自2021年12月1日起实施。

附件二 论文:论行政处罚设定中被处罚行为的性质

——以《惠州市停车场建设与管理办法》为例[①]

摘 要:规章《惠州市停车场建设与管理办法》在起草过程中,恰逢《广东省规章设定罚款限额规定》和《行政处罚法》的修改,对如何依法设定行政处罚提出了新的要求。依据《行政处罚法》《行政许可法》和《行政强制法》,设区的市在设定行政处罚时,只有针对性质为违反行政管理秩序的非行政许可和行政强制等行政法律关系行为才可以设定处罚。《惠州市停车场建设与管理办法》在起草、审核和修改的过程中,依循这个标准,对"未提交材料"设定了行政处罚。面对企业收费,最终删去了对未交纳道路停车泊位停车费设定的行政处罚。

关键词:行政备案;行政收费;道路停车费;行政管理秩序;行政法律关系行为

2021年8月30日,惠州市政府十二届179次常务会议通过了惠州市停车场规章《惠州市停车场建设与管理办法》(下称《办法》,该版本称为"公布稿"),规定《办法》自同年12月1日起施行。根据2021年5月15日发布的《广东省第七次全国人口普查公报》,惠州市常住人口为6 042 852人。至2021年4月,惠州全市机动车保有量为170.3万辆,其中汽车为146.9万辆。在这种背景下,为解决停车难的问题,《办法》的出台可谓正逢其时。

一、《办法》起草经过、法律责任的设定及引出的问题

2019年6月,惠州市政府将《办法》列为2019年度规章制定计划中的预备项目。2020年8月,市政府将《办法》列为2020年度规章制定计划中的制定项目,并明确由惠州市交通运输局负责起草工作。

在市交通运输局牵头下,至2020年3月,立法前期调研工作已经基本完成。起草小组走访了市属机关机构,各区县相关机关机构和相关企业、单位,并外出至佛山和杭州进行调研。立法前期调研工作为《办法》的起草奠定了基础。

2020年8月,《办法》初稿完成。因工作需要,依据《广东省人民政府办公厅

[①] 本文发表于2022年第4期《惠州学院学报》,作者:袁文峰。基金项目:2022年度惠州市哲学社会科学规划项目"惠州市社会治理立法中的行政处罚设定研究"。

关于印发加强和改进全省城市停车管理工作指导意见的通知》(粤府办〔2020〕19 号)的规定,2021 年 1 月 13 日,《办法》起草牵头工作由市交通运输局转交至市公安局。起草工作转交前,2020 年 10 月 26 日,惠州市交通运输局曾发布《关于对〈惠州市停车场建设与管理办法〉(征求意见稿)举行听证会的公告》。后因粤府办〔2020〕19 号文提出了新的规划和要求,市交通运输局于 2020 年 11 月 6 日暂停了听证活动。

2021 年 2 月 26 日,惠州市公安局于市公安局交警支队举行关于《办法》(征求意见稿)(下称"听证稿")的听证会,到会听证代表共 10 名。代表们针对《办法》的合法性、合理性、可行性发表了意见。

2021 年 6 月 23 日,惠州市司法局在该局网站发布《关于征求〈惠州市停车场建设与管理办法(草案)〉意见的公告》(该《办法》版本下称"草案稿"),面向社会广泛征求"草案稿"意见。

"草案稿"规定了 12 条法律责任("草案稿"的第 34 条至第 45 条),其中有 6 条是《办法》创设的法律责任条款,解决违反停车场建设规范(第 36 条)、未办理备案手续(第 38 条)、违反停车场整体性和用途(第 40 条)、违反道路停车位管理的责任(第 41 条)、道路停车位服务费的缴纳责任(第 42 条)、守信激励失信惩戒(第 43 条)的违法责任问题。比"听证版"精简了 2 条,分别是将第 35 条【未办理登记手续的责任】和第 36 条【未办理备案手续的责任】合并为第 38 条,和删除了第 44 条【违反道路停车位使用规定】。而 2021 年 8 月 30 日的《办法》则删繁就简,将与上位法重复的一律删去,只留下第 33 条至第 36 条一共 4 条立法创设的法律责任条款。4 条中,第 33 条不涉及行政处罚,第 34 条至第 36 条(前一部分"擅自施划道路停车泊位"的法律责任是依据上位法细化的)一共 3 条才涉及行政处罚。

在以上三稿对比中,可以发现《办法》在起草中设定行政处罚时有以下特征:

(1) 在设定行政处罚的过程中,尤其是在"草案稿"进一步修订时,坚持了《行政处罚法》规定的处罚与教育相结合的原则。第 34 条至第 36 条均设有"限期改正;逾期未改正的……"的规定。

(2) 在设定行政处罚的过程中,尤其是在"草案稿"进一步修订时,坚持了《行政处罚法》规定的公正原则。在起草期间,广东省人大对《广东省规章设定罚款限额规定》进行了修改,大幅度提高了处罚限额。前后处罚限额对比见表 1:

表 1 《广东省规章设定罚款限额规定》所定罚款限额前后对比表

<table>
<tr><th>版本</th><th>2012 年版</th><th>2020 年版</th></tr>
<tr><td rowspan="2">公民</td><td>一般:不得超过 100 元</td><td rowspan="4">一般:不得超过 200 000 元
特殊:关系生态环境保护、公共安全、历史文化保护、有限自然资源开发利用,食药品等人身财产安全方面的违法行为,不超过 300 000 元的罚款</td></tr>
<tr><td>特殊:关系生态环境保护、公共安全、有限自然资源开发利用,人身财产安全方面的违法行为,不超过 1 000 元</td></tr>
<tr><td rowspan="2">法人或者其他组织</td><td>一般:不得超过 50 000 元。责任人不得超过 500 元</td></tr>
<tr><td>特殊:关系生态环境保护、公共安全、有限自然资源开发利用,人身财产安全方面的违法行为,不超过 100 000 元的罚款。责任人不得超过 5 000 元</td></tr>
</table>

在“草案稿”中,设定的行政处罚罚款数额最高为五万元,而在“公布稿”中,最高罚款数额为五千元,同时规定了数额幅度。第 36 条还规定了“并可处一千元以下罚款”。这样规定,是根据不同的情况和不同的违法程度,设定相应不同的处罚种类和幅度。

“公布稿”自行设定的第 34 条至第 36 条的法律责任中,第 35—36 条分别涉及公共停车场未将使用信息实时上传平台的责任和违法使用道路停车泊位的责任,这两条在起草和审核中争议不大。倒是第 34 条涉及的设定行政处罚时的行为构成(行政备案)问题,违反第 30 条未“缴纳道路停车服务费”应否予以行政处罚的问题,这两个问题争议较大。争议为:设区的市在设定行政处罚时,以上立法中规范的行为是否可以设定处罚?

《行政处罚法》第 2 条对行政处罚的定义是指“行政主体依法对‘违反行政管理秩序’的相对人,以减损权益或者增加义务的方式予以惩戒的行为”。依据该条文的定义,可以设定处罚的行为是违反行政管理秩序的行为。《行政许可法》第 15 条、《行政强制法》第 10 条等相关法律规定,将行政许可、行政强制排除在可以设定处罚的行为之外。因此,设区的市在设定行政处罚时,只有针对性质为违反行政管理秩序的非行政许可和行政强制等行政法律关系行为才可以设定处罚。回顾“公布稿”的出台过程,联系相关案例,结合相应的理论,对此下文分别探讨。

二、违反行政管理秩序的非行政许可和行政强制的行为

“公布稿”第 34 条设定行政处罚时针对的行为是公共停车场未向所在地交通运输主管部门提交营业执照、停车场土地使用权属相关材料、停车场平面示意图和方位图以及停车位类型、数量等材料的情形。在叙述这个问题前,不妨看看以上三稿对此种情形各自的规定。

“听证稿”第 36 条【未办理备案手续的责任】规定:

违反本办法第 22 条规定，未向所在地交通运输主管部门备案，未按交通运输主管部门提出的备案意见进行整改，由交通运输主管部门责令停车场所有人或其委托的停车服务经营管理单位限期改正；逾期未改正的，处以一万元以上五万元以下罚款。

“草案稿”第 38 条【未办理登记备案手续的责任】规定：

违反本办法第 22 条的规定，向社会提供停车服务的收费停车场未依法办理商事、税务登记手续，由市场监管、税务主管部门依法予以处罚。未向所在地交通运输主管部门备案，由交通运输主管部门责令停车场所有权人或经营管理者限期改正；逾期未改正的，处以一万元以上五万元以下罚款。

“公布稿”第 34 条规定：

违反本办法第 20 条第 2 款、第 21 条规定，未向所在地交通运输主管部门提交材料的，由交通运输主管部门责令停车场所有权人或经营管理者限期改正，逾期未改正的，处两千元以上五千元以下罚款。

前两稿均概括为“备案”，而“公布稿”对此称为“提交材料”。

（一）“提交材料”构成是否是前置性行政许可

《行政强制法》规定只有法律、法规才可以设定行政强制措施。依据《行政许可法》的规定，设区的市地方规章不可以设定行政许可，包括设立登记及其前置性行政许可。根据相对人的申请，行政主体依法审查，决定准许相对人从事特定活动的行政行为，是为行政许可。也就是在普遍禁止的情况下，给予相对人的行为资格。《办法》规定的“提交材料”显然不是查封、扣押等行政强制措施，也不是给予行为资格。但第 20 条第 1 款要求公共停车场办理商事登记手续，与此联系起来，就会有设置前置性行政许可的嫌疑。这是起草小组和审核机构在修改过程中仔细琢磨的问题。如果成立，则法律责任部分涉及的行政处罚也将失去附丽。

棚改项目须经一级政府批准实施，在此之前，取得的用地预审意见、规划意见、投资任务书等文件均为前置性行政许可材料。当然，这是行政系统内的“许可”。在外部行为方面，比如应急管理机构对烟花爆竹的生产、销售、储存各环节选址的合法性确认后，市场监督管理部门然后实施生产、销售的行政许可。应急管理机构对选址的消防安全条件的审核就是前置性行政许可。

在时间上“听证稿”和“草案稿”均规定公共停车场在启用前 15 日办理备案手续。“公布稿”为了避免有设置前置性行政许可的嫌疑，同时方便所有权人、经营管理者，将备案时间设定在取得营业执照后 20 个工作日内办理。

2021 年 6 月 28 日，《国务院办公厅关于同意河北、浙江、湖北省开展行政备案规范管理改革试点的复函》（国办函〔2021〕68 号）出台。“复函”明确坚决清理纠正以备案之名行许可之实的行为。因此,起草小组和审核机构对备案行为反复推敲,对何谓"行政备案"反复把握,但该号文并没有提出行政备案的概念。

《湖北省人民政府办公厅关于印发湖北省行政备案规范管理改革试点方案的通知鄂政办函》(鄂政办函〔2021〕30号)计划从理论、法理上界定清楚行政备案的概念和外延,为深入推进试点提供理论支撑。文中对概念进行了些许表述:"对可以通过信息共享、告知承诺和事中事后监管等措施进行管理的事项,原则上不再要求进行行政备案……"即行政备案是一种信息提供和采集的活动。

《长春市行政备案管理办法(试行)》(长府规〔2021〕1号)第3条界定了行政备案:行政主体依据法律规定,要求相对人提交相关材料,并将其留档以备监督的行政行为。《广州市行政备案管理办法》(广州市人民政府令第50号)第2条也进行了界定:"本办法所称的行政备案,是指行政机关为了加强行政监督管理,依法要求公民、法人和其他组织报送其从事特定活动的有关材料,并将报送材料存档备查的行为。"

学界对行政备案的定义是:"是指行政机关依法要求公民、法人和其他组织报送其从事特定活动的有关材料,并将报送材料存档以便日后备查和进行监督的监管手段"①。

前三者之间的定义差异不大。可见,行政备案着重的是信息收集,为的是对相对人事后监督,与行政许可赋予某种活动资格的特征明显不同。在确定"提交材料"属于行政备案,不构成前置性行政许可后,考虑到行政备案的概念尚未统一,为慎重起见,在"公布稿"相关条文中将"行政备案"改为"提交材料"。

（二）行政处罚条文的设定

《杭州市机动车停车场(库)建设和管理办法》(2019)第23条规定在停车场启用前15日,应当持交通组织图、停车场管理制度、土地使用证明等材料向所在地的城管部门备案。第40条规定未向城管部门备案,或未按其提出的备案意见改进的,由综合行政执法部门责令限期改正。逾期未改正的,处2 000元罚款。2021年1月18日,杭州市人民政府以政府令第326号正式删除了以上条款。这与国办函〔2021〕68号要求梳理行政备案事项相关。《中山市停车场条例》与杭州市的规定略有不同,其第24条时间上要求在取得营业执照后20个工作日内办理备案手续,需提交停车位类型、数量、平面示意图、方位图、营业执照、经营地址等资料。该条例凸出的特征是,第五章"法律责任"未规定与此相应的法律责任。

① 张红:《行政备案存在的问题与立法构想》,载《广东社会科学》2021年第4期,第244-253页。

而公共停车场的信息无法通过信息共享、告知、承诺等途径获取并进行行政管理，因此信息备案在规范管理中实有必要。在要求行政相对人提供自身信息向行政部门申请行政备案中，可能存在虚假备案、未依法进行备案或者信息变更后未及时备案等情况。但为了简便，对违法行为的构成设定为“未向所在地交通运输主管部门提交材料的”。因为在第 22 条中已经概括了不规范、不齐全和变更信息的规定。

广东省虽然不是国务院办公厅同意的开展行政备案改革试点省份，但并不意味着相应的行政处罚可以随意设定。这里需要考虑两个问题，首先是可不可以设定行政处罚？前面表明要求“提交材料”并不构成行政强制和前置性行政许可，没有违反法律对相对人的保障要求。既然“提交材料”属于提供信息以便行政主体监督管理，“提交材料”当然属于“行政管理秩序”的一部分。违反者可以予以“惩戒”。因为，行政处罚最主要的目的，是对公共安全与社会秩序的维护。违法者在道德上是否有可非难的地方，这不是处罚的重点问题[①]。其次，处罚方式是减损权益还是增加义务，从公共停车场来看，降低资质等级等减损权益似乎给监督带来诸多不便。由于违反行政备案规定的行为，通常没有产生损害后果，而且性质也不严重，所以可以考虑设置“申诫罚和罚款”[②]。最终，条文以罚款作为未“提交材料”的法律责任，体现了处罚的“不利益性”[③]。在作出罚款之前，设定了“限期改正，逾期未改正的”的行政命令制度以体现教育与处罚相结合的原则。

“草案稿”第 22 条规定公共停车场可以通过停车信息综合管理服务平台进行备案。暗合了五天后出台的国办函〔2021〕68 号文，其要求“推进减环节、减材料、减时限、减费用”和“推进行政备案网上办理”。但是，由于停车信息综合管理服务平台尚未完善，“公布稿”第 20 条增加了现场办理一选择项。

三、违反行政管理秩序的行政法律关系行为

在此探讨针对“公布稿”第 30 条设定行政处罚前，同样先看看三稿的差异。

“听证稿”第 43 条【道路停车位服务费的缴纳责任】

违反本办法第 31 条第 1 项规定，不按照规定缴纳道路停车位服务费的，由公安部门责令限期缴纳；逾期不缴纳的，每次处以二百元罚款。

“草案稿”第 42 条【道路停车位服务费的缴纳责任】

① 陈淑芳：《行政罚之责任条件》，载《月旦法学教室》2003 年第 10 期，第 20-21 页。

② 张红：《行政备案存在的问题与立法构想》，载《广东社会科学》2021 年第 4 期，第 244-252 页。

③ 熊樟林：《行政处罚的概念构造：新〈行政处罚法〉第 2 条解释》，载《中外法学》2021 年第 5 期，第 1286-1302 页。

违反本办法第31条第1项规定，不按照规定缴纳道路停车位服务费的，由公安部门责令限期缴纳；逾期不缴纳的，处以二百元罚款。……

“公布稿”删除了以上规定。对违反第30条规定的缴纳道路停车服务费义务未设定相应的法律责任。

在起草不缴纳道路停车位服务费行为的法律责任过程中，起草小组参考了四个地方的相关规定，见表2。

表2　四地对不缴纳道路停车位服务费行为的法律责任一览表

法规范	管理条文	管理部门	追缴条文	追缴部门	追缴程序及数额
广州市停车场条例(2019)	第45条	市和花都、从化、番禺、南沙、增城区交通行政主管部门	第63条	交通行政主管部门	责令限期缴纳；逾期不缴纳的，处以200罚款
随州市机动车停车条例	第6条	县以上城市管理执法部门	第33条	城市管理执法部门	催缴；逾期未缴的，责令补缴，并处200元的罚款
宁波市停车场规划建设和管理条例	第5条	城市管理部门	第45条	城市管理部门	责令改正，可以处50元以上150元以下罚款
北京市机动车停车条例(2021)	第5条	区停车管理部门	第41条	区停车管理部门	两次催缴后，停车人逾期未补缴欠费的，由区停车管理部门处100元罚款；情节严重的，处300元以上800元以下罚款

(一) 道路停车位服务费是行政管理秩序下的行政收费吗

从表2四地的情况来看，道路停车位服务费追缴部门都是行政部门。《广州市停车场条例》(2020)第44条规定市交通行政主管部门(天河区、越秀区等核心区域)、区交通行政主管部门(从化区、花都区等周边区域)管理本区域内的城市道路临时泊位。四个城市道路停车位管理部门也是行政部门。因此属于行政收费，所收费用纳入一级财政。确切地说，行政事业性收费是在为相对人提供特定服务时收取的，是与履行行政管理职能时向相对人收取的行政性收费的对称。

《广州市停车场条例》(2019)第46条明确规定道路停车费属于行政事业性收费，全部上缴财政。每年交通行政主管部门应将收取情况向社会公开。虽然《广州市停车场条例》(2020)删去了“属于行政事业性收费”的规定，然而第45条规定了市交通行政主管部门负责收取城市道路停车费。这相当于明确了收费是行政事业性收费。

从一定意义上来说，是收费主体决定了收费的性质。行政收费属于行政法律行为。这和行政法律行为的主体要件也是一致的。《杭州市机动车停车场(库)建设和管理办法》(2021)第31条规定辖区道路停车管理机构负责区内道路停车泊位的日常运营、维护和管理。杭州市的收费性质看似不明确，但2020年7月17日，起草小组前往杭州市建设委员会、杭州市城市管理执法局、停车中心等部门调研时，获知杭州市当时实行建管分离的模式，即由市城乡建设委员会负责建设道路停车泊位，市城市管理执法局负责管理，委托杭州市市区公共停车场(库)建设发展中心进行运营。道路停车泊位收费上缴财政。可见，杭州市也属于行政收费。

根据惠州市政府通过的《惠州市人民政府办公室关于做好市区公共停车位运营管理工作的通知》《惠州市智慧共享停车系统项目投资建设实施方案》的规定，惠州市区的路边公共停车位的收费主体为惠州市交通投资集团有限公司下属的惠州交投路桥投资有限公司。2021年4月26日，惠州市发展和改革局发布《关于实施惠城中心区第二批道路临时泊位机动车停放服务收费的公告》，明确服务收费的主体是惠州交投智慧停车投资有限公司。惠州交投路桥投资有限公司和惠州交投智慧停车投资有限公司都是惠州市交通投资集团有限公司的子公司。惠州市交通投资集团有限公司是市政府授权市国资委组建的国有企业。也就是说，惠州市道路停车泊位的收费主体是惠州市的国有企业，是企业收费，并非行政收费。此时，如果规定未缴纳道路停车位服务费时，由公安机关责令限期缴纳；逾期不缴纳的，由公安机关予以行政处罚；就会出现疑问：违反企业收费规定是民事合同违约行为，而予以行政处罚的前提是行政相对人违反了行政管理秩序，这样设定的行政处罚是否违反了《行政处罚法》的规定？因民事违约与行政管理秩序的违反之间的性质截然不同，此种情况下设定行政处罚的基础便不存在。更何况，如果设定行政处罚出现纷争，将面临诉讼种类选择的问题。

(二) 从诉讼种类的选择反观违反行政管理秩序的行政法律关系行为

在中国裁判文书网检索关键词“城市道路停车泊位使用费”，共检索7篇文书，时间自2017年至今。这些都是以武汉城投停车场投资建设管理有限公司为原告的系列案。以“公共道路停车服务费”为关键词，共检索4篇文书，均发生在2021年。4篇文书都是以梧州市城投智城停车管理有限公司为原告的系列案。先了解一下与惠州市情况最接近的各一起案件。

1. 通过民事合同纠纷以民事案件起诉

第一起案件是李代奎与武汉城投停车场投资建设管理有限公司(下称武汉

城投停车场公司）服务合同纠纷上诉案[①]。2016年1月18日，武汉市政府通过《武汉市机动车道路临时停放管理办法》（政府令第268号）。该办法要求以经营权招标的方式产生城市道路停车泊位经营者（第10条），市城市管理部门应当与经营者签订城市道路停车泊位特许经营协议（第11条）。2016年3月，通过招投标方式，武汉城投停车场公司取得市城市道路智慧停车经营服务项目的特许经营权。4月13日，公司与武汉市机动车道路停车收费管理中心签订特许经营协议。武汉市中级人民法院认为：上诉人李代奎在收费区域内的道路临时停车泊位停放其小型客车，享受了公司提供的临时停车服务，公司与他之间成立事实服务合同关系。自2016年10月1日，李代奎的车辆在多个道路泊位停车，至2019年5月5日止，共欠费22 522元。其间一直未交纳停车费用。二审法院最终维持了一审法院要求上诉人支付武汉城投停车场公司以上停车费的判决。该案通过民事诉讼以民事案件起诉的方式解决了追缴停车费的问题。

第二起案件是许杰与梧州市城投智城停车管理有限公司服务合同纠纷上诉案[②]。

被上诉人为梧州市城建城市投资运营集团有限公司的全资子公司，后者的母公司是梧州市城建投资发展集团有限公司的全资子公司。2018年9月26日，梧州市政府《关于研究建成区停车场建设管理有关问题专题会纪要》（梧政阅〔2018〕170号）形成，决定梧州市城建投资发展集团有限公司作为区停车场的建管单位。2019年1月起，该公司正式启动城市道路停车泊位的收费工作。在本案审理中，梧州市中级人民法院认为虽然双方没有正式签订书面停车服务合同，但上诉人名下的小型汽车多次在被上诉人管理的道路停车泊位内停放，双方已经形成了服务合同关系，上诉人应足额支付计收的停车费。自2019年2月19日至2020年5月31日，该小型汽车在被上诉人经营管理的路停车泊位内停放，共计停车费10 744元。二审法院最终维持了一审法院要求上诉人支付梧州市城投智城停车管理有限公司以上停车费的判决。

《梧州市停车场建设和管理条例》规定面临重大活动或者突发性公共事件时，按照市公安机关的要求，道路停车泊位经营者应当暂停经营（第26条）。机动车占用免费道路停车泊位超过48小时，如驾驶人不在现场或虽在场却拒绝驶离的，公安机关可以作出罚款150元的处罚，并可将车辆移至指定地点（第30条）。通读法规全文，可知梧州市道路停车泊位分为收费和免费道路停车泊位，前者由经营单位管理和提供服务，后者属于行政秩序管理，因此才有第30条公

① 湖北省武汉市中级人民法院（2020）鄂01民终1099号民事判决书。

② 广西壮族自治区梧州市中级人民法院（2021）桂04民终702号民事判决书。

安机关可以作出罚款的执法措施。梧州市把民事法律关系与行政法律关系在《梧州市停车场建设和管理条例》明确区别出来并用不同的措施加以对待。

2. 通过行政纠纷以行政案件起诉：为什么不是民事案件？

从2016年至2020年，外地人开车去深圳市时，如果不清楚在车辆停放在道路停车泊位后需下载“宜停车”App并按照规定启动缴费程序，那么回到车辆停放地时，常常很惊异会收到500元行政罚款通知书。以“启动缴费程序”为关键字，笔者在中国裁判文书网检索裁判文书时，共检索到24起行政案件。另外2起民事案件中，一起是黑龙江省鸡西市城子河区的房屋租赁合同纠纷，另一起是深圳市龙岗区的车辆租赁合同纠纷。24起行政案件均是在深圳市使用停车泊位因“未启动缴费程序”而导致的案件。可见因为使用深圳停车泊位而处罚的人数不算少。

2018年4月，笔者曾有一位朋友驾驶小汽车第一次进入深圳市福田区一路段。其《复议申请书》称：“在未发现有明显禁止、告示、提示情况下，并按正常规定要求将车临时停放在停车位上。午后见有人在本车玻璃上贴了一张纸条后迅速离开，申请人上车时发现本车副驾驶车窗玻璃上贴了一张违规停放机动车告知单，就这样第一次开车到深圳被‘违规’了。理由是未按规定启动缴费程序。”他一口气列出了十个申请复议的理由，其中两个是：“处罚依据不充分。《中华人民共和国道路交通安全法》和《深圳经济特区道路交通安全违法行为处罚条例》处罚相对人应是违法停车，而本人是依规定停车，属合法行为。在未告知前提下，先停车后缴费属正常认知和基本常识，处罚决定依据不充分也违反正常认知。”“仅凭电子摄像拒绝告知行为属‘懒惰执法’，是为了罚款而罚款。严重违反了处罚是为了教育这功能。”在了解案件情况后，笔者回复道：“停车收费原本是一种民事行为，即行政私法行为，用行政处罚来执行民事行为，也是说不通的。”他附和：“是的，违法停车是行政处罚前提，但停车收费是民事行为，用行政处罚来执行民事行为的确缺乏法理依据。”现在回头去看这段对话，觉得当时自己欠缺关于被行政处罚行为性质的周全思考。

不正确地将以上停车缴费视为民事行为的并非只有笔者两人，如高可心与深圳市公安局交通警察支队罗湖大队、深圳市公安局交通警察局行政处罚上诉案①。本案中，上诉人高可心停车于华丽路停车泊位内，同样未按照规定启动缴费程序。法院认为案件争议的焦点是适用法律方面的争议。上诉人认为案件事实属于民事纠纷，不应属于行政违法行为。被上诉人则认为案件属于道路交

① 广东省深圳市中级人民法院(2016)粤03行终390号行政判决书。

通安全方面的违法行为，依法应当予以行政处罚①。

本案为什么不是民事案件？主要有两点原因：一是停车收费是一个整体行为，主张案件是民事纠纷的观点，是将该行为分为两段：停车和缴费。如笔者朋友所言："处罚相对人应是违法停车，而本人是依规定停车，属合法行为。"朋友只看到或者强调前一段行为。同样，高可心认为所谓的"违法停车"，是指在道路上不依法停车以致影响交通安全、道路通行的行为。本案中，现有划定了的停车泊位，表明在泊位内停车不会对交通安全和道路通行造成影响。因此上诉人在停车泊位内停车，不应属于违法停车。也就是说，合法停车＝整个行为合法。但没有把整个行为计算完整：合法停车＋违法缴费＝(?)行为合法。停车收费和违法停车之间的关系是，停车收费是一个整体行为，因缴费行为违法，即导致停车违法。这是行政管理秩序的整体：合法停车＋违法缴费＝行为违法。而不是单单把缴费行为孤立出来，将其视为民事行为。被上诉人在案中的答辩没有切中要点。

二是行政收费中停车费一般是行政事业性收费，不是行政性收费。虽然都称为行政收费，不同的案件起因可以对未启动缴费程序而受行政处罚进行另一角度的解释(而不是从违法停车的角度)。行政事业性收费缘于为相对人提供特定服务。在停车泊位内停车不会影响交通安全、道路通行，但当事人享受的是公共资源提供的特定服务，有义务缴纳停车费。如未缴纳，则违反了行政管理秩序，属违法行为。当事人的行为属于行政法律关系行为，并不是民事法律关系行为。至于数额过高、未告知缴费程序等问题，因主题所限，不在本文探讨范围内②。

由武汉和梧州的案例可见管理经营的主体决定停车关系的法律性质。梧州市道路停车泊位分为收费和免费道路停车泊位，并确立不同管理经营的主

---

① 相关法条如下：《深圳经济特区道路交通安全管理条例》第18条规定："市交通运输部门会同市公安机关交通管理部门，在不影响道路交通安全、畅通的前提下，可以结合道路周边停车需求在道路上设置临时停车位，运用现代先进技术，科学监管，并根据道路实际通行情况和停车需求情况进行适当调整。……路边临时停车管理及收费由市政府确定的行政部门负责实施。负责实施的行政部门可以委托依法成立的管理公共事务的组织具体实施。路边临时停车管理及收费的具体办法，由市政府另行规定。"深圳市人民政府于2014年3月19日对外公布的《深圳市机动车道路临时停放管理办法》第30条规定："有下列情形之一的，属于违反道路停车管理的行为，由市公安机关交通管理部门依照《深圳经济特区道路交通安全违法行为处罚条例》关于违反机动车临时停放的规定予以处罚，妨碍其他车辆、行人通行的，可以拖移车辆：……(二)未按照规定启动缴费程序的；……"《深圳经济特区道路交通安全违法行为处罚条例》(2014年修正)第10条规定："违反道路交通安全法律、法规关于机动车停放、临时停车规定的，处二百元以上二千元以下罚款；在实施道路临时停车收费的路段违法停车的，处五百元以上二千元以下罚款。"

② 以上相关问题可参考广东省深圳市福田区人民法院(2015)深福法行初字第1257号行政判决书。

体，由此导致了不同性质的法律关系。惠州市区的路边公共停车位的管理经营主体为惠州交投路桥投资有限公司。停车服务是民事关系，深圳的案例表明停车收费是一个整体，行政事业性收费是特定服务下的行政收费。正如将停车视为行政法律关系行为，而将缴费视为民事法律关系行为不可行一样，收费由企业、处罚由行政机关的行政处罚设定也是不可行的。

（三）对不缴纳道路停车位服务费行为处罚的设定

在对“草案稿”进行修改的过程中，曾这样考虑替换行政罚款的条款：

第 36 条【违反道路停车泊位使用人义务的责任】违反本办法第 29 条第一项规定，不按照规定缴纳道路停车泊位服务费的，由公安机关批评教育。

这时需要考虑的是，“批评教育”是不是行政处罚？鉴于新修订的《行政处罚法》于 2021 年 1 月 22 日颁布，并在第 9 条第 1 项中增加了一种处罚类型：通报批评。考虑到批评教育和通报批评可能在公开程度方面有差异，而两者并无实质的不同。也就是说，批评教育可以视为通报批评。这样还是免不了“以行政处罚护持民事活动”的嫌疑。最终，起草小组和审核小组决定删去该条文，对未交纳停车费的行为不设行政处罚的规定。停车企业可以通过停车系统、民事诉讼等途径追回欠交的停车费，而非以行政行为的方式体现其行政报应性[①]。

四、结语

立法工作设定权利和义务是利益的分配，设定行政处罚尤其如此，因此必须慎之又慎。设定行政处罚时针对的相对人的行为是有边界的，尤其是设区的市在立法中受到的限制更多，考虑的因素更多。依据《行政处罚法》《行政许可法》和《行政强制法》，设区的市在设定行政处罚时，只有针对性质为违反行政管理秩序的非行政许可和行政强制等行政法律关系行为才可以设定处罚。《惠州市停车场建设与管理办法》在起草、审核和修改的过程中，依循这个标准，对“未提交材料”设定了行政处罚。面对企业收费，最终删去对未交纳道路停车泊位停车费设定的行政处罚。

设区的市立法中设定行政处罚是立法过程中的难点之一。固然其授权可以设定警告、通报批评和一定数额的罚款等行政处罚，但设定时需要考虑的不仅仅是上位法依据、处罚的幅度等因素，更有行为性质、处罚的本质等许多看似与处罚本身无关的因素。希冀《惠州市停车场建设与管理办法》在设定行政处罚中所考虑的因素对相关的设区的市立法能有所借鉴。

① 熊樟林：《行政处罚的概念构造：新〈行政处罚法〉第 2 条解释》，载《中外法学》2021 年第 5 期，第 1286-1302 页。

附件三 调查问卷

惠州市区停车问题问卷调查(一)

1. 您在惠城区哪些区域经常遭遇停车难问题?(多选)

□桥东 □桥西 □龙丰 □江南 □江北 □河南岸 □汝湖

□小金口 □水口 □芦洲 □三栋 □马安 □横沥

2. 您在停车过程中对哪些问题不满?(多选)

□停车位难找□乱收费现象

□停车场管理服务差 □停车地离目的地太远

□停车安全没保障□停车引发的堵车

□停车场设施老旧,智能化不足□其他

3. 您认为应如何解决停车问题?(多选)

□加强城市规划□统筹管理路边临时停车

□修建更多立体停车楼(场)□统筹停车位资源共享

□规范停车收费□政府部门加强监管

□建立智能停车平台随时推荐目的地附近车位

□培养停车人员良好的停车习惯

□其他

4. 为加强管理,您认为统筹市区路边临时停车位、公共停车场应该(多选)。

□规范收费标准

□重点路段限时停放

□清理占用公共停车资源的僵尸车

□建立智能停车平台实现停车引导、智能收费

□处理乱停车、僵尸车等扰乱交通秩序和占用公共资源的行为

□其他建议

5. 若规定路边临时停车不得超过最长时间,您希望最长时间应为:

□12 小时 □24 小时 □36 小时 □48 小时 □其他

6. 您认为路边临时停车位免费时段应为:

□15 分钟 □半小时 □一个小时 □一个半小时

7.您同意路边临时停车位、公共停车场收费吗?

□同意　□无所谓　□不同意

8.您认为市区路边临时停车位、公共停车场应怎样设立停车收费标准更合理？

□按类型划分不同收费标准　例如：路边临时停车位、旅游景点配套停车场、公共/公益（如博物馆）单位配套停车场、其他室内公共停车场

□按市区一、二、三环区分收费标准　例如：三环路内，三环路外

□按道路闲时忙时设定收费标准　例如：工作日、休息日、白天、晚上

□其他

9. 您认为停车场是否应当配备有充电桩？

□是　□否

10. 在限定开放时间的情况下，您是否愿意将您小区车位共享？

□是　□否

11. 您认为出台停车方面的规章制度应该包括哪些内容？（多选）

□清理僵尸车　□处罚不按规范停车　□规范停车场收费标准

□规范智能停车场建设标准　□其他

12. 您希望智能停车平台应该采用哪几种方式？（多选）

□网页　□手机软件 App　□微信公众号　□小程序　□其他

13. 您最希望智能停车平台有哪个功能？

□车位查询　□自助寻车　□停车引导　□移动支付

□求助服务　□一键挪车　□充电桩查询服务

□投诉举报　□其他

14. 您希望智能停车平台应该支持哪些支付方式？（多选）

□无感支付（扫车牌付款）

□微信、支付宝支付（先离场后缴费）

□刷卡支付

□现金支付

□其他

注：

1. 您的性别：□男　□女

2. 您的年龄：

□23 岁及以下　□24～30 岁　□31～40 岁　□41～60 岁

□60 岁以上

3. 您家庭共拥有几辆小汽车？

□无　□1 辆　□2 辆　□3 辆及以上

4. 您每月支出停车费(含固定停车费用与临时停车费用)大概是多少?

□250 元以下 □250～500 元 □500 元以上

惠州市区停车问题问卷调查(二)

1. 您的性别:

□男□女

2. 您的年龄:

□23 岁及以下 □24～30 岁 □31～40 岁 □41～60 岁

□60 岁以上

3. 您的职业:

□党政机关工作人员 □事业单位工作人员 □国企工作人员

□民营企业从业人员 □其他

4. 您的常住地址是:

□惠城区

□惠阳区

□惠东县

□博罗县

□龙门县

□大亚湾经济技术开发区

□仲恺高新技术产业开发区

□惠州周边城市

5. 您家庭共拥有几辆小汽车?

□无 □1 辆 □2 辆 □3 辆及以上

6. 您每月支出停车费(含固定停车费用与临时停车费用)大概是多少?

□250 元以下

□250～500 元

□500 元以上

7. 您认为应如何鼓励引导停车场的修建?(多选)

□允许公共停车场配建不超过 20%的附属商业建筑面积

□政府补贴

□谁建设谁经营谁收费

□政府划拨土地

□其他

8. 您对机械式立体停车场有什么看法?

□没听/见过，完全不了解

□听过或者见过，但不了解

□有所了解，但对于安全保障方面不太放心

□了解，认为推广应用可以有效缓解停车难的问题

9. 停车场标示牌上应标明以下内容：

□地点名称　□经营者(管理者)　□车位数量　□监督电话

□收费标准　□其他

10. 您认为公共停车场(位)的运营管理应当是怎样的模式？

□由政府投资建设，政府组织管理或委托企业运营

□由企业投资建设、运营管理

□政府投资建设或企业投资建设，也可以政府、企业共同投资建设

□其他

11. 您认为停车场管理者出现下列哪些情形，机动车停放者可以拒付停车费：

□对停放在管理区域外的车辆进行收费的

□不按照规定出具票据的

□无法表明停车场管理者身份的(如未按规定着装、佩戴工作牌等)

□其他

12. 您是否愿意将您小区的车位错时共享？

□是　□否

13. 您是否希望他人提供小区的车位错时共享？

□是　□否

14. 您是否希望党政机关、事业单位等单位的车位错时共享？

□是　□否

15. 您希望智能停车平台应该支持哪些支付方式？(多选)

□无感支付(扫车牌付款)　□微信、支付宝支付

□刷卡支付　□现金支付

16. 您是否同意违反《惠州市停车场建设与管理办法》规定而受到行政处罚的个人与单位被纳入公共信用信息系统，实行联合惩戒？

□是　□否

17. 您认为道路停车泊位应该：

□增加，方便停车

□减少，畅通交通

18. 您是否同意停车供需矛盾突出的住宅小区，其周边道路划定时段性临

时停车泊位，用于夜间等时段性停车？

□是 □否

19. 哪些停车不良的行为希望通过立法规范？

□占用道路停车泊位，阻挠、妨碍道路停车泊位的使用

□未按照泊位标线标示方向停放车辆

□未按规定缴纳停车费

□停车后未关闭机动车辆发动机

□其他

20. 您认为道路停车泊位应根据情况，重新合理规划吗？

□是 □否

21. 您对停车困难的区段，设置经营性停车场是否持支持的态度：

在管理规范的情况下，□是 □否

22. 惠州正在步入高铁、有轨交通时代，在高铁、城轨、轻轨建设中，针对交通接驳问题，应该(多选)：

□预留够量的停车场

□发展公共交通

□发展共享交通

23. 您对景区停车场的建议是(多选)：

□在景区内修建地下或地上多层停车场

□在景区周边规划设置停车场，并配备接驳公共交通

□景区加强停车管理

□增开旅游专线

附件四 《惠州市区停车问题问卷调查》统计情况

《惠州市区停车问题问卷调查》(一)统计情况

(2019 年 5 月 27 日西子湖畔网络有限公司推出,2019 年 6 月 20 日回收)

选项	比例
1. 您的年龄:	
A. 23 岁及以下	12%
B. 24—30 岁	43%
C. 31—40 岁	33%
D. 41—60 岁	11%
E. 60 岁以上	1%
2. 您家庭共拥有几辆小汽车?	
A. 无	8%
B. 1 辆	57%
C. 2 辆	27%
D. 3 辆及以上	8%
3. 您每月支出停车费(含固定停车费用与临时停车费用)大概是多少?	
A. 250 元以下	45%
B. 250—500 元	40%
C. 500 元以上	15%
4. 您在惠城区哪些区域经常遭遇停车难问题?(多选)	
A. 桥东	68%
B. 桥西	58%
C. 龙丰	47%
D. 江南	11%
E. 江北	54%
F. 河南岸	54%
G. 汝湖	5%

续表

选项	比例
H. 小金口	8%
I. 水口	10%
J. 芦洲	0%
K. 三栋	4%
L. 马安	4%
M. 横沥	0%
5. 您在停车过程中对哪些问题不满？（多选）	
A. 停车位难找	93%
B. 乱收费现象	47%
C. 停车场管理服务差	38%
D. 停车地离目的地太远	56%
E. 停车安全没保障	30%
F. 停车引发的堵车	45%
G. 停车场设施老旧，智能化不足	34%
☆自填选项	1%
6. 您认为应如何解决停车问题(多选)？	
A. 加强城市规划	74%
B. 统筹管理路边临时停车	74%
C. 修建更多立体停车楼(场)	68%
D. 统筹停车位资源共享	64%
E. 规范停车收费	56%
F. 政府部门加强监管	47%
G. 建立智能停车平台随时推荐目的地附近车位	58%
H. 培养停车人员良好的停车习惯	38%
☆自填选项	1%
7. 为加强管理，您认为统筹市区路边临时停车位、公共停车场应该(多选)：	
A. 规范收费标准	72%
B. 重点路段限时停放	80%
C. 清理占用公共停车资源的僵尸车	63%
D. 建立智能停车平台实现停车引导、智能收费	65%

续表

选项	比例
E. 处理乱停车、僵尸车等扰乱交通秩序和占用公共资源的行为	69%
☆自填选项	1%
8. 若规定路边临时停车不得超过最长时间，您希望最长时间应为：	
A. 12 小时	58%
B. 24 小时	29%
C. 36 小时	4%
D. 48 小时	5%
☆自填选项	1%
9. 您认为路边临时停车位免费时段应为：	
A. 15 分钟	8%
B. 半小时	27%
C. 一个小时	44%
D. 一个半小时	22%
10. 您同意路边临时停车位、公共停车场收费吗？	
A. 同意	58%
B. 无所谓	17%
C. 不同意	25%
11. 您认为市区路边临时停车位、公共停车场应怎样设立停车收费标准更合理？	
A. 按类型划分不同收费标准。例如：路边临时停车位、旅游景点配套停车场、公共(公益)行单位配套停车场(如博物馆)、其他室内公共停车场	11%
B. 按市区一、二、三环区分收费标准。例如：三环路内，三环路外	30%
C. 按道路闲时忙时设定收费标准。例如：工作日、休息日、白天、晚上	55%
☆自填选项	0%
12. 您认为停车场是否应当配备有充电桩？	
A. 是	79%
B. 否	21%

续表

选项	比例
13. 在限定开放时间的情况下，您是否愿意将您小区车位共享？	
A. 是	65%
B. 否	35%
14. 您认为出台停车方面的规章制度应该包括哪些内容？（多选）	
A. 清理僵尸车	80%
B. 处罚不按规范停车	71%
C. 规范停车场收费标准	73%
D. 规范智能停车场建设标准	89%
☆自填选项	1%
15. 您希望智能停车平台应该采用哪(几)种方式？（多选）	
A. 网页	23%
B. 手机软件 App	77%
C. 微信公众号	81%
D. 小程序	73%
☆ 自填选项	0%
16. 您最希望智能停车平台有哪个功能？	

《惠州市区停车问题问卷调查》(二)统计情况

2019 年 11 月 6 日《惠州市区停车问题问卷调查》于西子湖畔网络有限公司发布，在为期 15 天的民意调查中，共回收 2 008 份调查问卷，其中男性 1 270 人，女性 738 人。

填写人员来自各行各业，其中党政机关工作人员 179 人，事业单位工作人员 441 人，国企工作人员 335 人，民营企业从业人员 828 人，其他(如个体户、自由职业、外企)225 人。

填写人员中来自惠城区人数最多，共有 1 181 人，占 58.8%；其余分别为惠阳区 206 人，占 10.3%；惠东县 134 人，占 6.7%；博罗县 83 人，占 4.1%；龙门县 30 人，占 1.5%；大亚湾 69 人，占 3.4%；仲恺高新技术开发区 167 人，占 8.3%；惠州周边城市 138 人，占 6.9%。

填写人员中大部分是有车一族，家庭拥有 1 辆车的人数最多，占所有填写人员的 58%，拥有 2 辆车的人数占 29%，3 辆车以上占 8%，无车一族占 5%。

每月支出停车费（含固定停车费和临时停车费用）在 250～500 元范围内的最多，共 926 人，占 46.1%；其次是 250 元以下，共 678 人，占 33.7%；最后是 500 元以上，共 404 人，占 20.2%。

大家认为鼓励引导停车场的修建应该允许公共停车场配建不超过 20%的附属商业建筑面积（共 1 113 人）、政府补贴（共 1 153 人）和政府规划拨土地（共 1 082 人），有 707 人认为应该谁建设谁经营谁收费。还有人提出了“私营企业场所可以划出一定数量收费停车位，但要惠普性和加强管理”“市区有条件的公共道路、空地充分规划停车场（画停车格），采用咪表或扫码按地段、分时段收取费，避免占位。收入上缴财政，委托交警或者第三方管理。”“在老城区道路增加夜间停车位”“多设置一些短时间免费停车位，如到某地方办事，可能就停 1～2 小时”等建议。

大家对机械式立体停车场比较欢迎，有 644 人认为推广应用可以有效缓解停车难的问题，但有 582 人听过但不了解。还有 515 人虽然了解机械式立体停车场，但对安全保障方面不太放心。有 267 人没听没见过，完全不了解机械式立体停车场。

对于停车场标示牌上应标明的内容，可以看出大家希望能够详细体现停车场的主要信息，所有选项都比较平均，选择地点名称有 1 216 人，经营者管理者有 1 208 人，车位数量有 1 589 人，监督电话有 1 395 人，收费标准有 1 519 人。有人提出建议，停车场标示牌可以标示出“车位是否已满，剩余车位数量”“停车场平面图”“方向指示，紧急出口”等。

对于公共停车场（位）的运营管理应当以怎样的模式，认为由政府投资建设，政府组织管理或委托企业运营的人占 30%，由企业投资建设、运营管理的占 18%政府投资建设或企业投资建设，也可以政府、企业共同投资建设的人占 51%，还有人提出“可以多方面投资建设，但是需要物价局批准合理收费”的建议。

大家认为停车场管理者出现不按照规定出具票据的情形，机动车停放者可以拒付停车费的人最多，有 768 人；对停放在管理区域外的车辆进行收费的和无法表明停车场管理者身份的（如未按规定着装、佩戴工作牌等）的情形，机动车停放者可以拒付停车费的人数分别为 639 人和 583 人。由数据看出，大家认为停车场管理员出现上述三种行为，机动车停放者都可以拒付停车费。

有 61.8%的人愿意将小区的车位错时共享，剩下的 38.2%不愿意将小区的车位错时共享。有 67.4%的人希望他人提供小区的车位错时共享，有

32.6%的人不希望他人提供小区的车位错时共享。

有78.8%的人希望党政机关、事业单位等单位的车位错时共享,有21.2%的人不希望党政机关、事业单位等单位的车位错时共享。

在智能停车平台应该支持哪些支付方式中,有1 441人选择无感支付(扫车牌付款),有1 659人选择微信、支付宝支付,有749人选择刷卡支付,有929人选择现金支付。由数据看出,大家希望支付方式可以多种多样,但更偏向于智能支付。

有1 591人(占全部填写人员的79.2%)同意:如违反《惠州市停车场建设与管理办法》规定、受到行政处罚的个人与单位,将纳入公共信用信息系统,实行联合惩戒。

有1 313人认为道路停车泊位应该增加,方便停车,有695人认为道路停车泊位应该减少,畅通交通。共1 752人同意停车供需矛盾突出的住宅小区,其周边道路划定时段性临时停车泊位,用于夜间等时段性停车,其余256人不同意停车供需矛盾突出的住宅小区,其周边道路划定时段性临时停车泊位,用于夜间等时段性停车。

对于各种不良行为,希望通过立法规范的选择情况如下:

(1) 占用道路停车泊位,阻挠、妨碍道路停车泊位的使用,共1 683人;

(2) 未按照泊位标线标示方向停放车辆的不良行为,有1 320人;

(3) 未按规定缴纳停车费的不良行为,有987人;

(4) 停车后未关闭机动车辆发动机,有650人。

还有人提议,将"占据绿化交通要道""僵尸车""停在斑马线,行人道出入口""违停堵路"等不良行为也能通过立法进行规范。

有88.4%的人认为道路停车泊位应根据情况,重新合理规划;其余11.6%认为不需要重新合理规划。有90.3%的人对停车困难的区段,设置经营性停车场持欢迎的态度,剩余9.7%不欢迎设置经营性停车场。

大家针对高铁、城轨等交通接驳问题,希望预留足够量的停车场的有1 542人,希望发展公共交通的有1 372人,希望发展共享交通的有1 113人。由数据看出,大家希望多种方式共同发展。

对于惠州景区停车场的建议,有1 566人希望在景区内修建地下或地上多层停车场,有1 572人希望在景区周边规划设置停车场,并配备接驳公共交通,有1 203人希望景区加强停车管理,有871人希望增开旅游专线。

附件五　调研记录和会议记录

佛山市调研记录

一、调研时间：2019 年 10 月 30 日—31 日

二、调研地点：佛山市交通运输局会议室

三、调研对象：佛山市交通运输局

四、调研方式：座谈

五、调研事项：结合《佛山市停车场管理办法（2017 年）》（以下简称《佛山办法》）提出以下调研事项：

1. 城市人民政府是停车设施规划建设、运营管理的责任主体，怎样体现？

《佛山办法》要求各区人民政府要参照市的职责分工，建立停车场综合协调机制，明确区内各部门的职责分工。

明确了相关部门的工作职责。停车场管理涉及多个部门，参照其他城市做法，经综合考虑，《佛山办法》提出由市人民政府建立停车场综合协调机制，统筹协调停车场相关工作。明确了市级主要行政主管部门职责：市交通运输局主要负责编制停车专项规划，统筹公共停车场的信息化、智能化管理工作，指导路内泊位的设置；市城乡规划主管部门主要对停车场相关规划实施监督管理，调整与落实建筑物停车泊位配建指标；市住房城乡建设主管部门主要负责对房屋建筑和市政基础设施工程配建的停车场实施监督管理，督促物业服务企业做好物业管理中涉及的停车场管理工作。市公安机关主要对停车场出入口和路内泊位设置提出意见，查处道路违法停车行为。其他行政主管部门各司其职。

《佛山办法》建立了道路停车泊位从设置、撤销、使用到后期动态评估的整个工作体系。建立了区道路停车泊位管理部门、公安交通管理部门双责任机制，即道路停车泊位由区管理部门在征求公安机关意见后统一设置，使用过程中，公安机关也必须结合交通管理实际向管理部门提出调整意见。明确了禁设道路停车泊位的条件要求，如消防通道、无障碍通道、人行道、城市快速路主道、主干路主道等，为泊位的优化调整提供依据。提出佛山市道路停车泊位实行编码管理，便于使用识别和管理。针对“僵尸车”问题，明确由公安机关统一处理，可视车辆的使用状态采取强制措施。对于医院、学校等停车位不足的区域，可以设置短时免费的临停快走区域，方便市民使用。

2. 佛山市人民政府建立停车场建设和管理综合协调机构，统筹领导全市停车场建设和管理工作和明确了市级主要行政主管部门的职责分工。请问具体人员构成和协调情况如何？

佛山市人民政府建立了停车场建设和管理领导小组，由副市长任组长，市交通运输局和市自然资源局派人员组成。停车场建设首要问题是土地问题。

3. 佛山市停车场信息管理系统的建设和营运情况如何？

系统尚未链接。准备以《安全技术防范条例》为依据对停车场作出接网要求。《佛山办法》明确了由市交通运输主管部门制定全市统一的智能停车技术标准，建立全市统一的停车信息系统；停车场经营者必须按照要求安装符合标准的硬件设备，将停车场基本信息、实时动态数据上传至该系统。停车“大数据”的运用，将为市民提供停车场信息查询、停车诱导等出行服务，也为管理部门针对停车管理问题的精准施策提供了技术支撑。

4. 停车场管理者和停放者不遵守规定的情况，纳入行业信用系统。请问系统的建设和营运情况如何？

准备做。《佛山办法》要求开展停车场管理者诚信评价、车辆停放诚信评价，通过建立“黑名单”制度，加强对经营者和停放者的行为约束。经营者的“黑名单”由我市停车行业协会通过行业自律进行规范和约束；使用者的“黑名单”将录入市交通运输局建立的停车信息系统，并纳入发改部门搭建的全市统一的征信系统。

5. 各类停车场有偿停车的收费标准是怎样的？

《佛山办法》贯彻了停车泊位“用者自付”的使用原则，按照中心区域高于其他区域、路内高于路外、繁忙路段高于一般路段、拥堵时段高于空闲时段的规则，实行差别化服务收费标准；同时，要结合交通运行情况和交通管理政策，适时进行调整，通过价格杠杆，调控交通出行。该条款为我市全面推广路内停车收费提供了依据，也落实了以静制动的交通需求发展理念。

6. 停车行业协会何时成立？怎样充分发挥行业协会的作用？

2017 年成立，有 9 家左右会员，目前作用不明显。

7.《佛山办法》第四条规定：“……公安管理部门参与停车场规划、建设的交通影响评价，对停车场出入口的设置及路内停车位审批提出意见，配合停车站场主管部门做好停车场停放秩序管理……”，请问交通影响评价如何作出？

是由有资质的第三方作出来的，自然资源局作出批准前征询交通和公安部门的意见。

8.《佛山办法》第五条规定：“……政府所有的公共停车场，推行停车特许经营制度……”，请问特许经营如何特许？

基本没有，一般都是备案。

9.《佛山办法》第十条规定："……新建、扩建、改建建筑的停车泊位数量不符合相关配建标准的，规划管理部门不予核发建设工程规划许可证。因客观条件限制无法达到配建标准的，建筑所有人或管理人应当向规划管理部门提交交通影响评价报告，并说明情况。不符合停车配建规划验收条件的，不予核发建设工程规划竣工验收合格证。"请问提交了交通影响评价报告可以不要求配建吗？交通影响评价报告由谁经过怎样的程序作出？和办法第四条规定有什么不一样？

指标规划、泊车管理的职能划给交通局。今年推行了配建指标，以前居住面积100 m^2 配备1个车位，现在最高要求为1.5个。《佛山办法》建立了公共停车场规划和建设的全过程体系。明确了停车场规划编制、规划落实、建设过程和验收的具体流程，并要求各区编制年度公共停车场建设计划和实施方案。同时，《佛山办法》还提出对机械式停车设备的安装可简化手续。另外，针对目前建筑物额外配建的公共停车场管理不到位的问题，要求产权属于政府的建筑物配建公共停车场在投入使用前，属地政府必须明确管理单位，确保该部分停车场处于良好的使用状态。

10.《佛山办法》第十条规定："坚持'用者自付'的市场化原则，逐步减少免费停车位。经营性停车场的停放保管服务收费实行政府定价、政府指导价、市场调节价三种定价形式……"，第二十四条："停车场管理单位因未履行管理职责或违反管理规范而造成停车场内的机动车受到损毁或者丢失的，应当依法承担相应的赔偿责任。当机动车所有人向机动车投保的保险公司索赔时，停车场保管单位应当提供必要的协助。"我们注意到网上有报道说当年立法讨论的时候，就停车费到底是不是保管费用争论激烈，最后为什么(经营性停车场抑或与经营性停车场一起)确定为保管服务收费？

经过论证为服务费，不是保管费用。

11.《佛山办法》实施之前，哪些区域的停车问题较为突出？主要是哪些问题/现象？实施之后情况怎样？办法起了哪些明显作用？不足的地方在哪里？如何处理？

核心的问题有三个：一是规范管理；二是大数据收集和运用；三是资源闲置，利用不够。

《佛山办法》要求所有停车必须要有管理制度、管理人员和符合要求的停车设施，如场地硬底化、清晰的标志标线以及能够正常使用的通风、照明、排水等设备，并按照规定安装监控、智能化设备，其中对临时停车场降低了使用标准。《佛山办法》中对停车场管理者、道路停车泊位管理者、车辆停放者都分别明确了相应的行为规范，以保证停车场能够规范经营和正确使用。

对违反《佛山办法》规定的行为均明确了相应法律责任。其中对相关法律中已经明确了法律责任的从其处理，对确需保障工作开展但又缺少上位法依据的，《佛山办法》创设了两条处罚条款：对不提交或者不更新停车场基本信息资料的行为、不按照规定上传动态停车信息数据的行为，分别对个人和单位处100元罚款和1 000元以上5 000元以下罚款，旨在解决停车场基本信息收集难度大、数据更新不及时、不准确等问题。

杭州市调研记录[①]

一、调研时间：2020年7月17日上午

二、调研地点：杭州市钱江新城市民中心杭州市建设委员会会议室

三、调研对象：杭州市建设委员会、杭州市城市管理执法局、停车中心

四、调研方式：座谈

五、调研事项：结合《杭州市机动车停车场(库)建设和管理办法》(以下简称《杭州办法》)提出以下调研事项：

(一)《杭州办法》第一章总则中的经验和做法

1.《杭州办法》第四条关于道路停车泊位规定中，提及免费停车泊位和收费停车泊位。贵市在道路停车泊位的数量、收费停车位和免费停车位的占比情况、道路停车泊位的范围、路边停车泊位所遇到的实际问题以及解决方案。

杭州有6个老城区，4个县改区。截至2019年底，杭州市六城区机动车保有量136.1万辆(其中小汽车125.4万)；同期六城区备案停车泊位总数约90.3万个，其中配建停车泊位数约81.0万个，路外公共泊位数约6.8万个，路内泊位约2.5万个。2011—2019年，六城区共增加路外停车位约51.2万个(含公共泊位6.2万个)，约占当前备案路外停车泊位总量的一半以上，清退路内泊位约3万个左右，停车泊位与车辆保有量之比较2010年增长了一倍，停车位缺口逐步收窄，停车位结构得到优化，局部区域停车条件得到改善。目前老旧小区、医院、学校附近停车问题仍比较突出。

2.《杭州办法》第五条规定了城市管理行政主管部门负责道路停车泊位和政府投资建设的公共停车场运营。贵市城市管理行政主管部门的运营工作情况、停车费的收入去向、停车场建设和管理综合协调机构的运作情况及各部门之间的分工文本依据。

杭州市成立了杭州市市区公共停车场(库)建设领导小组，下设办公室，办

① 此次调研，邀请了青年律师杨芮参加。调研记录主要由她完成。

公室设在市建委。2014年专门成立了杭州市市区公共停车场(库)建设发展中心这一常设机构,具体承担公共停车设施建设推进和领导小组日常工作。建立了市区公共停车场(库)建设定期工作例会、专题协调会和制定了"三委六局一办"的制度[①]。目前实行建管分离的模式,即由市城乡建设委员会负责建设,市城市管理执法局负责管理,委托杭州市市区公共停车场(库)建设发展中心进行运营。政府投资的实行政府定价或指导价,上缴财政。

3.《杭州办法》第七条规定了市人民政府鼓励社会力量投资建设、经营公共停车场,提供规划、建设、经营等方面的政策扶持,并制定税费减免、政府补助等相关优惠政策。贵市目前是否已制定了相关政策及制定依据。

杭州市积极鼓励社会力量参与投资公共停车场建设,政府对于社会力量投资建设的公共停车场按类型实行定额资金补助,资金补助最高额达每车位3万元。为此,先后出台《杭州市鼓励社会力量投资建设停车场(库)资金补助办法》《杭州市鼓励社会力量投资建设公共停车场(库)管理暂行办法》《杭州市机动车停车场(库)建设管理办法》《鼓励和推进杭州市区公共停车场产业化发展的实施办法》《关于加强市区公共停车场(库)土地供应与管理的实施办法》等系列鼓励政策。

具体政策内容如:

(1)政府每年在储备土地中确定一定数量的用地,专项用于引进社会力量投资建设公共停车场,并及时向社会公开信息。

(2)社会力量投资新建公共停车场用地可采取划拨、出让、租赁等使用方式供地。社会力量投资主体可通过公共停车场投资主体招标后直接划拨供地。有商业配建的公共停车场项目须通过公开招拍挂方式供地。

(3)在符合城市总体规划的前提下,鼓励土地使用权者利用自有土地投资建设公共停车场,也可通过BOT、租赁、合作经营等方式引入其他投资主体进行建设,其建设不受现有用地属性及规划控制用地性质限制。

(4)在符合土地利用总体规划和城市总体规划的前提下,可在集体建设用地上建设临时公共停车场。

(5)单位利用自有用地建设公共停车场(含自走式公共停车楼),项目类别定性为构筑物工程,其建筑面积不纳入容积率计算范围。新建项目超过配建标准建设的停车泊位建筑面积不计入项目容积率;随建设项目同步配建的公共停车场建筑面积不计入项目容积率。

(6)社会力量投资新建的公共停车场,经营权年限原则不超过40年。

---

① 指市发改委、市建委、市国土资源局、市交通局、市城管执法局等部门。

4. 贵市实行道路停车泊位收费的主要因素及收费标准确定方法。

杭州市实施差别化停车收费。为积极发挥价格杠杆的导向和调节作用，引导市民合理选择出行方式，切实规范停车收费行为，2014 年 7 月出台《关于进一步加强和完善杭州市区机动车停放收费管理办法》，实施停车差别化收费，将市区停车分成道路停车和西湖风景区停车两大类，并根据市区土地等级的不同，把道路停车场划分为一级、二级、三级。（中心区域高于非中心区域、路内高于路外、非居住区高于居住区、白天高于夜间、长时间高于短时间、景区旅游旺季高于平时），并明确社会投资的公共停车场实行市场调节价。西湖风景区收费最高，第一个小时 8 块，第二个小时 10 块，依次递进。老城区无配建，无法通过价格杠杆调节，所以免费停车，车位占小区用地的 30%。

（二）《杭州办法》第二章停车场规划和建设中的经验和做法

1.《杭州办法》第十二条规定符合划拨用地目录的公共停车场可以采取划拨方式供地。贵市以划拨方式供地的实施过程中的经验做法是什么？

国企是划拨用地。2012 年以后，以出让的方式供地。

2.《杭州办法》第十三条规定“市建设行政主管部门应会同市城乡规划、公安机关交通管理部门制定建筑工程停车场配建标准实施细则”，贵市目前是否已制定完善的相关标准实施细则？

我市大幅提高建筑工程停车泊位配建标准。为适应机动车快速增长现状，2013 年我市再次修编《杭州市城市建筑工程机动车停车位配建标准实施细则》，提高相关建筑停车配建指标值，力求新建城市建筑不欠新账。目前相关指标处国内同类城市前列，其中：住宅从户建筑面积 90 平方米配 1 车位提高到户建筑面积 60 平方米配 1 车位；办公楼、商业建筑等配建指标值均提高 15%～50%不等。2015 年增加了新能源汽车充电设施建设的相关标准和要求。2019 年，我市已开展新一轮的机动车配建标准的修订和完善工作，使相关标准符合杭州市城市经济和社会发展需要。

3.《杭州办法》第十六条规定了全市停车信息统一平台。该平台目前的建设情况及制定依据是什么？

2018 年 8 月进行“城市大脑”建设，共享平台是其中的一个模块。制定依据是《杭州市机动车停车场(库)建设和管理办法》(政府令 第 319 号）。

4.《杭州办法》第十七条规定停车场接入全市停车信息统一平台。在实际操作中，与相关单位的协调配合情况。

2018 年城投和阿里巴巴共建平台，将守约和蚂蚁金服相结合。用蚂蚁信用公开用户信用。

5.《杭州办法》第二十一条规定“已投入使用的公共停车场和专用停车场确

需停止使用或改变用途的，应依法办理相关行政许可手续”。具体需要前往哪个职能部门办理行政许可的手续？

停止使用由城管部门决定。改变用途由规划部门决定。

（三）《杭州办法》第三章停车场管理中的经验和做法

1.《杭州办法》第二十二条规定的辖区道路停车管理机构，是否就是市建设行政主管部门？

是的。

2.《杭州办法》第二十六条所称的“在满足自身停车需求的情况下，向社会提供停车服务”。目前在实际操作中，公共建筑配建专用停车场的所有人是否有向社会提供停车服务？

停车场可停放资源120万个车位，以配建为主，对外开放办理备案手续，实行先离场后付费。

3.《杭州办法》第二十八条中的“统筹利用业主共有的道路或其他场地设置停车泊位”的规定。现实中，小区在道路红线和用地红线部分建设停车场是否属于该情况？

不走基本建设流程，业委会在符合绿化、环保的情况下，进行加建或临时建筑物的审批。① 公共停车场建设项目纳入绿色审批通道。② 公共停车场实行方案设计和初步设计“二合一”审批。施工图实行集中联审、限时办结。③ 临时公共停车场（包括平面停车场、升降横移机械式停车库）方案审批采用“三委六局一办”联席会议审查确认，以联席会议纪要代替项目的规划、用地等审批。机械停车设备需经质监部门验收。

4.《杭州办法》第三十条规定的开放式场地，在2013年发布的版本中规定：“在人行道红线外至合法建筑物之间开放式场地设置临时停车场，机动车需经人行道驶入停车的，公安机关交通管理部门在办理备案时应征求市政设施行政主管部门的意见，由临时停车场设置人委托市政养护单位按规定标准对人行道实施硬化并承担实施费用。”人行道红线外至合法建筑物之间开放式场地是否就是道路退让线与建筑红线之间的“公共开敞空间”，贵市是否有办理过相关停车场审批，以及修订版本调整该部分内容的原因？

《杭州市人民政府办公厅关于印发鼓励和推进杭州市区公共停车场产业化发展实施办法的通知》（杭政办函〔2014〕58号）本办法所称社会力量是指境内使用非财政性资金投资建设公共停车场的国有企业、集体企业、民营企业、民间组织、外资和合资企业等。

5. 本地政府机关、企事业单位内停车场是否有向社会错时开放，开放后所遇到的实际困难和问题有哪些？

有错时开放。实际困难和问题是发票实行电子发票。

（四）贵市在停车场规划过程中所遇到的实际情况及相关处理经验有哪些？

在停车场规划过程中，存在许多问题，如早期城市规划预判不足，停车设施历史欠账较多，老城区建筑密，土地贵，公共停车场建设困难，城市建设资金需求大，停车场投入仍显不足等，我市面对土地资源稀缺、停车矛盾加剧、建设成本不断增加的客观现状，注重创新思路，想方设法挖掘项目用地，尽可能采用高效集约用地来建设公共停车场。如利用储备土地、临时用地建设公共停车场；利用公共绿地、城市广场、学校操场等地下空间及高架桥梁下部空间、甚至建筑屋顶等建设公共停车场，2013 年市政府明确市区新建公园、学校操场需同步建设公共停车库；结合储备土地出让同步增配公共停车泊位指标；鼓励企事业单位利用自有土地建设公共停车场；鼓励采用新技术、新工艺的立体塔库和地下井筒式停车库项目建设。在土地供应方面有公开出让、协议出让、划拨、租赁等使用方式。同时，结合老小区交通综合整治，实现增加停车泊位、优化交通秩序、保障消防安全、改善老小区生活环境、提高社区综合治理水平。

强化"P＋R"换乘公共停车场建设，抓住城市轨道交通建设契机，围绕地铁站点周边规划布点"P＋R"换乘型停车场建设，截至目前，我市已建成各类换乘型停车场 17 个，另有近 10 个项目正在积极推进。

（五）贵市在制定《杭州办法》处罚条款过程中所遇到的实际情况及相关处理经验有哪些？（如《杭州办法》中的第三十七条、三十八条、四十条至四十五条规定的处罚设定依据）

杭州市制定《杭州办法》处罚条款主要参考之前的政府令。

（六）贵市在推进一项"全市一个停车场"工作的经验和做法有哪些？

推进一项"全市一个停车场"工作，要求全市所有收费停车场（库）必须统一接入全市停车信息统一平台（城市大脑便捷泊车系统），具备便捷停车体验（开通先离场后付费功能），并向所在地城市管理行政主管部门备案。目前这项工作正在持续高效地推进中，市城管局制定了工作方案，深入基层，逐个场库发放告知书，并指导、服务停车场库做好"先离场后付费"功能开通工作。

（七）是否可以提供《杭州办法》的注释版及相关的立法资料以便学习？

可以。

附：

鼓励和推进杭州市区公共停车场产业化发展的实施办法

为进一步改善城市环境，缓解城市交通"两难"，提升城市基础设施服务水平，根据《杭州市机动车停车场（库）建设和管理办法》（市政府令〔2013〕273 号）精神，现就鼓励和推进杭州市区公共停车场（库）（以下简称公共停车场）产业化发展制定如下实施办法：

一、总体目标

按照统一规划、市场运作、政府支持和“谁投资、谁受益”的原则，建立投资、建设、经营、管理为一体的公共停车场市场化运作机制，鼓励和引导社会资本积极参与，加快形成投资多元化、经营规模化，可持续、可发展的公共停车场产业化格局。

二、概念定义

本办法所称公共停车场，是指对社会开放，为不特定对象提供停车服务的停车场，是城市市政公用基础设施。公共停车场类型有自走式停车场(包括地面停车场、地下停车库、地上停车楼)、机械式停车库、组合式停车场。

本办法所称社会力量是指境内使用非财政性资金投资建设公共停车场的国有企业、集体企业、民营企业、民间组织、外资和合资企业等。

三、实施范围

上城区、下城区、江干区、拱墅区、西湖区、杭州高新开发区(滨江)、杭州经济开发区、杭州西湖风景名胜区、杭州之江度假区范围内社会力量投资建设的公共停车场适用本实施办法。

四、鼓励政策

(一) 用地及规划

1. 政府每年在储备土地中确定一定数量的用地，专项用于引进社会力量投资建设公共停车场，并及时向社会公开信息。

2. 社会力量投资新建公共停车场用地可采取划拨、出让、租赁等使用方式供地。社会力量投资主体可通过公共停车场投资主体招标后直接划拨供地。有商业配建的公共停车场项目须通过公开招拍挂方式供地。

3. 在符合城市总体规划的前提下，鼓励土地使用权者利用自有土地投资建设公共停车场，也可通过BOT、租赁、合作经营等方式引入其他投资主体进行建设，其建设不受现有用地属性及规划控制用地性质限制。

4. 在符合土地利用总体规划和城市总体规划的前提下，可在集体建设用地上建设临时公共停车场。

5. 单位利用自有用地建设公共停车场(含自走式公共停车楼)，项目类别定性为构筑物工程，其建筑面积不纳入容积率计算范围。新建项目超过配建标准建设的停车泊位建筑面积不计入项目容积率；随建设项目同步配建的公共停车场建筑面积不计入项目容积率。

6. 社会力量投资新建的公共停车场，经营权年限原则不超过40年。

(二) 商业配建

社会力量投资新建地上公共停车楼或地下公共停车库泊位数达到200个(含)以上的,可配建一定比例商业建筑面积。地上公共停车楼商业建筑面积与停车功能建筑面积之比一般控制在0.1(含)以下,地下公共停车库商业建筑面积与停车功能建筑面积之比一般控制在0.25(含)以下。公共停车场项目符合广告设置规划和景观要求的,可以设置广告位。

(三) 简化审批

1. 公共停车场建设项目纳入绿色审批通道。

2. 公共停车场实行方案设计和初步设计"二合一"审批。施工图实行集中联审、限时办结。

3. 临时公共停车场(包括平面停车场、升降横移机械式停车库)方案审批采用"三委六局一办"联席会议审查确认,以联席会议纪要代替项目的规划、用地等审批。机械停车设备需经质监部门验收。

(四) 财政补助及税费优惠

1. 政府专项资金。市、区两级财政每年在预算中安排专项资金,市本级从土地出让收入计提的5%城管资金中安排20%资金专项用于公共停车场建设,确保社会力量投资建设公共停车场相关支持政策的落实。

2. 建设资金补助。社会力量投资建设公共停车场可按规定享受建设资金的补助,具体按《杭州市鼓励社会力量投资建设停车场(库)资金补助办法(试行)》执行。杭州高新开发区(滨江)、杭州经济开发区、杭州西湖风景名胜区、杭州之江度假区应制定相应的建设资金补助办法。

3. 规费减免。新建公共停车场免缴城市基础设施配套费,免收防空地下室易地建设费(须兼顾人防需要)、临时占用绿地补偿费、临时占道费和挖掘修复费(公共停车场建成后,建设单位应负责恢复临时占用的绿化和城市道路)。

4. 发展专项资金。建立公共停车场发展专项资金,以项目补助的形式加大对公共停车场产业发展的支持力度,补助政策期限为3年。发展专项资金具体管理办法由市财政局另行制定。

(五) 产权办理

公共停车场的投资单位可依法向国土资源、住房保障和房产管理主管部门申请办理土地登记和房屋登记手续,投资单位在取得公共停车场的所有权,并报市政府批准同意后,可将其进行整体转让或整体抵押(不得分割转让或销售)。在同等条件下,政府享有公共停车场整体转让优先回购权。涉及人防工程的,按有关规定办理。

(六) 停车收费

社会力量投资建设的公共停车场,在经营权年限内,其收费实行市场调节价管理，投资者按照依法纳税和合理盈利的原则自主定价。在实施收费前，其所有人或所有人委托的停车服务经营管理单位应向所在地价格主管部门备案。

（七）停车配套服务

1. 公共停车场应设置统一的标志标牌，同步配备智能停车数字信息管理系统，验收合格并按规定到公安交警部门进行备案后投入使用。

2. 公共停车场应设置电动汽车充电装置，为电动汽车等新能源汽车的普及和推广创造条件。

3. 政府依法对市区停车秩序进行严格管理，新建公共停车场出入口200米半径内不宜设置道路停车泊位，并同步完善停车引导设施。

五、组织保障

（一）加强协作配合

各有关部门要高度重视社会力量投资公共停车场产业化发展的引导与推进，切实加大对项目的支持和配合力度，落实专项资金与用地保障，兑现相关规费的减免和优惠政策，简化审批程序，优化我市公共停车场建设的投资环境，推进我市停车产业协调发展。

（二）落实工作职责

市建委负责公共停车场建设和管理综合协调机构的日常工作和公共停车场建设的监督管理，承担公共停车场建设活动的计划制定、组织协调、督促考核等工作。市规划局负责编制市区公共停车场专项规划和近期建设规划，并将相关公共停车场选址规划项目落实到控规中。市国土资源局负责公共停车场建设用地保障、土地出让，建设过程中用地审批、土地验收和登记工作。市财政局负责公共停车场建设专项资金的落实和项目补助资金的及时拨付，以及发展专项资金的兑现。市公安局交警局负责公共停车场使用的监督管理和泊位登记，建立我市统一的交通管理信息系统，实时公布向社会提供服务的停车场的分布位置、泊位数量、使用状况等情况。

各区政府（管委会）负责辖区公共停车场建设的计划制定、组织协调、督促和区停车办的日常工作，抓好项目实施、推进、验收和实施运营过程中的综治维稳工作。

发改、城管、园文、环保、住保房管、人防、市场监管（工商）、物价、教育、卫生、体育、质监、公安消防等有关部门依据各自职责，协同落实社会力量投资公共停车场的各项支持政策。

（三）加强舆论宣传

拓宽宣传渠道，建立以政府为主导，新闻出版、广播电视等有关部门协同配合的公共停车场产业化宣传机制，加大对停车产业化的宣传与引导，对政策优势、项目优势进行有计划、有重点地宣传，营造良好的社会氛围。

（四）严格使用管理

公共停车场使用管理部门要加强对公共停车场的使用监管，加快我市交通管理信息系统的建设、投用，并加大对违法停车的整治力度。严禁各投资或经营管理者擅自改变公共停车场用途或随意终止停车服务。

本实施办法自公布之日起30日后施行，由市建委负责牵头组织实施。前发文件与本实施办法规定不一致的，以本实施办法为准。萧山区、余杭区可根据本地实际参照执行。

惠城区某公园停车场调研记录

一、调研时间：2020年4月27日9：00至11：00

二、调研地点：惠城区某公园停车场

三、调研对象：惠州市园林绿化管理所

四、调研方式：座谈会

1. 停车位数量是多少？

201个。

2. 停车的收费标准是多少？

发改局制定的最低标准，一次5元，一天最多15元，一个月最多250元。

3. 收费主体是谁？

惠州市园林绿化管理所，为公益三类单位。

4. 停车场主要面向的人群有哪些？

实际使用中，主要提供给营业的商铺、附近用餐的人群和部分附近上班的人群。这里主要是住宅区，小区本身有停车位，办公场所较少，路边也有免费停车位。

5. 停车场使用的情况如何？

空置率较高，空置率经常大于50%。曾经有公司想打包租赁，但因为收费有规定，不敢下浮打包出租。

6. 停车场什么时候规划的？规划的起因是什么？

麦地作为中心城区没有规划公园，规划公园时就把停车场作为配套一起规划。

7. 停车场目前收益运营情况如何？

运营成本有防洪测试、人工成本等，收入不能覆盖成本。

8. 还有什么其他地方有公共停车场？

金山湖、市植物园、金山河、红花湖、西湖都有公共停车场。

惠城区某小区停车场调研记录

一、调研时间:2020 年 5 月 8 日 15:30

二、调研地点:惠城区某小区停车场(29 楼)

三、调研对象:惠州市某物业管理有限公司

四、调研方式:座谈会

1. 停车场的停车位数量有多少?除了业主自用的,能够对外提供的停车位数量有多少?

共有约 200 个,能够对外提供的停车位大约四五十个。

2. 停车的收费标准是什么?

半小时免费,超过半小时收费 10 元,22 点过后的时段为 15 元。

3. 停车场信息是否有接入“慧停车”?

目前没有,以后可以考虑接入。

4. 停车场在临时停车的管理方面有没有遇到什么问题?

收费相对还是比较合理,暂时没有遇到什么问题。

5. 停车管理有没有什么问题或困扰?

主要的问题就是路边人行道上电动车占道停放,物业公司不让电动车停放就遭到投诉,被相关部门制止。但电动车占道乱停乱放阻碍人行道通行,业主则投诉不作为,很难处理。

6. 目前停车位的权属情况是怎么样的?

这栋楼是商住楼,户型比较小,共有 800 套左右,2008 年 8 月交付使用。住户 500 多户,很多住户都没有买车,没有购买停车位。有些车位的业主是通过我们介绍买下的,大部分不在这里住,很多闲置车位的业主就委托物业帮忙出租。

7. 对于业主委托出租的,租金结算方面有没有什么规则?

目前没有形成什么固定的结算规则,每个业主的情况都不同,具体结算方式不固定,也有出租一两个月的。

8. 停车场使用的情况如何?

目前来看基本没有停满过,周围有很多路边停车位,很多车主停在路边,主要问题是乱停乱放。希望可以考虑撤掉部分路边停车位,一方面可以让道路更加宽敞,提高通行效率,另一方面也让停车场能够充分得到利用。

注:惠州市某物业管理有限公司是整栋大楼的物业管理公司,共有保安 12 人。

惠城区调研记录

一、调研时间:2019 年 12 月 18 日 9:00 至 11:00

二、调研地点:惠城区人民政府一号楼 225 会议室

三、调研对象:惠城区人民政府相关职能部门(交通局、城管执法局、自然资源局、住建局、发改部门、司法局、市场监督局、财政局)

四、调研方式:座谈会

注:惠城区路边泊位归市级交警管理;惠城区没有设置市政园林中心/公用事业局。

(一) 发改部门:

1. 经备案的停车场数量有多少?

截至自 2015 年 8 月 15 日,惠城区共核发 734 个停车收费许可证,涉及经营单位约 300 家。目前政府定价停车场 3 个。

2. 请介绍一下目前本辖区内停车场有偿停车的收费标准。

根据惠州市人民政府《印发〈惠州市机动车停放保管服务收费管理办法〉的通知》(惠府〔2010〕54 号)的有关规定,惠城区制定了《关于规范机动车停放保管服务收费的通知》(惠城价〔2010〕20 号),从 2010 年 6 月 1 日起按照相关规定对惠城区内机动车停放保管服务收费进行管理。

2015 年 8 月 15 日后,惠城区根据省发改委和省住建厅发布的《关于放开住宅小区、商业配套、露天停车场停车保管服务收费等有关问题的通知》(粤发改价格〔2015〕483 号)规定,放开住宅小区、商业配套停车保管服务收费,以及政府列管以外的露天停车场停车保管服务收费,实行市场调节价管理。现在未对集体用地、背街小巷的停车收费进行审批,仅对惠城区政府定价停车场的停车收费进行管理。

2018 年 4 月 1 日,惠州市出台了《惠州市机动车停放服务收费管理办法》(惠府〔2018〕19 号),《印发〈惠州市机动车停放保管服务收费管理办法〉的通知》(惠府〔2010〕54 号)同时废止。按照新办法的要求,废止了《关于规范机动车停放保管服务收费的通知》(惠城价〔2010〕20 号),按新规定对惠城区政府定价停车场进行管理。目前惠城区政府定价停车场只有 3 个,类型较为单一,分别是惠州市第三人民医院停车场、惠州市第二妇幼保健院停车场和河南岸街道办活动中心停车场。惠州市第三人民医院停车场和惠州市第二妇幼保健院停车场是由医院自筹资金投资建设的,停车收费管理的收费主体均为委托管理的物业公司,属于私人企业。医院运用的智能化收费平台的主要功能有自动计时计费、录制车辆进出记录、统计车流量和收费数据等。河南岸街道办活动中心停

车场因特殊原因一直无法收费，暂打算两年后再对河南岸街道办活动中心停车场做成本测算。惠城区政府定价停车场的收费标准是经过成本测算，在考虑停车服务资源的合理调节利用及市区政府定价停车场收费标准的基础上审批的，按不同车型和不同时段计费。

3. 在 2018 年出台的《惠州市机动车停放服务收费管理办法》的基础上，是否需要在拟起草的管理办法中规定相关的收费内容，需要细化的具体为哪些方面？

建议在办法中设立停车场和路边泊车的免费时段，现在大多数停车场一进去就要收费，群众体验感不好，建议在办法中明确免费停放的时段和时长（在放开停车场收费标准之前暂定为 15 分钟）。考虑现在停车收费标准大部分实施市场调节价，若在办法中强制性规定必须免费就不符合放管服政策精神，建议采用鼓励方式引导停车场设置上述免费福利。

4. 如何鼓励国企参与公共停车场建设？

现暂无相关鼓励政策。

5. 有哪些种类的停车场投资建设模式？

（1）国有资金投资建设；（2）民营资金投资建设。

6. 停车费的成本及其结构如何？针对停车费，现在有哪些政策？

分为直接成本包括服务过程分摊费用、用人成本等和期间费用，包括固定资产折旧、水电费、运营办公费用、维修费用等。

7. 使用者的"黑名单"录入市交通运输局建立的停车信息系统，并纳入发改部门搭建的全市统一的征信系统。对此是否支持？请谈谈其合法性。

黑名单产生依据要从部委配套性文件里面找，被纳入黑名单的可以通过将其纳入公共信用平台，限制其征信等行为加以限制其信用。

（二）交通局：

1. 交通运输主管部门是否应制定全市统一的智能停车技术标准，建立全市统一的停车信息系统？

不统一不好，建议统一。交通部现在推进智能停车场建设，提倡 ETC 深入推广到停车智能系统，若能统一使用 ETC 作为支付标准，可以规避"红黑名单"无具体文件、办法支持的现状，也能提高进出效率。当停车费缴纳纳入银行系统后，车主欠费转换为欠银行的钱，可用银行内部征信管理系统予以统一管理。

2. 使用者的"黑名单"录入市交通运输局建立的停车信息系统，并纳入发改部门搭建的全市统一的征信系统。对此是否支持？请谈谈其合法性。

黑名单制度不一定有上位法的依据，可以参照广州的做法：广州是在公共停车场推行 ETC，则车主欠的是银行的钱，可采用银行的征信系统对车主进行限制，即使我们的黑名单制度不可行，也可通过银行的征信系统进行约束。

3. 如何应对私设泊位、乱占泊位、随意停放、收费不规范等问题？

对上述私设泊位、乱占泊位、随意停放、收费不规范等问题会制定相关方案，应当联合交警、交通局、城管等多方力量进行治理，且应区分不同行政部门的职责。

（三）发改部门、交通局、交警、市政园林中心/公用事业局：

1. 如果公共停车场、道路停车泊位实施收费运营，应如何协调运营主体与行政管理机关之间关系并确定各自的责任？

交通局：运营主体的责任为消防、安全生产等责任。行政管理机关是对日常行为的监管查处。

（四）自然资源局：

1. 本县区规划的职能是否由住建部门调整到自然资源局，就规划方面工作应由哪个部门负责？

本区规划职能已调整到区自然资源局，区自然资源局的职能只有规划报建和供地方面，且只在横沥镇、芦洲镇才有主导权，在城区只负责工业用地供地，中心城区的规划权在市里。惠城区自然资源局仅负责横沥、芦洲的规划、报建、空地等方面的职权，中心城区的职权在市级部门。

2. 目前停车场规划建设方面的程序和要求有哪些？（包括地面单层以及多层立体停车场）

需满足规划告知书内容中规定的三点需求，如消防、日照。

3. 编制停车场专项规划应该交由交通局负责实施，还是交由哪个部门负责实施？（广州、佛山由交通局负责实施；西安、贵州由规划部门负责实施）

惠州市自然资源局已编制了市级的停车场专项规划，市局空间规划科才有权立具体的规划问题。惠城区没有单独实施，其他县区是否有单独实施相关专项规划就不清楚。

4. 如编制停车场专项规划、公共停车场建设计划，是否需要市、县两级分别制定？还是只需市级统一制定？

不需要分别制定，市级已经有停车场专项规划。惠城区没有单独实施，其他县区是否有单独实施相关专项规划就不清楚。

5. 建筑的退让间距与停车场建设的关系如何？

退让红线与建筑红线之间的区域属于“真空地带”，没有对应部门对此进行管理，实际中不少物业管理人会用此区域划分停车位并进行收费，严格来说该区域属于公共区域，用于有偿停车的行为不具有合法性，建议在拟起草的管理办法中加以规定。

6. 物业管理中涉及的停车场管理情况如何？

主要是僵尸车问题，经常找不到车主，停车场管理人员无权拖车，在停车场内交警也无权拖车，产生巨额停车费但无法索赔。

（五）财政局：

1. 应否对公共停车场建设实行财政补贴？

目前没有补贴的规定。事实上，在公共停车场的经营管理过程中，有许多渠道申请资金，在制作预算中也会进行计算，如公共类、政府行政类的，折旧、损耗、维修等费用采用一事一议或在预算中涉及，相当于补贴，不需要专门的财政补贴。

2. 有哪些种可行的停车场投资建设模式？

没有这方面的文件规定。

（六）交通局、城管局、市场监督局、住建局：

1. 日常管理过程中哪些区域的停车问题较为突出？主要为哪些问题/现象？

城管局：我们与交警达成的默契是城管管场地，交警管车。草地上的停车区域归城管局管理，但城管局只有处罚权，只能对车主进行罚款，抄车牌，在车头贴行政处罚告知书，但无权对车进行直接处理。

2. 近三年本辖区市民投诉举报关于停车问题的数量、主要类型及处理结果。

机构改革后城管局只管违建问题，就停车相关的违法问题主要是公共车位被非法占用，建筑红线退让部分是否能够有偿停车等问题。其他违停等问题可能需要交警部门才能提供。

（七）各部门：

1. 政府机关办公地点的停车位数量及需求状况，如政府机关办公楼停车场对外开放，除满足办公需要、社会车辆进出管理问题外，还应考虑哪些问题？

这个政策的出发点是好的。但政府部门内部现在停车位也很紧张，周末也许可以考虑开放，对外开放后，管理存在困难，但如何解决工作日停车群众不开走的问题？另外，停车场对外开放，政府部门无法收费，收费也无法入账，那么停车场对外开放所带来的损耗也只能由政府承担。

2. 对于停车场、道路停车泊位的规划建设和管理方面，能否依据现状和经验，提供意见和建议？

城管局：新建小区不允许建围墙，建筑红线退让的区域会让大家免费停车，但当小区正式运营后，小区会设一些保安亭、拦车杆等设施来收费，一旦收费就会被投诉，那么这个是否是违法建设？是否是违法收费？由哪个部门管理？建筑红线退让区域的空地用来停车并收费的问题希望在立法时予以考虑。商铺门口停车位用雪糕筒、自行车等物挤占成私人或专用停车位，属于违法还是道德问题，界定时需要考量。

住建局：目前并没有文件规定对保安亭、拦车杆这些设施需要进行审批，如果作为实现有效管理所需的附属设施，是可以考虑认可的。但收费的合法性还是需要考量。

司法局：① 停车场管理建设这块上位法不够，要尽可能多找上位法支持；② 拟起草的管理办法标题范围过大，城市、农村、不同县区的情况都不同，例如龙门是属于旅游景区，大多数为农村地区，要想全市范围内适用，对龙门等特殊地区的规定内容需要充分考虑，要充分调研；③ 不同行政部门的职能若无法明确，则很难落实；④ 罚则一定要有，没有罚则管理办法就只能是一纸空文。

道路停车泊位的划定是否需要相关的规划审批手续？还是交警部门可以直接划定？

均由交警划定，无须经过其他部门审批。

市相关行政主管部门调研记录

一、调研对象：市相关行政主管部门（市交通局、城管执法局、公安交警、自然资源局、住建、发改部门、财政局、司法部门、市场监督、公共事业部门）

二、调研方式：座谈会

三、调研时间和地点：2019 年 12 月 26 日，惠州市交通局运输局会议室

四、调研事项：

（一）交警：

1. 近三年本市违停处罚案件的数量情况如何？

2019 年 1—7 月有 20 多万宗，每年大概 30 万～40 万宗，估计今年数量会下降。

2. 停车场出入口和路内泊位设置要求有哪些？

职责主要在规划方面。基本原则是远离路口，少开口子。

3. 目前哪些情形下会调整或者撤销道路停车泊位？有无相关的依据？

根据需求。老城区不可能增加，改单行道可以考虑设置。因为视线原因会撤销道路停车泊位。

4. 为便于使用识别和管理，停车泊位是否应实行编码管理？如何规范停车泊位及其管理者？公共停车场投入使用后其周边 200 米范围内逐步取消路边泊位，是否可行？

以后会进行编码。有非强行性的规范。视实际情况而定。

5. “僵尸车”处理遇到的问题有哪些?

有和城市管理部门联合的问题。报废车可以进行处置。否则很难处罚。

6. 对医院、学校等停车位不足的区域,可以设置短时免费的临停快走区域吗? 如何规范?

有在推动,多树立标识,最好能够预约停车。无法规范。

7. 停车场建设和管理中是否应做及如何做交通影响评价?

最好能做,也应该做,应规定有个明确的手续。

8.《停车场建设和管理暂行规定》(公安部/建设部),公安机关为停车场管理的行政主管部门。根据《住房城乡建设部国土资源部关于进一步完善城市停车场规划建设及用地政策的通知》(建城〔2016〕193号),住建行政主管部门为停车场管理的行政主管部门。对此如何理解和协调?

不利于操作。

9. 如果对不提交或者不更新停车场基本信息资料的行为、不按照规定上传动态停车信息数据的行为,分别对个人和单位处一定数额的罚款,是否可行?

惠州没有强制性规定。需解决资金问题,否则很难作规定。

(二) 住建部门/自然资源局:

1. 市里规划的职能由住建部门调整到自然资源部门,就规划方面工作应由哪个部门负责?

原来在住建局编制规划,已经转到自然资源局。有两种规划:一是专项规划,另一种是控制性规划,是针对点进行的规划。区县各自编制,城区由市局进行编制。

2. 目前停车场规划建设方面的程序和要求有哪些?(包括地面单层以及多层立体停车场)

按照基本建设程序进行,机械停车场也要进行规划。

3. 如住建部门负责编制停车场专项规划、公共停车场建设计划,是否需要市、县两级住建部门分别制定? 还是只需市级住建部门统一制定? 工业、广场用地等在规划审批时,能不能单独用来建设公共停车场?

规划审批在城区,都有配建。工业、广场用地等在规划审批时,省里有规定,单独用来建设公共停车场的话,只能临时建用。

4. 目前有无制定不同建设项目或用地的停车位配建指标?

有的。

5. 新建的独立停车场可否配建一定的附属商业建筑面积?

文件规定可以配20%的商业面积。

6. 如何配合我市高铁、飞机场的规划,进行无缝隙停车场建设?

属于市港铁办的职能。

（三）自然资源局：

1. 公共停车场用地是否符合《划拨用地目录》，能否采用划拨方式供地？

有部分可以出让、划拨。

2. 关于停车场建设方面目前有哪些用地优惠政策？

要看相关文件规定。

（四）市场监督局：

1. 机械式停车设备须办理怎样的许可手续？是否可简便办理？

有固定的流程。开绿道不是问题。

2. 目前停车场办理营业执照注册登记前需要办理哪些手续？存在怎样的问题？

由注册登记负责，有固定的程序，没有前置审批程序。

（五）各部门：

1. 放交通锥获自行车占位，到底是违法还是道德问题？按照土地出让合同，这块区域是要免费给公众使用的。

无法处理，无明文依据来加以处罚。

2. 小区物业设置围栏、收费设置，无法按照《中华人民共和国建筑法》申报，也不属于建设用地坐标红线范围外，如果车主投诉违建，该由哪个部门处罚？

建筑红线外为公共开敞空间。由城市管理部门处罚，占道的由交警处罚。

惠阳区调研记录

一、调研时间：2020 年 1 月 9 日 9:30—12:00

二、调研地点：惠阳区交通运输局二楼会议室

三、调研对象：惠阳区人民政府相关职能部门（交通局、城管执法局、自然资源局、住建局、发改部门、司法局、市场监督局、财政局）

四、调研方式：座谈会

（一）交警：

1. 目前本辖区内车辆保有量大约为多少？

登记车辆 17 万，摩托车 3.6 万，驾驶员 19 万。

2. 本辖区内道路停车泊位的数量有多少？

以前有 4 000 余个车位，2019 年撤销部分车位，目前有 3 500 余个。

3. 近三年本辖区违停处罚案件的数量情况（高发区域有哪些）如何？

不包括现场查处的话，自 2019 年 4 月至 12 月，共有 27 406 起违停处罚案件。

4. 目前哪些情形下会调整或者撤销道路停车泊位？有无相关的依据？公共停车场投入使用后其周边 200 米范围内逐步取消路边泊位，是否可行？

只有特殊情况下才会撤销、减少道路停车泊位。对于公共停车场投入使用后其周边 200 米范围内逐步取消路边泊位的做法需要慎重考虑，除非能够满足商业区或居民区的停车需求。

5. “僵尸车”处理遇到的问题有哪些？

处理难，遇到“僵尸车”需先核对车辆资料，看是否达到报废年限、有无违章未处理、未年审等情况，否则不敢轻易处理。

6. 对医院、学校等停车位不足的区域，可以设置短时免费的临停快走区域吗？如何规范？

对于学校已经在路边设置短时的临停快走办法，规范的前提仍需有法律依据。

7. 停车场建设和管理中是否应做及如何做交通影响评价？

就惠阳区情况而言，惠阳区对标深圳，土地资源紧缺，只能“往上要空间”，如行政中心已布点 700 个车位建设，还有其他的停车点。

8. 如果对不提交或者不更新停车场基本信息资料的行为、不按照规定上传动态停车信息数据的行为，分别对个人和单位处一定数额的罚款，是否可行？

对于住宅小区、商场等个人停车场并没有要求对方更新、上传、提交停车场基本信息资料、动态停车信息数据的法律依据。

（二）市政园林中心/公用事业局：

1. 目前本辖区内公共停车场数量为多少？共有车位多少个？

共有公共停车场 4 个。共有车位 1 期 122 个，2 期 128 个，人民公园 35 个。

（三）发改部门：

1. 经备案的停车场数量有多少？

若从立项层面谈，2016 年至今只有两宗。其中一宗还是行政服务中心建设公共停车场的立项。

2. 目前本辖区内停车场有偿停车的收费标准是怎样的？

除少数政府定价停车场外，其余已按要求交由市场定价。如医院等实施政府定价的停车场，车辆收费一般分时段、分次收取，白天 5 元，晚上 10 元，合计 15 元。

3. 在 2018 年出台的《惠州市机动车停放服务收费管理办法》的基础上，是否需要在拟起草的管理办法中规定相关的收费内容，需要细化的具体为哪些方面？

已经很详细了。

4. 如何鼓励国企参与公共停车场建设?

需要财政支持、政府引导,如政府有资金、用地等优惠政策。

5. 有哪些可行的停车场投资建设模式?

除了政府必要的配套,其他的可交给社会投资,由社会管理效果更好。

6. 停车费的成本及其结构如何? 针对停车费,现在有哪些政策?

省文件已有确定的标准。

7. 使用者的"黑名单"录入市交通运输局建立的停车信息系统,并纳入发改部门搭建的全市统一的征信系统。对此是否支持? 请谈谈其合法性。

征信系统虽然已投入使用,但目前没有数据。可以参照"政府黑名单""企业黑名单"的做法。

(四) 交通局:

1. 交通运输主管部门是否应制定全市统一的智能停车技术标准,建立全市统一的停车信息系统?

支持。但目前交通运输主管部门没有处罚职能,统一的停车信息系统若放在交通局不能取得良好的效果。建议谁有处罚权就由谁建立、管理。

2. 使用者的"黑名单"录入市交通运输局建立的停车信息系统,并纳入发改部门搭建的全市统一的征信系统。对此是否支持? 请谈谈其合法性。

支持,但必须要有法律授权,即有权管,否则有后患。

3. 如何应对私设泊位、乱占泊位、随意停放、收费不规范等问题?

肯定是要加强管理,但建议因地制宜,不要采用一刀切的办法。惠阳仍处于高速发展状态,需要预留空间以作动态调整。大城市越规范越好,小地方要逐步推进,例如,先从主要道路开始规范。有急有缓、循序渐进的效果才好。

(五) 住建部门/自然资源局:

1. 目前停车场规划建设方面的程序和要求有哪些?(包括地面单层以及多层立体停车场)

一般都是按相应文件处理,并不复杂,多为平面停车场。钢架式停车场未接受过审批,被认为不属于建筑物、构筑物范畴。

2. 目前设置临时公共停车场需要什么审批手续? 根据住建部规定,住建部门召集相关部门通过联席会议等形式进行审定临时公共停车场的设置,有无现实的困难或不合理的地方?

审批要有明确的立法指引,操作起来才能依法依规。

3. 编制停车场专项规划应该交由交通局负责实施,还是交由住建部门负责实施(广州、佛山由交通局负责实施;西安、贵州由规划部门负责实施)?

专项规划目前是自然资源局。

4. 如住建部门负责编制停车场专项规划、公共停车场建设计划，是否需要市、县两级住建部门分别制定？还是只需市级住建部门统一制定？

目前是各自做各自的专项规划，报自然资源局统筹。

5. 目前有无制定不同建设项目或用地的停车位配建指标？

已有停车场布点规划，专门布有机械停车场的点。

6. 建筑的退让间距与停车场建设的关系如何？

惠州已有技术规定。

7. 物业管理中涉及的停车场管理情况是怎样的？

小区物业管理关于停车场的数据没有上报的义务。

（六）自然资源局：

1. 公共停车场用地是否符合《划拨用地目录》，能否采用划拨方式供地？

目前公共停车场确实少，工、商闲置用地按现行政策不能办停车场。最好是推动第三方参与，从立法上体现、鼓励社会投资取地，依靠划拨效果不好，或是整合开发小地块避免闲置。原因是土地资源紧缺。

2. 关于停车场建设方面目前有哪些用地优惠政策？

惠阳区目前暂无优惠政策。只有市里给政策了，才能到区县。

3. 如何配合我市高铁、飞机场的规划，进行无缝隙停车场建设？

高铁可以用立体停车。

（七）市场监督局：

1. 机械式停车设备须办理怎样的许可手续，是否可简便办理？

办特种设备许可手续。目前来看，该特种设备的生产只要符合标准即可，市县并不针对设备生产专门管理。而使用的话只需申请行政许可、办理登记证，目前已比较简单。安监部门会告知申请人需要提供什么材料，以便后期监督检验。

2. 目前停车场办理营业执照注册登记前需要办理那些手续？存在怎样的问题？

不属于需要前置许可的范围，不需要办理登记前手续。目前有 138 家持停车场营业执照的，不存在登记问题。

（八）财政局：

1. 应否对公共停车场建设实行财政补贴？

无计划，原则上建议加入社会元素，鼓励社会资本参与。

2. 有哪些可行的停车场投资建设模式？

主要还是鼓励社会资本参与。

（九）各部门：

1. 机械式停车设备免予办理工程规划、用地、施工许可等手续，是否可行？

从目前情况看，连程序都不能减，更别提免于办理。还是希望鼓励社会资本参与。另外建议把公共停车场的规划和选址要精准，分为公共和商业两部分，最大程度地利用土地资源。

大亚湾区调研记录

一、调研时间：2020 年 1 月 9 日 15:00—17:00

二、调研地点：大亚湾区管委会附属楼 5 号会议室

三、调研对象：大亚湾区人民政府相关职能部门（交通局、城管执法局、自然资源局、住建局、发改部门、司法局、市场监督局、财政局）

四、调研方式：座谈会

注：

1. 黄金海岸停车，村民经营时，重大的要办临时建筑手续。

2. 可以探讨公园地下停车场收费。

（一）交警：

1. 目前本辖区内车辆大约为多少？

目前在大亚湾入户的车辆有 23 000 多辆。

2. 本辖区内道路停车泊位的数量有多少？

澳头有 1 000 多个，西区不到 2 000 个，霞涌 300 多个，加起来约 3 000 多个。除了小区内停车位消化了一部分停车需求，路面停车场还是不足。停车问题的投诉不多，主要是挪车的投诉。

3. 近三年本辖区违停处罚案件的数量情况（高发区域）有哪些？

我们主要是管辖主干道的，近三年主干道违停处罚案件的数量：

2017 年约 7 000 多宗，2018 年不到 10 000 宗，2019 年约 13 000 多宗。

4. 目前哪些情形下会调整或者撤销道路停车泊位？有无相关的依据？公共停车场投入使用后其周边 200 米范围内逐步取消路边泊位，是否可行？

除了市政改造外，一般不会调整或撤销停车位，一般是以区里的建设需要为依据。

非常赞同，可以减小交通压力，也可杜绝交通隐患，但是可能不能满足停车需要。

5. “僵尸车”处理遇到的问题有哪些？

没问题。按照程序进行，先进行公告三个月。车主出现的，如果是达到报废期，给出拆解证明；没有达到的，则给予违停处罚。如没有出现，则按照无主物处理。执法局针对摊贩摆卖的处理，交警是针对影响交通问题的处理。

6. 对医院、学校等停车位不足的区域，可以设置短时免费的临停快走区域吗？如何规范？

新区可以，老区不行。

7. 停车场建设和管理中是否应做交通影响评价？

可以。

8. 如果对不提交或者不更新停车场基本信息资料的行为、不按照规定上传动态停车信息数据的行为，分别对个人和单位处一定数额的罚款，是否可行？

政府投资的停车场可以，社会经营的不需要，要区分主体才行。

（二）市政园林中心/公用事业局：

我们公用事业局管辖的公共停车场主要是公园、广场和绿道的，个别的公共停车场有所属的街道办管辖。

（三）公共停车场管理者：

公共停车场存在问题：被占用；被周边市民停放，功能无法发挥；绿道、旅游区无法停车，投诉多。

1. 目前本辖区内公共停车场数量约为多少，共有车位多少个？

公共停车场 13 个，约 1 200 个停车位，在建约 400 个，已建成的 800 个。

2. 公共停车场是如何管理的？使用过程中有哪些问题？

公园的停车场是作为公园的配套设施打包，通过公开招标，由中标单位来管养的。

现在面临的问题主要有两个方面：一是停车位被占用，例如“僵尸车”，公园附近的小区业主会将车辆停放在公园停车位内，导致游园的游客无法停车，公园停车位本身的功能无法发挥；二是停车场数量不足，无法满足停车需求，市民投诉较多。我们会联合街道办和交警部门一起执法，协调周边酒店提供停车位，周边村民会使用自己的用地搭建停车场（该类停车场是需要收费的，价格我们无法控制，如果价格过高，会有市民投诉）。

（四）发改部门（工贸局）：

1. 经备案的停车场数量有多少？

现在停车场收费都已经放开市场调节价了。经备案的政府定价停车场 3 个。

2. 目前本辖区内停车场有偿停车的收费标准是怎样的？

政府定价是需要根据停车场的成本和群众缴费能力来核算的，政府收费要备案，不收费可不备案。

（五）交通局：

1. 交通运输主管部门是否应制定全市统一的智能停车技术标准，建立全市统一的停车信息系统？

支持。

2. 使用者的“黑名单”录入市交通运输局建立的停车信息系统，并纳入发改部门搭建的全市统一的征信系统。对此是否支持？请谈谈其合法性。

不支持，区交通局无权。“三标两建”中市局设红黑榜。社会停车场的管理权不明确。

（六）发改部门、交通局、交警、市政园林中心/公用事业局：

1. 如果公共停车场、道路停车泊位实施收费运营，应如何协调运营主体与行政管理机关之间关系并确定各自的责任？

目前我们辖区内的公共停车场都是不收费的。路边停车位也是不收费的。

（七）住建部门/自然资源局：

1. 本县区规划的职能是否由住建部门调整到自然资源局，就规划方面工作应由哪个部门负责？

住建部门。

2. 目前停车场规划建设方面的程序和要求有哪些？（包括地面单层以及多层立体停车场）

规划、报建的审查，与普通的项目程序是一样的。

3. 目前设置临时公共停车场需要什么审批手续？根据住建部规定，住建部门召集相关部门通过联席会议等形式进行审定临时公共停车场的设置，有无现实的困难或不合理的地方？

和普通的临时建筑程序是一样的。

4. 编制停车场专项规划应该交由交通局负责实施，还是交由住建部门负责实施（广州、佛山由交通局负责实施；西安、贵州由规划部门负责实施）？

我们目前没有编制专项规划，但我们的控制性详细规划里已经有相应的停车场用地。

5. 如住建部门负责编制停车场专项规划、公共停车场建设计划，是否需要市、县两级住建部门分别制定？还是只需市级住建部门统一制定？

建议两级分开建设。

6. 目前有无制定不同建设项目或用地的停车位配建指标？

我们是根据市住建局所做的标准《惠州市城乡技术管理规定》来配建的，住宅或商业建筑是按每100平方米计容面积配备一个停车位，工业生产的标准是按每100平方米计容面积配备两个停车位。

7. 建筑的退让间距与停车场建设的关系如何？

根据相关要求，要看具体方案里的规定。

8. 物业管理中涉及的停车场管理情况如何？

这个问题应该是属于房管局管理的。

（八）自然资源局/国土局：

1. 公共停车场用地是否符合《划拨用地目录》，能否采用划拨方式供地？

《划拨用地目录》里关于停车场的土地只有一类——公共交通车辆停车场，但是这个用地是给公交车的。无供地需求，如有则挂拍。之前多为绿地，也能报建。

2. 关于停车场建设方面目前有哪些用地优惠政策？

市局的空间规划科才有权制定优惠政策。

3. 如何配合我市高铁、飞机场的规划，进行无缝隙停车场建设？

我们现在在做综合交通枢纽的研究。

（九）市场监督局：

1. 机械式停车设备须办理怎样的许可手续？是否可简便办理？

该手续不复杂，只需要有机械产品的合格证、检验报告、企业营业执照复印件、法定代表人的身份证复印件就可以来办理了。商业用地可以，边角地也可以，但工业用地不可单独建设。目前地下的没有批过，不明确。另外，如果是绿地停车，合理的收费也可以。

2. 目前停车场办理营业执照注册登记前需要办理哪些手续？存在哪些的问题？

只要有合法的场地证明（土地证、规划证、村委证明等）即可办理，不存在前置手续。

（十）财政局：

1. 应否对公共停车场建设实行财政补贴？

大亚湾没有。

2. 有哪些可行的停车场投资建设模式？

没有。

（十一）交通局、交警、公用事业局、市政园林中心、房管局、城管局、市场监督局：

1. 日常管理过程中哪些区域的停车问题较为突出？主要有哪些问题？

随意停车问题比较严重，主要现象为将车辆改为流动摊贩进行摆卖，这主要由城管局去查处。

2. 近三年本辖区市民投诉举报关于停车问题的数量、主要类型及处理结果。

投诉较多的是车辆阻碍、挪车的问题。

（十二）各部门：

1. 政府机关办公地点的停车位数量及需求状况，如政府机关办公楼停车场对外开放，除满足办公需要、社会车辆进出管理问题外，还应考虑哪些问题？

我们政府内部停车位本来就不足。

2. 机械式停车设备免予办理工程规划、用地、施工许可等手续，是否可行？

不可行，需要携带上合格证、验收证、法人执照（免于办理没有法律依据）到市场监督局办理相关手续。

仲恺区调研记录

一、调研对象：仲恺区政府（交通局、城管执法局、公安交警、自然资源局、住建、发改部门、司法部门、市场监督、财政局、公共事业部门、房管部门、市政园林中心）

二、调研方式：座谈会、征求意见函

三、调研时间：2020 年 1 月 10 日 9:30

四、调研地点：仲恺科融大厦 2 楼 2 号会议室

六、参与人员：

五、调研事项：

天益城小区在建之初，规划告知书要求建 160 个社会停车位，为全市第一例附停车位建设的小区开发项目。

（一）交警：

1. 目前本辖区内车辆保有量大约为多少？

惠州全市（惠城区、仲恺区）机动车保有量为 151 万，其中小车是 131 万。以仲恺区为联系地址登记的机动车辆为 87 089，其中小车为 84 624，大货车 2 465。以上数据不包括摩托车数量。

2. 本辖区内道路停车泊位的数量为多少？

仲恺辖区交警规划的道路停车位，小车位是 2 870 个，摩托车位 1 417 个。

3. 近三年本辖区违停处罚案件的数量情况（高发区域）有哪些？

近三年三个辖区查处的违停行为有 24 517 宗。高发区域集中在陈江甲子路、陈江大道、白云路、仲恺大道天益城、金湖路、惠环片区的和畅和惠风各路。以上的均为市中心商业区、居民区和工厂区密集地。

4. 目前哪些情形下会调整或者撤销道路停车泊位？有无相关的依据？公共停车场投入使用后其周边 200 米范围内逐步取消路边泊位，是否可行？

停车位的调整、设置和撤销的法律依据是公安部的《城市道路路内停车泊位设置规范》实施，不应设置停车泊位的路段的区域详见文件规定。

5. “僵尸车”处理遇到的问题有哪些?

针对僵尸车辆的处理,大队首先是通过车牌号查找车主,通知车主开离,对通知不到的车辆进行拖离,按规定经过公示后强制报废。

6. 对医院、学校等停车位不足的区域,可以设置短时免费的临停快走区域吗? 如何规范?

对于学校和医院规划的停车位,根据所处周边环境,市区内的学校和医院、周边道路交通量较大的不建议规划临停车位,难以满足需求,更容易造成秩序混乱,交通拥堵。

7. 停车场建设和管理中是否应做以及如何做交通影响评价?

应做,停车场建设必须要根据周边居民居住量、工厂业务量、商业交通量等情况进行评价。

8. 如果对不提交或者不更新停车场基本信息资料的行为、不按照规定上传动态停车信息数据的行为,分别对个人和单位处一定数额的罚款,是否可行?

根据交通法,大队无法对商家、物业对停车场的管理等进行行政处罚,建议在房屋规划(规划局和国土局)、商业使用性质审批(工商)上加以规范。

(二) 市政园林中心/公用事业局:

公用事业办:公园地下是免费的。是政府投资的。我们未介入停车场。

(三) 发改部门:

1. 经备案的停车场数量有多少?

不用备案。

2. 目前本辖区内停车场有偿停车的收费标准如何?

价格放开后收费标准有点乱。

3. 在 2018 年出台的《惠州市机动车停放服务收费管理办法》的基础上,是否需要在拟起草的管理办法中规定相关的收费内容,需要细化的具体内容有哪些方面?

如何设定价格需细化,且存在开发商垄断问题,投诉多的问题,如某小区出现每月的 250～350 元停车费提价事件。

4. 停车费的成本及其结构如何? 针对停车费,现在有哪些政策?

与用地、管理成本等有关,与成本相比,收益相对不是很高。

5. 使用者的“黑名单”录入市交通运输局建立的停车信息系统,并纳入发改部门搭建的全市统一的征信系统。对此是否支持? 请谈谈其合法性。

影响很大,太多限制,信息又共享。

(四) 交通局:

如何应对私设泊位、乱占泊位、随意停放、收费不规范等问题?

应对上述行为处罚。

（五）发改部门、交通局、交警、市政园林中心/公用事业局/住建部门/自然资源局：

1. 本县区规划的职能是否由住建部门调整到自然资源局，规划方面工作应由哪个部门负责？

停车场用地在规划中是有的。正常报建。

2. 目前设置临时公共停车场需要什么审批手续？根据住建部规定，住建部门召集相关部门通过联席会议等形式进行审定临时公共停车场的设置，有无现实的困难或不合理的地方？

临时用地批复、临时用地规划。20 个工作日批复。

3. 编制停车场专项规划应该交由交通局负责实施，还是交由住建部门负责实施？（广州、佛山由交通局负责实施；西安、贵州由规划部门负责实施）

编制停车场专项规划建议交由交通局负责实施。

4. 如住建部门负责编制停车场专项规划、公共停车场建设计划，是否需要市、县两级住建部门分别制定？还是只需市级住建部门统一制定？

市自然资源局详规科在做，职能移交给国土部门了。

5. 目前有无制定不同建设项目或用地的停车位配建指标？

100 m^2 要 1 个停车位，以前是 0.8 个。

6. 建筑的退让间距与停车场建设的关系是怎样的？

相邻建筑地块可以配建，道路边的退让线内不可建。

（六）自然资源局：

1. 公共停车场用地是否符合《划拨用地目录》，能否采用划拨方式供地？

可以，确定使用方是谁即可。

2. 如何配合我市高铁、飞机场的规划，进行无缝隙停车场建设？

如先有规划，则没问题。

（七）市场监督局：

机械式停车设备须办理怎样的许可手续，是否可简便办理？

按特种设备办理，手续容易办。

（八）交通局、交警、公用事业局、市政园林中心、房管局、城管局、市场监督局：

日常管理过程中哪些区域的停车问题较为突出？主要是哪些问题/现象？

商场门口、小区门口、独栋楼投诉多，停车占门口易造成堵塞。

房管中心：投诉举报近三年有 37 宗，主要是出售、出租和办产权证问题。区域是地下人防区域和地面停车位管理较为突出。管理依据是：《惠城区房地产开发项目停车位租售管理办法》惠府办(2009)3号。

博罗县调研记录

一、调研时间:2020年1月10日9:30—12:00

二、调研地点:博罗县文化馆22号会议室

三、调研对象:博罗县人民政府相关职能部门(交通局、城管执法局、自然资源局、住建局、发改部门、司法局、市场监督局、财政局)

四、调研方式:座谈会

(一)交警:

1. 目前本辖区内车辆保有量大约为多少?

博罗县辖区内车辆保有量为347 284辆,其中摩托车140 839辆,小型汽车198 295辆,大型汽车8 150辆。

2. 本辖区内道路停车泊位的数量有多少?

博罗县罗阳镇道路停车泊位的数量为5 349个。下面乡镇街道停车泊位的数量约为6 000个。

3. 近三年本辖区违停处罚案件的数量情况(高发区域)有哪些?

近三年本辖区内未停处罚案件的数量为126 791宗,高发区域有县城、龙溪街道办、石湾镇、园洲镇。

4. 目前哪些情形下会调整或者撤销道路停车泊位?有无相关的依据?公共停车场投入使用后其周边200米范围内逐步取消路边泊位,是否可行?

目前只有规划为公交站点的位置才会调整或者撤销原来的道路停车泊位。依据是规划中的需求情况。公共停车场投入使用后,如果有足够的停车位,其周边200米范围内逐步取消路边泊位是可行的。

5. "僵尸车"处理遇到的问题有哪些?

现在主要是通过群众举报,如果查询到"僵尸车"的状态是报废车辆,可以将其强行拖到停车场停放;如果"僵尸车"的状态是未年检或者正常的车辆,可以联系告知车主开走。目前主要的问题是如何定义"僵尸车",状态正常的车辆停放在公共停车位中多长才能被定义为"僵尸车"?目前尚未对此有明确界定。

6. 对医院、学校等停车位不足的区域,可以设置短时免费的临停快走区域吗?如何规范?

在医院、学校等停车位不足的区域,如果不影响其他车辆正常通行且有足够空间的,可以设置短时免费的临停快走区域,建议安装围栏、监控设备,限定时限进行规范。

7. 停车场建设和管理中是否应做及如何做交通影响评价?

停车场建设和管理中应做交通影响评价，最好聘请专业的有资质的第三方做建设项目交通影响评价，并征求市交警支队交管科的意见和审核。

8. 如果对不提交或者不更新停车场基本信息资料的行为、不按照规定上传动态停车信息数据的行为，分别对个人和单位处一定数额的罚款，是否可行？

按照道路交通安全法的规定，交警部门没有依据对上述行为进行处罚。

（二）公用事业局：

目前本辖区内公共停车场数量约为多少？共有车位多少个？

截至目前，博罗县共有 70 条市政道路，共设置停车位 5 349 个，路外停车位 1 700 多个，未来一年在公共区域（如公共道路、广场、公园等）可以增加 3 000 个停车位，在老城区可以增加 879 个停车位，但博罗县中心区停车位仍然远远无法满足车辆停放需求。

（三）发改部门：

1. 经备案的停车场数量有多少？

经备案的停车场数量共 4 家，分别是人民医院停车场、博罗客运中心停车场、罗浮山景区停车场和农业示范场停车场，这 4 家停车场的停车费实行政府指导价。2015 年，我局根据惠州市发展和改革局、惠州市房产管理局《转发省发展改革委省住房城乡建设厅关于放开住宅小区、商业配套、露天停车场停车保管服务收费等有关问题的通知》（惠市发改价〔2015〕115 号）的要求，废止了停车场文件 40 份，停车场 32 家。

2. 目前本辖区内停车场有偿停车的收费标准是什么？

分两种收费办法，第一种是按照博罗县政府定价与政府指导价，超过 30 分钟以外的停车费为 5 元、10 元、15 元、20 元，最高不得高于 20 元。第二种是按照市场调节价，只需明确收费标准即可。

3. 在 2018 年出台的《惠州市机动车停放服务收费管理办法》的基础上，是否需要在拟起草的管理办法中规定相关的收费内容，需要细化的具体为哪些方面？

没有需要规定和细化的。

4. 如何鼓励国企参与公共停车场建设？

建议由政府规划、国企参与投资建设停车场，根据建设经营成本实行政府指导价。

5. 有哪些可行的停车场投资建设模式？

（1）城市公共交通枢纽站及换乘站配套停车设施。

（2）机场、车站、码头、旅游景点、口岸配套停车设施。

（3）政府财政性资金、城市建设投资（交通投资）、公司建设的室内专业停车设施。

6. 停车费的成本及其结构如何？针对停车费，现在有哪些政策？

停车费的成本及其结构由：工资（含福利、奖金等）、固定资产折旧、租赁费、修理维护费、管理费用、其他费用运行构成。

针对停车费，根据《中华人民共和国价格法》《政府制定价格成本监审办法》（2017年国家发展改革委第8号令）、《政府制定价格行为规划》（2017年国家发展改革委第7号令）、《广东省物价局机动车停放保管服务定价成本监审办法（试行）》《广东省定价目录（2018年版）》和《惠州市人民政府关于印发〈惠州市机动车停放服务收费管理办法〉的通知》（惠府〔2018〕19号）的文件规定执行。

7. 使用者的“黑名单”录入市交通运输局建立的停车信息系统，并纳入发改部门搭建的全市统一的征信系统。对此是否支持？请谈谈其合法性。

根据市信用办传达国家、省最新信用工作精神，接下来将慎重将企业、个人黑名单列入政府应用信息系统，建议使用者的“黑名单”录入信息系统事项征求市信用部门意见，最终以市信用部门意见为准。

（四）交通局：

1. 交通运输主管部门是否应制定全市统一的智能停车技术标准，建立全市统一的停车信息系统？

参照广州、深圳及中山等市的做法，应当制定全市统一的智能停车技术标准及统一停车信息系统。

2. 使用者的“黑名单”录入市交通运输局建立的停车信息系统，并纳入发改部门搭建的全市统一的征信系统。对此是否支持？请谈谈其合法性。

支持。根据《广东省道路交通安全信用管理办法（试行）》的相关规定，交通安全信用信息“黑名单”按照处罚轻重、责任大小程度，分为一般失信、较重失信、严重失信三类进行整合分类。使用者的“黑名单”录入停车信息系统和全市统一征信系统，有利于加强道路交通安全信用信息归集和使用管理，提高道路交通参与者交通安全意识，进一步推动诚信、法治惠州建设。但是由于“黑名单”制度会涉及较多方面的限制，建议慎用“黑名单”制度。

3. 如何应对私设泊位、乱占泊位、随意停放、收费不规范等问题？

针对这些问题，建议在《惠州市停车场建设与管理办法》中明确各部门的责任和义务，无论是经营性停车场还是非经营性停车场均需按照规定向城市行政主管部门备案，实行统一管理。还应明确停车场经营管理者和机动车停放者的义务和责任。为保障上述行为规范的落实，还应制定信用记录、监督检查、举报投诉制度，对擅自占用，设置地桩、地锁、接坡等涂改、毁坏停车泊位的，规定相应的处罚，以期实现合规经营、有序停放的停车环境。

（五）发改部门、交通局、交警、公用事业局：

如果公共停车场、道路停车泊位实施收费运营，应如何协调运营主体与行政管理机关之间关系并确定各自的责任？

公共事业局：目前公共停车位仍未进行收费，若要实行收费运营，建议该收费行政职能由城市执法局实行。

（六）住建部门/自然资源局：

1. 目前停车场规划建设方面的程序和要求有哪些（包括地面单层以及多层立体停车场）？

目前停车场没有专项用地，所以停车场报建一般是按照一般建筑审批的。

2. 目前设置临时公共停车场需要什么审批手续？根据住建部规定，住建部门召集相关部门通过联席会议等形式进行审定临时公共停车场的设置，有无现实的困难或不合理的地方？

目前主要的困难是临时停车场没有专门用地，也很难去完善临时停车场的报建手续。

3. 编制停车场专项规划应该交由交通局负责实施，还是交由住建部门负责实施（广州、佛山由交通局负责实施；西安、贵州由规划部门负责实施）？

机构改革以前住建局曾编制过一个停车场专项规划，但一直未过审。建议还是由主管部门来编制停车场专项规划。

4. 目前有无制定不同建设项目或用地的停车位配建指标？

目前是 100 m^2 的计容面积配备 1 个停车位。

5. 建筑的退让间距与停车场建设的关系是怎样的？

在两个地块红线交界处，建筑退让间距的空间是可以设置为停车位的，只是有 10%的比例限制，在该建筑的规划方案中会明确。

6. 物业管理中涉及的停车场管理情况是怎样的？

一般是由物业公司管理，物业公司一般会将停车位出租或出售，并收取管理费。

（七）自然资源局：

1. 公共停车场用地是否符合《划拨用地目录》？

是符合的。

2. 关于停车场建设方面目前有哪些用地优惠政策？

会视配套情况给予优惠。

3. 如何配合我市高铁、飞机场的规划，进行无缝隙停车场建设？

目前在建设的高铁新城，都有规划社会停车场的用地。

（八）市场监督局：

1. 机械式停车设备须办理怎样的许可手续?

若是属于国家特种设备目录中的设备,则需要办理特种设备使用登记。

2. 目前停车场办理营业执照注册登记前需要办理哪些手续?存在怎样的问题?

现在办理营业执照属于后置审批,手续简便。

(九)财政局:

1. 应否对公共停车场建设实行财政补贴?

目前博罗的公共停车场均是由财政投资建设的。

2. 有哪些可行的停车场投资建设模式?

可鼓励社会资本参与公共停车场的建设,可用财政补助的方式吸引社会资本参与建设。

(十)交通局、交警、公用事业局、市政园林中心、房管局、城管局、市场监督局:

1. 日常管理过程中哪些区域的停车问题较为突出?主要为哪些问题/现象?

交警:日常管理过程中,一些背街小巷以及未进行规划的路段和区域未报备不能执法,主要是停车秩序混乱,造成车辆通行和群众出行不顺畅,容易引起投诉和网络问政。

公共事业局:部分商铺会使用小物件霸占停车位,我们执法过程中会受到阻挠。还有一个情况是小区内设置足额的停车位,但需要收费,部分小区业主为节省停车费将汽车停放在路边免费的停车位内,导致路边停车位利用率低,而小区的停车位则没有完全利用。

2. 目前针对上述出现的问题/现象采用什么方式处理?

交警:辖区交警中队会加强这些区域的巡逻管控,有条件的路段尽快规划停车泊位,尽快完善相关标志、标线并进行报备,为交警执法提供依据。

3. 近三年本辖区市民投诉举报关于停车问题的数量、主要类型及处理结果有哪些?

交警:近三年本辖区市民举报关于停车问题的数量有 60 多宗,主要反映为:一是停车难,停车位不够;二是停车泊位被商铺恶意占用(目前我们只是对商铺店主进行教育劝阻);三是停车泊位的标线不清晰;四是交警执法过程中同一违章行为重复拍摄(对重复行政处罚行为后期核实后会撤销)。

4. 停车问题突出的区域是否具备建设停车场的条件?

交警:停车问题突出的区域大多在老城区,不具备建设停车场的条件。

公共事业局:目前博罗交通较堵塞区域集中于学校区域,学校区域具备建设条件，可建设在学校内的公共区域或地下区域设置。

（十一）各部门：

政府机关办公地点的停车位数量及需求状况，如政府机关办公楼停车场对外开放，除满足办公需要、社会车辆进出管理问题外，还应考虑哪些问题？

现在政府单位的停车场均不足以满足本单位内部所需，无法提供给社会车辆使用。另外考虑到内部安全、“僵尸车”等问题，目前开放政府内部停车位给社会车辆使用不具有可操作性。

相关企业调研记录

一、调研时间：2020 年 1 月 20 日 9：30

二、调研地点：路桥大厦 10 楼会议室

三、调研对象：惠州交投路桥投资有限公司

四、调研方式：座谈会

五、调研事项：

1．党政机关、事业单位、社会公共（公益）性单位的停车场对外开放是否为解决停车问题的必需措施？还有没有其他意见或建议？

中山市的停车场条例在制定过程中，有一个条款规定了“不收费属于违法”，最后这个条款被否定了。可以参照其他地方的先进经验，以中山市为例，中山市的党政机关、事业单位停车场不对外开放。江西赣州崇义县则是 6 点以后开放，但进入车辆第二天早 8 点必须离开，否则会进行高额收费。像中山、东莞、深圳这些大城市，社会公共停车场则必须对外开放，而且是有偿服务。以深圳北站为例，深圳北站的停车场一开始是不收费的，秩序很乱，没有地方停车，公共资源变成了私有资源，在收费后，通过价格杠杆调控后停车秩序才有所好转。

2．企业自有停车场是否愿意对外提供有偿停车服务？主要顾虑是哪些？

不愿意，最大的问题是管理困难。

3．小区停车场对外提供有偿停车服务应注意什么问题？

可以参照中山市的规定，小区停车场的定价是议价确定的，不属于政府定价，是否对外开放等决定过程物业公司是不参与的。需要符合《物权法》的规定，而且业主已经缴了物业管理费，物业不应该以业主对外开放为由再多收管理费，对外开放后外来车辆的停车费应由业主收取。错峰共享，这样就可以实现，参照崇义县的到点不离开就以高收费进行价格调控。

4．对于停车场、公共停车位的投资建设和运营管理方面，是否存在希望解决的问题？有什么好的意见和建议？

很多典型的案例，停车场如果没人停就没人管理，停车场没人管理，没人经营，很快也会闲置。停车场的投入与产出（投资回报）是否相匹配，能不能切实的贯彻20%的商业配套，让停车场的管理良性运行起来是面临的主要问题。没有管理的停车场会出现很多的问题，包括环境卫生和安全隐患等问题。必须有途径让停车场能盈利才能运营下去，光靠停车费是不够的。

对小区与公共区域部分可以考虑建设停车场，规定条件进行建设：① 让小区来做；② 合作经营；③ 不做不愿意做的，让交投公司来盘整。

5. 是否应开展停车场管理者诚信评价、车辆停放诚信评价？

现在是诚信社会，最深感受的就是诚信，即便法规层面不去规定，企业经营管理中，也应该有自己的停车征信。比如一旦有不交停车费的行为，第二次就不让停，这也是一个变相的征信问题，滴滴打车也是这样的。我们想尽可能地实现这个诚信评价方式。

6. 投资公共停车场建设有什么顾虑？

投资无回报，投资亏损。停车费的收入还不足以支付投资建设费用的利息，所以要么有补贴，要么给到商业配套，才能够经营下去。

7. 投资公共停车场建设希望能得到什么具体政策支持？

用地支持。20%的商业配套是国家有政策支持的，目前都没完全享受到20%，今后要落实该政策。地下的又完全没有落实，建议向西安学习，西安的政策是配套25%，大雁塔附近的项目限高，所以政府鼓励向下挖掘，向下也有配套，而且有资金扶持，因为向下挖掘，建地下停车场的成本高。土地出让收入除了相应税费等，余下部分能否执行相应制度予以返还。

8. 对于运营公共停车场或道路停车泊位有什么建议？

全市所有停车场一盘棋，一张网，资源共享，盘活利用有限的停车资源。

交警是希望对道路停车泊位进行收费，从而通过价格杠杆盘活临时泊位的功能。交警部门规划再多车位，也是被周边居民长期占用了，没起到临时泊位的功能。不收费，临时泊位的功能就丧失了。道路临时停车位实行收费管理后由企业来管，交警压力就小了。

9. 停车场需要有管理制度、管理人员和符合要求的停车设施，请展开谈谈。

现在红花湖是由我们管理，用了相关设备后，也不用人员管理，无人值守，捆绑 App 实行无感支付，监控在后台也能看到。路内停车位的也是一样。

补充：地下停车场规定要有30%以上的充电设备，机械停车设备的是否需要预留相应空间的问题。红花湖用惠泊车 App 平台，目前已有33个停车场接入该平台，170多家已安装捷讯设备。启用平台要与业主协商，这部分比较难。交通局有 TOCC 交通平台，可以考虑连接起来。

10. 用地红线、建筑红线、道路红线、建设规划红线等概念之间的关系，能否以市区繁华某小区实例或相关图例进行说明？

实际上只有三条红线，一个是道路红线，一个是用地红线，一个是建筑红线。道路退让线并没有专门的定义，是根据规划要求，在道路红线外一定范围能不能建设，这个范围边界一般称为道路退让线。从小区往外来说，分别是：建筑红线、用地红线、道路退让线、道路红线。道路退让线有可能在用地红线内。

某小区门口、隆生大桥下及其他江北小区门口停车路段实地考察记录

一、调研时间：2020 年 1 月 20 日 15：00

二、调研地点：某小区门口、隆生大桥下及其他路段

三、江北小区门口

四、调研方式：实地考察

五、调研事项：

2020 年 1 月 20 日，由市交通局廖华盛队长带领黄耀宗科长、杨泽斌副科长、袁文峰同车到某小区门口、隆生大桥下及其他江北小区门口停车路段实地考察。

考察中，调研人员试图找出道路红线和建筑红线的位置；关注小区物业有没有尊重并保持大道旁边的人行道的畅通；对人行道施加围栏、水泥墩、铁链、铁柱的地方，查看了执法痕迹。

惠州市交警支队停车场调研记录

一、调研时间：2020 年 4 月 14 日 15：00—16：00

二、调研地点：惠州市交警支队

三、调研对象：惠州市公安局交管科

四、调研方式：座谈会

五、内容：

（一）《广东省道路交通安全信用管理办法（试行）实施情况》

目前道路交通安全信用管理办法存在三大系统并存的情况。对于道路安全信用管理办法确实有在做相应的信用管理，但未涉及违停。主要针对十三种上信用中国网的重点处理行为展开，最后在 12123 平台进行公示。若将违停行为也纳入信用管理办法，则可能面临违停所导致的违法行为太多而不方便管理的情况。

事实上该办法未开始实施，与省里对接后，将方案等报上去并未得到批复。

（二）《惠州市区（惠城中心区）公共停车场布点规划》实施情况

主要是规划问题，具体实施并没有这么快。前年在西湖边布了一个公共停车场的点。该规划主要是针对路外停车场，路内停车场采用动态调整的方式。如惠州市老汽车站就拟改建为路外专用停车场。

（三）市交警部门搭建的停车场信息采集管那里平台情况

没有获取到数据在技术上是没有问题的，联网公安局，是在实际使用中出现了其他情况。

2018 年搭配了一套，实施过程中存在停车场、物业不允许系统接入采集信息的情况。该系统的运作模式为"原系统＋抽取材料软件"组成，即依附于被采集信息停车场系统而运作，如被关闭后需要人工开启才能恢复使用。在先前投入的五个试点停车场中，存在保安嫌电脑卡顿或网速变慢而关闭系统的情况，使用效果不好。

建议参照长沙市要求停车场信息与交警支队共通，对于有的私人停车场不愿意接入公安系统的，可以将统一参数、接口等技术标准由上门调取或实施互联网抽取。但都没有法律规定，私人停车场不愿提供的只能靠协调。

（四）交通诱导系统建设和最近停车管理情况，及核实我市机动车、停车泊位、违停案件等数量

现有 48 块交通诱导屏幕，比较完善，就是缺停车数据而无法完整投入使用。路内停车泊位 4 000 左右（路面停车位），建筑红线与道路外侧 10 000 多个（含仲恺区）。因去年下半年 10 月 2 日后推进教育，违停处罚案件下降很多，为 8 062 宗。

全市在册车辆小汽车约为 130 余万辆，机动车 150 余万辆。

另外，很多路外停车位的权属捋不清楚，是否属于公路资源也不清楚，交警无法处理这部分违停或占用车位的原因往往是因为不在道路上。停车位的设置是有标准的，而且标准定得很细，包括技术标准等。建议学习江苏的做法，江苏辖区内的停车场信息、停车位资源都进行共享，市民可以通过手机预约停车位。

仲恺区交通局调研记录

一、调研时间：2020 年 5 月 13 日 9：30

二、调研地点：仲恺区交通局三楼会议室

三、调研对象：区住建、交通运输、城管执法、公安交警、自然资源等部门

四、调研方式：座谈会

1．请介绍一下乐民府商场的情况。

原为吸引人流的老商场，旧楼刚拆完。计划建的是商住综合体。当时住建要求增加 167 个社会停车位，停车场先挖了地下三层，其中增加了一层。与开发商的建设车位各占一块区域，但共用同一个出入口。两部分停车位可以由物业统一管理，但收费不一样。社会停车位实行政府定价。

2. 建筑红线及路边停车位规划的问题。

市里从去年底开始，颁发不动产权证时就规定计算容积率。现在不划用地红线，只划建筑红线。颁证时不标明。路边停车位规划时，由交警、交通局、公用事业办合议后，用地红线内的由小区划，公共的部分由公共事业办公室规划。目前，惠州市正在修订《惠州市市容和环境卫生管理条例》。

3. 仲恺区公共停车场的情况。

只有一个仲恺区中心公园停车场，由城发集团管理。

4. 对路边停车位占用、上地锁的处罚及依据。

一般处以 19 000 元的罚款。依据是：2019 年的《城市道路管理条例》第四十二条："违反本条例第二十七条规定，或者有下列行为之一的，由市政工程行政主管部门或者其他有关部门责令限期改正，可以处以 2 万元以下的罚款；造成损失的，应当依法承担赔偿责任：(一) 未对设在城市道路上的各种管线的检查井、箱盖或者城市道路附属设施的缺损及时补缺或者修复的；(二) 未在城市道路施工现场设置明显标志和安全防围设施的；(三) 占用城市道路期满或者挖掘城市道路后，不及时清理现场的；(四) 依附于城市道路建设各种管线、杆线等设施，不按照规定办理批准手续的；(五) 紧急抢修埋设在城市道路下的管线，不按照规定补办批准手续的；(六) 未按照批准的位置、面积、期限占用或者挖掘城市道路，或者需要移动位置、扩大面积、延长时间，未提前办理变更审批手续的。"

惠东县调研记录

一、调研时间：2020 年 5 月 25 日 9：30—12：00

二、调研地点：巽寮滨海旅游度假区管理委员会二楼会议室

三、调研对象：巽寮滨海旅游度假区管理委员会、交通运输、城管执法、公安交警、自然资源等部门

四、调研方式：座谈会

五、调研内容

(一) 巽寮滨海旅游度假区管理委员会：

1. 景区内停车场数量和停车位数量，公共与私人停车场各有多少？

约 14 000 个，其中为酒店配建 9 000 多个，公共停车位 4 500 个，增建 210

国道边的停车场。

2. 收费标准是怎样的？

30 分钟内免费。小车 20 元一天，大车 30～50 元一天。

3. 停车中遇到的突出问题是什么？

出场需要扫码支付停车费，旺季时出入停车场比较拥堵。拿出空闲地做停车场，免费临时停车。

4. 对农民私设的停车场怎样规范？

这种情况较少，基本上没有，在旅游高峰期时会引导村集体或个人拿出空地作为临时停车场。

5. 旅游高峰时期，对乱停乱放的车辆处罚的情况如何？停车投诉的情况如何？

主要在旅游旺季时市政道路上违停的比较多。

（二）公安交警：

1. 目前本辖区内车辆保有量大约为多少？

4 万辆。

2. 本辖区内道路停车泊位的数量是多少？

早期有 8 000 个，目前是 6 000 个。

3. 近三年本辖区违停处罚案件的数量情况（高发区域）有哪些？

平时县城、大岭的数量比较多，节假日则是平海港口多。私占停车位的情况突出。

4. 目前哪些情形下会调整或者撤销道路停车泊位？有无相关的依据？公共停车场投入使用后其周边 200 米范围内逐步取消路边泊位，是否可行？

对道路停车泊位的调整或撤销依据交通安全法。基于通行优先的原则，若是能够设置公共停车场增加停车位，对于逐步取消公共停车场之后周边 200 米范围内的路边泊位还是支持的。

5. “僵尸车”处理遇到的问题是什么？

无法处理。“僵尸车”长时间占用公共停车位的做法属于公共资源管理问题，依现行法规定非交警职能范畴。“僵尸车”基本没处理过，在县城范围内“私占”车位的情况尤为突出。

县城拥堵原因一是早期规划建设遗留问题，二是有车主拿“僵尸车”长期占用车位。

6. 对医院、学校等停车位不足的区域，可以设置短时免费的临停快走区域吗？如何规范？

县城几乎没有收费。没有停车时限。没有特别设置免费临停快走区域。

7. 停车场建设和管理中是否应做及如何做交通影响评价?

目前几乎没有做,正常在规划建设时是需要经过征求意见程序的,但目前几乎没有落实。

(三) 公用事业部门:

目前本辖区内公共停车场数量约为多少?共有车位多少个?

7 500 个左右,包括 3 000 个摩托车停车位、4 500 个车辆停车位。

(四) 发改部门:

1. 经备案的停车场数量有多少?

共四个,分别是县人民医院、妇幼保健院、梁化国家森林公园、港口海龟湾景区。

2. 目前本辖区内停车场有偿停车的收费标准是怎样的?

5～10 元每小时,封顶 30 元。分车型也分时间段。

3. 在 2018 年出台的《惠州市机动车停放服务收费管理办法》的基础上,是否需要再拟起草的管理办法中规定相关的收费内容?需要细化的具体为哪些方面?

不需要再另外规定,避免出现冲突。

4. 如何鼓励国企参与公共停车场建设?

有政策优惠、监督管理等。

5. 有哪些种可行的停车场投资建设模式?

目前无实践,但有政府和企业两种。政府方面可采用 PPP 模式,付费方式有政府付费、使用者付费、可行性缺口补助三种。

6. 停车费的成本及其结构如何?针对停车费,现在有哪些政策?

工资薪酬、办公、水电、维修、资产折旧、差旅、车辆广告等。政策就是《惠州市机动车停放服务收费管理办法》

7. 使用者的"黑名单"录入市交通运输局建立的停车信息系统,并纳入发改部门搭建的全市统一的征信系统。对此是否支持?请谈谈其合法性。

支持。2019 年建立了行业"红黑榜"制度。依据是 2017 年 11 月 3 日,国家发改委、人民银行联合对外发布《关于加强和规范守信联合激励和失信联合惩戒对象名单管理工作的指导意见》。

(五) 交通运输局:

1. 交通运输主管部门是否应制定全市统一的智能停车技术标准,建立全市统一的停车信息系统?

无疑是应该的,但是否为交通运输主管部门制定还可以研究探讨。

2. 如何应对私设泊位、乱占泊位、随意停放、收费不规范等问题?

智能平台缺少导致无法了解景区停车情况。统一管理，进行平台及制度建设。

（六）发改、交通局、交警、公用事业等部门：

如果公共停车场、道路停车泊位实施收费运营，应如何协调运营主体与行政管理机关之间关系并确定各自的责任？

道路、专项规划、桥梁、隧道、用地、规划都划入交通局去了。

（七）住建部门/自然资源局：

1. 本县区规划的职能是否由住建部门调整到自然资源局，就规划方面工作应由哪个部门负责？

准备作静态交通规划。

2. 目前停车场规划建设方面的程序和要求有哪些？（包括地面单层以及多层立体停车场）

和一般建设项目的程序差不多。

3. 目前设置临时公共停车场需要什么审批手续？根据住建部规定，住建部门召集相关部门通过联席会议等形式进行审定临时公共停车场的设置，有无现实的困难或不合理的地方？

未办理过临时审批。

4. 如住建部门负责编制停车场专项规划、公共停车场建设计划，是否需要市、县两级住建部门分别制定？还是只需市级住建部门统一制定？

需要分别制定。惠东县主要划分为三个片区，每个片区的情况都不一样，设置不同标准。

5. 目前有无制定不同建设项目或用地的停车位配建指标？

每 100 平方米计容面积配 1 个。

6. 请介绍建筑的退让间距与停车场建设的关系。

参照惠州市建筑设计规范标准。

7. 物业管理中涉及的停车场管理情况如何？

小的小区一般不给外人停放，大的小区一般也只能临时停放。

（八）自然资源局：

1. 公共停车场用地是否符合《划拨用地目录》，能否采用划拨方式供地？

公路有进目录。2017 年的土地分类里面有交通服务占场用地。没有明确社会停车场。

2. 关于停车场建设方面目前有哪些用地优惠政策？

目前出让没有相关的优惠。

3. 如何配合我市高铁、飞机场的规划，进行无缝隙停车场建设？

2007年有总规，此后每5年有1次规划。依靠交通局综合交通规划进行对接。

（十）财政局：

1. 应否对公共停车场建设实行财政补贴？

“政府定价”、“政府指导”但财政不投资，也不进行补贴。

列入规划的内容；土地附加建设条件，配建社会停车位；适当支持低收费停车场。双月湾万科楼盘建设时有要求向社会公开。

2. 有哪些种可行的停车场投资建设模式？

有条件的可以由财政直接投资，委托经营；PPP政策今年可能会放宽松，或采用此方式；鼓励民间资本进入。

（十一）交通局、交警、公用事业局、市政园林中心、房管局、城管局、市场监督局：

1. 日常管理过程中哪些区域的停车问题较为突出？主要有哪些问题？

缺乏智能平台，无法提前获取停车位信息，临界商铺占车位，县城老城区停车位少，缺乏扩建空间，巽寮湾季节性拥堵，景区如十里银滩、双月湾停车场建设少。

2. 目前针对上述出现的问题采用什么方式处理？

之前实行过外地车牌限行政策，但对旅游业和本地商业造成了负面影响，目前已停止实施。

3. 近三年本辖区市民投诉举报关于停车问题的数量、主要类型及处理结果如何？

略。

4. 停车问题突出的区域是否具备建设停车场的条件？

准备在巽寮湾建一个两万平方米的大型停车场。

（十二）各部门：

1. 对于停车场、道路停车泊位的规划建设和管理方面，能否依据现状和经验，提供意见和建议？

惠东县的停车问题和由此造成的拥堵问题与旅游季有关，景区（尤其是节假日）停车需求暴增。由于过往历史规划原因及目前土地现状（多为零碎、带围墙土地或房屋），道路较窄，路边商铺上下货等临时停靠也可能造成交通拥堵，还存在部分市民用A车辆长期占用车位供B车辆进行使用的情况，加剧了停车位紧张的问题。

县交通局建议土地开发时加入停车位条件，全部或部分收回。

县自然资源局认为，目前均有要求配建停车场，但基于土地面积小等现状，要求开发商要拿出能够对外开放停车场压力大。此外，对外开放还涉及管理成本和管理问题。若规定按比例将停车位对外开放，需要按照土地规模作为标准，有条件的可以。

2. 机械式停车设备免予办理工程规划、用地、施工许可等手续，是否可行？

自然资源局工作人员认为，机械式停车场存在管理和维护上的难题。惠东地区曾经有过，但目前使用率不高。一是惠东地区的雨水酸性强，易对机械造成腐蚀；二是进出不方便，可能继续造成拥堵。

跋

从 2019 年 4 月立法起草小组讨论调查问卷的内容，到 2021 年 10 月《惠州市停车场建设与管理办法》的公布，期间历时 2 年又 7 个月。我们以自己的亲身经历验证了立法起草工作的艰难，立法起草工作并非常人眼中的文字组合。

首先是了解停车场实际情况的艰难。本市的车辆及停放基本情况是怎样的？这问题与停车场规范的目的——车辆的有序停放相关，因此，这是首要的问题。其中有汽车数量、停车泊位、停车场的情况、违停处罚案件的情况等需要了解的问题。接着是本市停车场建设基本情况，包括停车场规划、土地供应情况、停车场建设情况等问题。再接下来是市停车场管理基本情况，包括出台的主要管理文件、管理工作的展开、管理中遇到的问题等。实际上，时间有限、精力有限，对现实情况和问题的看法也仅仅是管中窥豹，至于是否是“窥一斑而知全豹”，这要等读者的评判。因为里面肯定有差距，也有数据的不时变化。所谓的豹，其实是运动中的豹子，犹如刻舟求剑中的舟是“行进之舟”。

其次是对停车场建设与管理过程中存在的主要问题及原因的提炼的不易。从不同区段、不同的停车场的数据来看，停车场建设与管理情况是不同的。如何从现状抽取主要问题，需要研读调研资料，而后进行总结。

最后是停车场建设与管理的制度设计之难。这一阶段，看似有许多的文本可以参考，省内省外的，省级市级的，全国停车场建设与管理的规范文本多如牛毛，起草第一稿“办法”看似不难，但后来与惠州市的实际、与社会的需求、各部门的目标和治理的标准紧密联系起来的时候，面对他人的质疑，如何下笔，倒是踟躇半天，枯肠搜尽。至今犹记得为了解决周延地划定停车场的类型，和建筑退让道路红线区域内设置停车场应该符合哪些相关规范等主要问题，而在市交警支队大楼加班讨论至午夜的一幕。

此外，面对备案、上传信息等多种行政管理措施时，心里常有疑惑：这些措施算不算是增加负担、侵害权益的行为？因为《立法法》第八十二条规定：没有法律、行政法规、地方性法规的依据，地方政府规章不得设定减损公民、法人和其他组织权利或者增加其义务的规范。这时，参考其他地市的法条、翻阅上位法条甚至阅读知网上的论文成了我们的解药。在条文的设置中，除了各部门的权限难以厘清以外，行政处罚的设置同样让人头疼。结合惠州的实际，在路内停车泊位停车未交停车费时，是否需要设置行政处罚条款？《法治政府建设实施纲要（2021—2025年）》提出要研究制定行政备案条例。结合以上两个问题，在“办法”公布后，通过继续思考和继续查找、参考其他资料，发表了《论行政处罚设定中被处罚行为的性质》一文。写论文的目的其实是为了解决自己心里的疑惑。

起草中固然有以上种种艰难，所幸在调研、起草、听证、论证、审查、修改、提交等各个环节中，不断遇到了“好帮手”。“办法”的出台，显然不是起草小组的一方之功，除了择郡会长为起草小组成员擘画不同的思路和措施之外，惠州市交通运输局黄耀宗主任与起草小组一起经历了立法的整个过程，为调研联系单位，聊起了本市前些年收养路费的经验，还从本部门的工作实际提出规范的合理设置。惠州交投集团管理部副经理张霁，惠州交投智慧停车投资有限公司任永安副总经理、叶武威副总经理，为调研提供了方便，讲解了他们工作的过程，解答了小组诸多的疑惑。虽然作为牵头单位中途接手起草事务，而且处理日常的交通事务已经应接不暇，惠州市公安局交警支队邹璟南主任、邓一夫警官在后续的听证、论证、审核、修改和提交的过程中，体现了效率高、勇担当和执行力强的精神，带动起草小组一起攻坚克难。论证中，朱最新教授、邓剑光教授等专家老到的眼光和深厚的专业功底让人叹服。

在草案审核中，虽然与惠州市司法局行政立法和规范性文件审查科鄢志文科长、黄少琼副科长、张妍科长和晓琳共事多次，但她们遇到专业问题时与之前一样见解智睿，巾帼不让须眉，由此保障了“办法”的合法性。卜浩副局长在最后的审查阶段，提出法律的出台不应该与人民形成紧张关系，不能为了处罚而处罚，应该体现法条的温度。这种提醒让其时法条的继续修改有了指引。

2022年8月20日，惠州市司法局开始征求群众、企业组织对《惠州市停车场建设与管理办法》的看法、意见和建议。包括但不限于：是否了解这部规章，规章施行发挥什么作用、存在什么问题，下来改进立法的意见建议和理由。如果说立法体现的是理想，那么法条的实施就是现实。两者之间肯定存在差距。在“办法”送审稿交给市政府常务会议的时候，我和一夫还在微信里一来一回地继续说叨着法条的用词用字问题。真是应验了“立法好比做香肠”，其味不尽如人意。

还记得读博期间现任教于中国社科院大学的杨利敏师姐和大家一起听课、探讨论文时，说过一句至今让我印象深刻的话：论文的作者才是其中获益最多的人。我想立法过程中，对于起草小组而言又何尝不是如此。

感谢惠州市交通运输局林中华科长、市城乡管理和综合执法局王渭茹科长、市住房和城乡建设局王丽科长、市城市规划编制研究中心蒋庭主任等人士和调研单位对我们调研工作的热心帮助。感谢西子湖畔网络有限公司为调研提供方便。写作中，我们参考了《广东省惠州市罗浮山保护立法调研报告》《惠州市扬尘污染防治立法调研报告》等立法资料。出版时，得到了惠州学院校院两级的大力支持。借此，一并向学院两级领导及同事致以诚挚的谢意。

袁文峰

2022年10月10日

惠州市古塘坳未名山下